安徽省高等学校"十二五"规划教材

电子商务实用教程

第3版

主　编◎杨荣明　王剑程　吴自爱
副主编◎苏　飞　沈晓璐

北京师范大学出版集团
BEIJING NORMAL UNIVERSITY PUBLISHING GROUP
安徽大学出版社

图书在版编目(CIP)数据

电子商务实用教程/杨荣明,王剑程,吴自爱主编.—3版.—合肥:安徽大学出版社,2017.9
安徽省高等学校"十二五"规划教材 "十二五"职业教育国家规划教材
ISBN 978-7-5664-1449-6

Ⅰ.①电… Ⅱ.①杨… ②王… ③吴… Ⅲ.①电子商务—高等学校—教材 Ⅳ.①F713.36

中国版本图书馆 CIP 数据核字(2017)第 214815 号

电子商务实用教程(第3版)
Dianzi Shangwu Shiyong Jiaocheng

杨荣明　王剑程　吴自爱　主编

出版发行：	北京师范大学出版集团 安 徽 大 学 出 版 社 (安徽省合肥市肥西路3号 邮编230039) www.bnupg.com.cn www.ahupress.com.cn
印　　刷：	安徽省人民印刷有限公司
经　　销：	全国新华书店
开　　本：	184mm×260mm
印　　张：	17.25
字　　数：	365 千字
版　　次：	2017 年 9 月第 3 版
印　　次：	2017 年 9 月第 1 次印刷
定　　价：	49.00 元

ISBN 978-7-5664-1449-6

策划编辑：朱丽琴　　　　　　　　　　　**装帧设计**：李伯骥
责任编辑：方　青　王瑞珺　　　　　　　**美术编辑**：李　军
责任印制：陈　如

版权所有　侵权必究
反盗版、侵权举报电话：0551—65106311
外埠邮购电话：0551—65107716
本书如有印装质量问题，请与印制管理部联系调换。
印制管理部电话：0551—65106311

前　言

《电子商务实用教程》先后作为安徽省高等院校"十一五""十二五"规划教材和教育部"十二五"规划教材在国内高校广泛使用。2014年出版至今，随着以物联网、大数据、云计算等为代表的信息技术的突飞猛进以及"互联网＋"的全面发展，我国电子商务进入了一个全新的应用时代——移动智能时代。

基于这样的时代背景，池州学院电子商务教研室在杨荣明教授带领下，通过大量社会调研，对电子商务应用型人才目标、培养模式和培养路径进行了认真分析、研究和论证，决定修订《电子商务实用教程》（第二版），编写《电子商务实用教程》（第三版）。

《电子商务实用教程》（第三版），紧紧围绕当今社会对"应用型"人才的强烈需求，依据"理论教学与实践教学两线交叉、理论—实践—应用三段推进"的教学模式，重新构造以"原理篇""应用与管理篇"和"实训篇"为框架的内容体系，充分体现了现代专业技能教学的渐进性、层次性和逻辑性。

《电子商务实用教程》（第三版）的创新点、主要特色和应用价值如下：

创新点和主要特色：

第一，适应高等院校培养应用型人才目标要求，简化理论教学，突出专业能力培养和训练；第二，构造了新的教学体系——"项目导向、任务支撑，教与学一体"；第三，体现"大众创业，万众创新"时代应用型大学教育教学方向，培养学生（学员）创新创业意识和能力。

教材的应用价值：

第一，目标明确，为培养应用型专业人才教学服务的目的性强，始终以"培养应用型人才"为目标；第二，教学思路清晰，将教学过程设计为"应用—需求—教学—练习—实操—应用"的过程，充分展现教学过程的目的性、层次性、逻辑性；第三，关注学生的发展，教材将职业教育教学与创业教育教学有机结合，体现了培养职业能力的延伸性和发展性。

电子商务的发展过程是信息技术日新月异和社会应用全面交汇和深度融合的过程。这就给教材编写工作带来较大的困难。虽多次召集专家研讨、修改书稿,但仍跟不上电子商务发展的速度,难免存在错误和不足,恳请广大师生批评指教。

编 者

2017 年 7 月 28 日

目　录

第一篇　电子商务原理导读

项目一　电子商务概述 ………………………………………………………… 3

  任务一　电子商务的内涵 …………………………………………………… 4

  任务二　电子商务的产生与发展 …………………………………………… 12

  任务三　电子商务的影响 …………………………………………………… 18

  任务四　电子商务的发展趋势 ……………………………………………… 23

项目二　电子商务基础 ………………………………………………………… 29

  任务一　电子商务基本模式 ………………………………………………… 30

  任务二　电子商务平台 ……………………………………………………… 43

  任务三　电子商务政策法规 ………………………………………………… 48

  任务四　电子商务安全 ……………………………………………………… 58

第二篇　电子商务应用与管理

项目三　电子商务支付 ………………………………………………………… 75

  任务一　电子商务支付体系概述 …………………………………………… 77

  任务二　电子支付工具 ……………………………………………………… 82

  任务三　网上银行 …………………………………………………………… 93

  任务四　第三方支付平台 …………………………………………………… 100

  任务五　移动支付 …………………………………………………………… 108

项目四　电子商务物流管理 …………………………………………………… 118

  任务一　电子商务物流系统 ………………………………………………… 119

  任务二　电子商务物流技术 ………………………………………………… 127

  任务三　电子商务供应链管理 ……………………………………………… 134

  任务四 物联网 ………………………………………………………… 138

项目五 网络营销管理 ……………………………………………………… 145

  任务一 网络营销概述 …………………………………………………… 146
  任务二 网络营销应用 …………………………………………………… 159
  任务三 网络营销管理 …………………………………………………… 172

项目六 移动电子商务应用 ……………………………………………………… 191

  任务一 移动电子商务概述 ……………………………………………… 192
  任务二 移动电子商务的技术实现 ………………………………………… 196
  任务三 移动电子商务的应用 …………………………………………… 204

第三篇 电子商务模块实训与创业实践

项目七 电子商务模块实训 …………………………………………………… 215

  任务一 网络工具使用 …………………………………………………… 216
  任务二 电子交易 ………………………………………………………… 237
  任务三 网络营销 ………………………………………………………… 247
  任务四 电子商务安全工具使用 ……………………………………………… 251
  参考文献 ………………………………………………………………………… 263
  后 记 …………………………………………………………………………… 267

第一篇

电子商务原理导读

项目一
电子商务概述

❖ 学习目标

理解：电子商务的概念、功能及特点。
掌握：电子商务发展的条件及国内外电子商务发展概况，电子商务的发展趋势。
应用：运用电子商务分类，分析各电子商务平台。

❖ 项目案例导读

电子商务的故事：杭州老板用一根网线拿下微软订单

在杭州东面、玉古路中田大厦上，有一家叫作"三乐塑业"的外贸企业，这家年销售不到亿元的公司算得上是塑料圈子里的隐形冠军，它曾经替"微软""宝洁""传化""立白"等诸多巨头做过瓶瓶罐罐。

三乐塑业的创始人于慕琳是个东北姑娘，当年和丈夫2人因为不甘平庸而辞去了教育局和银行的工作，双双下海。他们一开始办了家饮料厂，亏了；代理保健品，又亏了；去卖鱼粉，还是没赚到钱。于慕琳在大学期间学的是计算机专业，比普通人更早、更多接触电脑和互联网。1999年，当许多人还不知道互联网、不知道电子商务的时候，于慕琳就成了阿里巴巴的第一批客户，成为中国电子商务运用的先行者。

在进入电子商务后，于慕琳陆续接到一些小订单。她从电子商务接到的第一个大订单是章光101。由于药水成分特殊，对瓶子要求很高，所以章光101始终没有找到合适的制造商。接到章光101询盘的于慕琳牢牢地抓住了这次机会，用最古老的"土炮"想尽办法制作出了合格的瓶子。三乐成了章光101的固定供应商。这件事奠定了三乐塑业后来的方向：做那些不是那么好做的瓶子。

经过随后10年的努力，三乐塑业从负债30多万元发展到现在年营业额超过5000万元、技术遥遥领先于国内同行的企业。三乐塑业合作服务过的客户包括欧洲、北美及日本等发达国家前10名的企业，如微软公司。

三乐塑业的成功，源于于慕琳赶上了两大时代潮流的交汇口：一方面，2001年中国加入WTO，此后几年里，中国制造以低成本优势在全球铺开；另一方面，中国电子商务行业在那个时候兴起，10年以后，几乎浙江民营企业一半以上的外贸业务都与互联网有关。

(资料来源：《青年时报》，2011年12月10日，第A04版)

阅读本章项目知识,思考以下问题:
1. 阿里巴巴属于什么类型的电子商务?
2. 电子商务给我国企业和个人带来了哪些改变和影响?
3. 1999年至2009年,有人认为是中国电子商务发展的黄金10年,你赞同吗?为什么?

知识支撑

任务一　电子商务的内涵

一、电子商务的概念

人类社会在迈入21世纪的同时,全球也跨入了网络经济时代,信息化浪潮正在席卷全球。为了适应高科技的发展和经济的全球化,各国都在加紧进行产业结构的调整,国民经济的重心从传统的工业和农业向知识密集型和科技密集型的服务业加速倾斜。现代服务和信息产业正取代传统产业,成为新的经济增长点和支柱产业,促使国家整体的产业结构升级。

比尔·盖茨说:"21世纪要么电子商务,要么无商可务。"未来的商务活动必将越来越多地依赖电子商务。

今天,互联网技术以其他任何技术都无法比拟的速度发展着。随着互联网应用的普及,其用途也越来越广泛,特别是在商用方面有着广阔的前景。电子商务已经成为各大媒体报道中出现频率最高的名词。然而,由于互联网的高速发展及其商业领域应用前景,人们对它的认识始终不能与其发展速度同步,再加上人们研究或应用的出发点不同,所以对电子商务的理解,更是见仁见智。

1997年在比利时首都布鲁塞尔召开的全球信息标准大会上,与会者就电子商务市场拓展问题、各地区电子商务发展现状、建立电子商务所遇到的技术问题、各地区电子商务所面临的安全问题,以及如何建立全球电子商务的基础结构进行了广泛的讨论。会上提出了一种关于电子商务的定义:"电子商务是指各参与方之间以电子方式而不是以物理交换或直接物理接触方式完成的任何形式的业务交易。"这里所说的"电子方式"包括电子数据交换(EDI)、电子支付手段、电子订货系统、电子邮件、网络通信、电子公告系统、条码、图像处理、智能卡等。

国际商会于1997年11月在巴黎举行了世界电子商务会议。与会的专家和代表对"电子商务"的概念进行了阐述:电子商务是指实现整个贸易过程中各阶段的贸易活动的电子化。从涵盖范围方面可以定义为:交易各方以电子交易方式而不是通过当面交换或直接面谈方式进行的任何形式的商业交易;从技术方面可以定义为:电子商务是一种多技术的集合体,包括交换数据(如电子数据交换、电子邮件)、获得数据(如共享数据库、电子公告牌)和自动捕获数据(如条形码)等。电子商务涵盖的业务包括:信息交换、售前售后服务(如提供产品和服务的细节、产品使用技术指南、回答顾客问题)、销售、电子支付(如使用电子资金转账、信用卡、电子支票、电子现金)、运输(包括商品的发送管理和运输跟踪,以及可以电子化传送的产品的实际发送)、组建虚拟企业(如组建一个物理上不存在的企业,集中一批独立的中小公司的权限,提供比任何单独公司多的产品和服务)等。

联合国经济合作和发展组织(OECD)在关于电子商务的报告中对"电子商务"作的定义为:电子商务是发生在开放网络上的包含企业之间、企业和消费者之间的商务交易。

欧洲议会对"电子商务"给出的定义是:"电子商务是通过电子方式进行的商务活动。它通过电子方式处理和传递数据,包括文本、声音和图像。它涉及许多方面的活动,包括货物电子贸易和服务、在线数据传递、电子资金划拨、电子证券交易、电子货运单证、商业拍卖、合作设计和工程、在线资料、公共产品获得。它包括产品(如消费品、专门设备)和服务(如信息服务、金融和法律服务)、传统活动(如健身、体育)和新型活动(如虚拟购物、虚拟训练)。"

加拿大电子商务协会对"电子商务"给出了较为严格的定义:电子商务是通过数字通信进行商品和服务的买卖以及资金的转账,它还包括公司间和公司内利用电子邮件(E-mail)、电子数据交换(EDI)、文件传输、传真、电视会议、远程计算机联网所能实现的全部功能(如市场营销、金融结算、销售以及商务谈判)。

美国政府在其《全球电子商务政策框架》中,比较笼统地指出:电子商务是通过因特网进行的各项商务活动,包括广告、交易、支付、服务等活动。

上述对于"电子商务"的定义虽然差别很大,但总的来说,都认为电子商务是利用现有的计算机硬件设备、软件和网络基础设施,通过一定的协议连接起来的电子网络环境下进行的各种各样的商务活动。大致可以归纳为以下几种常见的"电子商务"定义:

  电子商务是使用通信网络来分享商业信息、维持商业关系以及进行商业交易的活动。

  电子商务是数据电子装配线(Electronic Assembly Line of Data)的横向集成。

  电子商务是一组电子工具在商务中的应用。这些工具通常包括:电子数据交换(EDI)、电子邮件(E-mail)、电子公告牌(BBS)、条码(Bar code)、图像处理、智能卡等。

  电子商务是由因特网创造的电子空间(Cybers Space),超越时间和空间的制约,以极快的速度实现电子式的商品交换。

电子商务是通过数字通信进行商品和服务的买卖及资金的转账,它还包括公司间和公司内利用 E-mail、EDI、文件传输、传真、电视会议、远程计算机联网所能实现的全部功能,如市场营销、金融结算、销售及商务谈判等。

IBM 公司认为电子商务＝Web＋IT＋Business。

英特尔公司则认为电子商务＝电子市场＋电子交易＋电子服务。

还有人更简单地将其定义为电子商务＝电子化世界。

对这些定义,应从狭义和广义两个角度去理解。

从狭义上看,电子商务即电子交易,是指各种具有贸易活动能力的实体(生产企业、商贸企业、金融机构、政府部门、个人等)利用网络和先进的数字化传媒技术进行的各项商业贸易活动,通常以 EC(Electronic Commerce)表示。从广义上看,电子商务是计算机网络化的结果,与世界经济一体化的发展趋势一致,甚至可以说,电子化已经成为世界经济一体化的体现形式,其极大地推动了新的世界经济秩序的建立。电子商务不仅涉及信息和网络技术以及商业交易本身,还涉及诸如金融、税务、教育、法律、安全等社会各行各业及政府的行为。广义的电子商务还包括企业内部的管理活动,如采购、生产、财务和经营等方面的管理,通常以 EB(Electronic Business)表示。

信息资源共享及管理方法的电子化使电子商务成为企业降低成本、提高效率的重要方式。此外,企业间的电子商务活动,通过信息技术和网络技术的结合,把买家与卖家、厂家与合作伙伴都吸引到因特网、企业内部网、外联网上来,与原有的系统结合起来进行业务活动。从最初的电话、电报、传真,到电子邮件以及 EDI,都可以说是电子商务的某种形式。电子商务发展到今天,已经形成了通过因特网包括从原材料的查询、采购,到产品展示、订购、储运以及电子支付等一系列贸易活动在内的完整的概念。

从宏观上讲,电子商务是计算机网络的又一次革命,旨在通过电子手段建立一种新的经济秩序,它不仅涉及电子技术和商业交易本身,而且涉及诸如金融、税务、教育等社会其他层面;从微观角度说,电子商务是指各种具有商业活动能力的实体(生产企业、商贸企业、金融企业、政府机构、个人消费者等)利用网络和先进的数字化传媒技术进行的各种商业贸易活动。从本质上看,电子商务是一种崭新生产力。

可见,电子商务是基于信息技术的,以电子信息工具为手段、以电子信息交换为内容的商务活动。简单地说,电子商务就是"互联网＋商务"。

二、电子商务的功能

电子商务可提供网上交易和管理等全过程的服务,因此它具有广告宣传、咨询洽谈、网上订购、网上支付、电子账户、服务传递、意见征询、交易管理等多项功能。

1. 广告宣传

企业可凭借 Web 服务器,在因特网上发布各类商业信息。客户可借助网上的检索工具(Search)迅速地找到所需商品信息,而商家可利用网上主页(Home Page)和电子邮件(E-mail)在全球范围内做广告宣传。与以往的各类广告相比,网上的广告成本最为低廉,而给顾客的信息量却最为丰富。

2. 咨询洽谈

电子商务可借助非实时的电子邮件(E-mail)、新闻组(News Group)和实时的讨论组(Chat)来了解市场和商品信息、洽谈交易事务,如有进一步的需求,还可用网上的白板会议(Whiteboard Conference)来交流即时的图形信息。网上的咨询和洽谈能提供多种方便的异地交谈形式。

3. 网上订购

电子商务可借助互联网、移动 APP 应用等技术实现网上订购。网上订购通常都是在产品介绍的页面上提供订购提示信息和订购交互格式框。客户填完订购单后,通常系统会回复确认信息单来保证订购信息的收悉。订购信息也可采用加密的方式使客户和商家的商业信息不会泄漏。

4. 网上支付

电子商务要形成一个完整的过程,网上支付是重要的环节。客户和商家之间可采用信用卡账号进行支付。在网上直接采用电子支付手段将会节省交易中很多人员的开销。网上支付需要更为可靠的信息传输安全控制方法,以防止欺骗、窃听、冒用等非法行为。

5. 电子账户

网上支付必须由电子金融来支持,即需要银行或信用卡公司及第三方支付平台等金融单位为金融服务提供网上操作的服务。而电子账户管理是其基本的组成部分。信用卡号、银行账号或第三方支付平台账号都是电子账户的一种标志。而其可信度需配以必要技术措施来保证。数字证书、数字签名、加密等手段的应用为电子账户操作提供了安全性。

6. 服务传递

对于已付款的客户,应将其订购的货物尽快地传递到他们的手中。有些货物在本地,有些货物在异地,可通过实时的物流配送系统在网络中进行物流的调配。最适合在网上直接传递的货物是信息产品(如软件、电子读物、信息服务等)。它能直接从电子仓库中将货物发到用户端。

7. 意见征询

电子商务能十分方便地采用网页上的"选择""填空"等格式文件以及 E-mail、即时聊天工具等手段来收集用户对销售服务的反馈意见。这样能使企业的市场运营形成一个封闭的回路。客户的反馈意见不仅能提高售后服务的水平,更能使企业获得改进产品、发现市场的商业机会。

8. 交易管理

整个交易的管理将涉及人、财、物多个方面,涉及企业和企业、企业和客户及企业内部等各方面的协调和管理。因此,交易管理是涉及商务活动全过程的管理。

电子商务的发展,将会提供一个良好的交易管理的网络环境及多种多样的应用服务系统。这样,才能保障电子商务获得更广泛的应用。

三、电子商务的特点

电子商务综合运用信息技术提高贸易伙伴间商业运作效率,将一次交易全过程中的数据和资料用电子方式实现,在整个商业运作过程中实现交易无纸化、直接化商务模式。电子商务可以使贸易环节中各个参与者更紧密地联系,更快地满足需求,在全球范围内选择贸易伙伴,以最小的投入获得最大的利润。

电子商务与传统的商务活动方式相比,具有以下几个特点:

1. 交易网络化

通过因特网进行的贸易活动,贸易双方从贸易磋商、签订合同到支付费用等无需当面进行,均通过计算机在互联网上完成,整个交易完全虚拟化。对卖方来说,可以到网络管理机构申请域名,制作自己的主页,在网上发布产品信息。而虚拟现实、即时通讯的发展使买方能够根据自己的需求选择商品,并将信息反馈给卖方。买卖双方通过信息的交互传递,签订电子合同,完成交易并进行电子支付。整个交易都在网络这个虚拟的环境中进行。

2. 交易成本低

电子商务使得买卖双方的交易成本大大降低,具体表现在:

(1)距离越远,网络上进行信息传递的成本(相对于信件、电话、传真而言)就越低。此外,可以缩短传递时间、减少数据重复录入,降低信息成本。

(2)买卖双方通过网络进行商务活动,无须经销商参与,减少了交易的环节,降低了流通成本。

(3)卖方可通过互联网进行产品介绍、宣传,避免了传统方式的广告制作及印刷制品等的费用,降低了宣传成本。

(4)电子商务实行"无纸贸易",可减少90%的文件处理费用,降低了管理成本。

(5)互联网使买卖双方即时沟通供需信息,使无库存生产和无库存销售成为可能,从而使库存成本尽可能降为零。

(6)企业利用内部网(Intranet)可实现"无纸办公(OA)",提高了内部信息的传递效率,节省了时间。通过互联网络把公司总部、代理商以及分布在其他国家的子公司、分公司联系在一起,及时对各地市场情况作出反应,及时生产、及时销售、减少存货、快捷配送,从而降低产品成本。

(7)传统的贸易平台是地面店铺,新的电子商务贸易平台主要是一台联网的通讯终端设备,如计算机、手机等,降低了经营成本。

3. 交易效率高

由于互联网将贸易中的商业报文标准化,使商业报文在世界各地的传递在瞬间完成,计算机自动处理数据,使原料采购、产品生产、需求与销售、银行汇兑、保险、货物托运及申报等过程不需要专人干预,就能在最短的时间内完成。电子商务克服了传统贸易方式的费用高、易出错、处理速度慢等缺点,极大地缩短了交易时间,使整个交易非常快捷与方便。

4. 交易透明化

电子商务使买卖双方从交易的洽谈、签约以及货款的支付、交货等整个交易过程都在网络上进行。通畅、快捷的信息传输技术可以保证各种信息之间核对的自动化、实时化,降低伪造信息的可能性。例如,在典型的许可证 EDI 系统中,由于加强了发证单位和验证单位的通信、核对,假的许可证就不易通过。

5. 提升企业竞争力

电子商务使得许许多多的中小企业也可以通过网络实现全天候、国际化的商务活动,通过网络进行宣传、营销,可以创造更多的销售机会,从而提高企业的竞争力。

6. 促进经济全球化

电子商务使得世界各地的人们都可以了解到国际上的商业信息,加速了信息沟通和交流,促进了国际商务活动的开展,使跨境商务活动变得越来越简易和频繁,适应了经济全球化的发展趋势。

四、电子商务的分类

按电子商务应用服务的领域及对象不同,可将其分为 5 种类型,即企业对企业、企业对消费者、企业对政府机构、消费者对政府机构、消费者对消费者的电子商务。

1. 企业对企业的电子商务(B2B 或 BtoB)

企业对企业的电子商务,也称为"商家对商家"或"商业机构对商业机构"的电子商务,即 Business to Business(简称"B2B")。B2B 电子商务的运营模式如图 1-1 所示。

企业与企业的电子商务是电子商务中的典型应用。它帮助企业实现在开放的网络中寻求贸易伙伴、谈判、订购到结算的整个贸易过程。通过 B2B 电子商务,处于生产领域的商品生产企业可以根据买方的需求和订购数量进行生产,实现个性化的生产;处于流通领域的商贸企业可以更及时、准确地获取分销商信息,从而准确订货,减少库存,并通过网络促进销售,提高效率,降低成本,获取更大的利益。

在 B2B 电子商务运行中,参与主体主要包括:认证机构、采购商、供应商、B2B 服务平台、物流配送中心、网上银行等。

供应商的主要业务有:产品目录制作和发布、产品数据维护、在线投标、在线洽谈、网上签约、订单处理、在线业务数据统计等。采购商的主要业务有:在线招标、在线洽谈、网上签约、订单处理、支付货款、货物接收、在线业务数据统计等。后台管理是由交易中介服务平台的管理者(第三方)对在平台上进行的商务流程的管理活动,而不是交易双方企业的相关商务活动。后台管理的主要内容有:注册会员管理、系统运营维护、产品管理、订单管理、信息发布等。

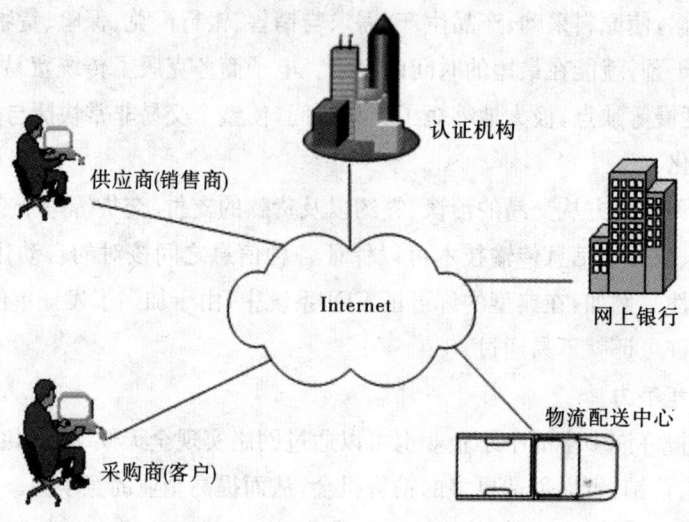

图 1-1 B2B 电子商务

企业可以在网络上发布信息,寻找贸易机会,通过信息交流比较商品的价格和其他条件,详细了解对方的经营情况,选择交易对象。在交易过程中,可以迅速完成签约、支付、交货、纳税等一系列操作,加快货物和资金的流转。

当前著名的 B2B 网站有:

阿里巴巴网:http://www.alibaba.com

慧聪网:http://www.hc360.com/

2. 企业对消费者电子商务(B2C)

企业对消费者的电子商务,也称"商家对个人客户"或"商业机构对消费者"的电子商务,即 Business to Customer(简称 B2C)。商业机构对消费者的电子商务基本等同于电子零售商业,B2C 模式在我国发展较快,早期以 8848 网上商城的正式运营为标志,目前以天猫、京东等为代表。B2C 模式是企业通过互联网为消费者提供一个新型的购物环境——网上商店,消费者通过网络在网上购物,这里的"物"指实物、信息和各种售前与售后服务。由于这种模式节省了客户和企业的时间,大大提高了交易效率。目前 B2C 电子商务的付款方式是货到付款与网上支付相结合,而企业货物的配送,大多选择物流外包方式,以节约运营成本。随着用户消费习惯的改变及优秀企业示范效应的促进,网上购物用户数量正在迅速增长,这种商业运营模式在我国已经基本成熟。B2C 电子商务的运营模式如图 1-2 所示。

著名的 B2C 网站有:

京东:http://www.JD.com

天猫:http://www.tmall.com

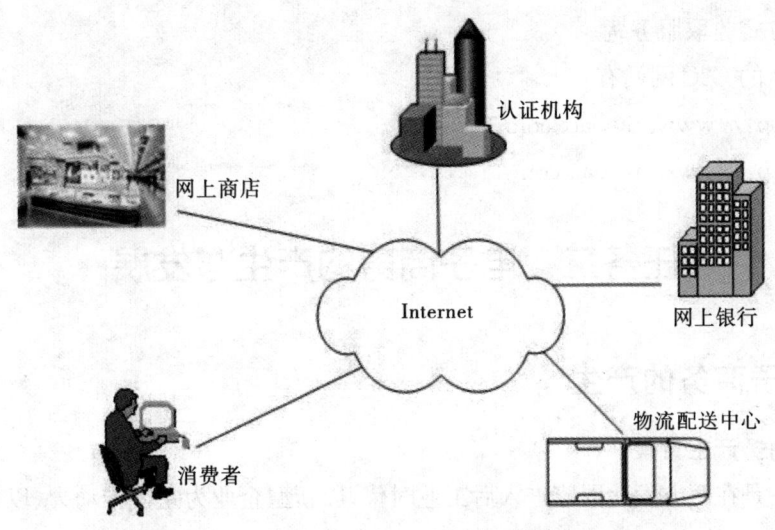

图 1-2　B2C 电子商务

3. 政府机构对企业的电子商务(G2B)

政府机构对企业的电子商务,即 Government to Business,简称为 G2B。G2B 已覆盖政府组织与企业间的许多事务,如政府采购。政府采购是一种公共经济行为,其宗旨是降低成本、反腐倡廉、调控市场。通过 G2B 实现政府采购,可以使政府的管理透明化、高效率,同时在管理的取向上,向科学化、服务性靠拢;政府通过 G2B 提供企业报税、进出口报关、企业办事、招商投资、招标公告、中标公告等服务内容,向企业和投资者提供办事、政策、信用、财经、招标、投资、产业等相关服务。

典型的 G2B 网站有:

中国政府采购网:http://www.ccgp.gov.cn/

安徽省政府采购网:http://www.ahzfcg.gov.cn/

4. 政府机构对公众的电子商务(G2C)

政府机构对公众的电子商务,即 Government to Customer,简称为 G2C。政府通过各级政府网站,向民众提供市民办事、便民公告、政策答疑、民意调查、社会保险查询、个人缴税等服务内容,引导公民方便地获得政务、办事、旅游、生活等方面的信息咨询及服务。

典型的 G2C 网站有:

北京住房公积金网:http://www.bjgjj.gov.cn/

北京出入境办事大厅:http://www.bjgaj.gov.cn/jjcrj/index.jsp

5. 消费者对消费者的电子商务(C2C)

消费者对消费者的电子商务,即 Customer to Customer,简称为 C2C。C2C 的产生以 1998 年易趣的成立为标志,目前采用 C2C 模式的主要以 eBay 易趣、淘宝等为代表。C2C 电子商务是一种个人对个人的网上交易模式。目前,C2C 电子商务的运作模式是通过为买卖双方搭建拍卖平台,按比例收取交易费用;或者提供平台方便个人在平台上开设网上商店,以会员制的方式收取服务费。

当前著名的 C2C 网站有：

淘宝：http://www.taobao.com

拍拍：http://www.paipai.com

任务二　电子商务的产生与发展

一、电子商务的产生

1. 电子商务产生背景

电子商务是在西方发达国家进入后工业时代，以新型企业为主要推动力、以争夺全球市场为目标、以网络技术为手段而演化出来的一种新的竞争方式。电子商务正在极大地改变着企业的经营管理模式，给企业的活动创造了新的空间，使之在组织、经营、管理、运行、人才等诸多方面产生深刻的变化。

早在1839年电报刚出现的时候，人们就萌发了运用电子手段进行商务活动的设想，各种商务信息开始突破空间的界限，逐渐将社会经济活动带入电子时代。20世纪60年代，人们开始用电报发送商务文件；70年代又普遍采用方便、快捷的传真机来代替电报；80年代计算机的普及和字表处理软件的出现产生了企业内部电子数据处理（EDP, Electronic Data Process）技术，为标准格式商务单证的开发应用提供了条件，使企业商业文件的处理从书面文件转变为电子文件形式。

随后，人们又开始尝试在贸易伙伴之间的计算机上使数据能够自动交换，即 EDI（电子数据交换）。EDI 是通过专用的增值网络，将业务文件按一个公认的标准从一台计算机直接传输到另一台计算机。它最早起源于美国的运输业，后来又主要用于银行间的电子资金转账及企、事业间的数据交换。这类专用的网络被称为 VAN（增值网）。在经营管理中，不同行业的企业根据自己的业务特点来确定数据库的信息格式，相互之间在计算机处理上并不完全兼容，因此，当需要发送 EDI 文件时，EDI 软件要将从用户数据库系统中提取的信息，翻译成 EDI 的标准格式才能进行传输。由于 EDI 大大减少了纸张票据，所以也被称为"无纸贸易"。这在当时是对传统商务模式的一大突破。但它是一种为满足部分行业需要而发展起来的技术手段，因此，必须遵照统一标准和专用设备及软件对交易活动的电子数据进行相对封闭的交换，买卖双方的选择非常有限，且 EDI 的技术要求复杂，使用 VAN 费用很高，所以，只有少数实力雄厚的大公司才支付得起采用 EDI 的高昂费用，中小企业和普通老百姓与 EDI 一直无缘。多方面的原因限制了 EDI 应用范围的扩大和应用水平的提高。

计算机技术的发展和普及、因特网的兴起和应用以及一系列相关技术的问世，使数据的处理、信息的传递突破了时间和地域的限制。作为信息时代的产物和宠儿，电子商务成为最具活力的代表，对世界经济的发展与文明的进步有着极大的推动作用。

1997年,中国的IT专业报纸、电视台和大众报刊上开始出现"电子商务"这一概念。此后,中国大地上电子商务的热潮逐渐兴起,有关电子商务的话题日益增多,涉及电子商务的网站、号称电子商务的企业层出不穷。虽然当时电子商务还没有给中国经济带来明显的实惠和冲击,但是想通过电子商务创造财富和改变生活的人们对它寄予了极大的期望。

2. 电子商务发展条件

电子商务最早产生于20世纪60年代,大规模发展于20世纪90年代,其产生和发展的重要条件主要有以下几个方面。

(1)经济全球化的发展。经济全球化是指世界各国的经济在生产、分配、消费各个领域一体化发展趋势。经济全球化促进了跨国公司的发展,使国际范围内的商务活动变得频繁,使国际贸易成为各国经济发展的重要组成部分。经济全球化促使人们寻找合适的方式来满足这种商务活动,电子商务由此应运而生,并以其独特的优势,在国际商务活动中扮演着越来越重要的角色。

(2)计算机和网络技术的发展、普及和广泛应用。近30年来,计算机的运行速度越来越快,处理能力越来越强,价格越来越低,应用越来越广泛,这为电子商务的应用提供了基础。国际互联网逐渐成为全球通信与交易的媒体,全球上网用户呈几何级数增长趋势,快捷、安全、低成本的特点为电子商务的发展提供了应用条件。

(3)信用卡和电子金融的普及应用。信用卡以其方便、快捷、安全等优点成为人们消费支付的重要方式,并由此形成的完善的全球性信用卡计算机网络支付与结算系统,使"一卡在手,走遍全球"成为可能。各大银行也都看到了电子商务的发展前景,纷纷推出了支持在线交易的电子金融服务。在安全技术的保障下,电子银行的发展解决了商务活动中的支付问题,成为促进电子商务发展的强大动力。

(4)电子安全交易协议的制定和安全技术的发展。1997年5月31日,由美国VISA和Mastercard国际组织等联合发布的电子安全交易协议(Secure Electronic Transfer Protocol,SET)出台。该协议得到了大多数厂商的认可和支持,为在网络上进行电子商务活动提供了一个关键的安全环境。计算机和网络安全技术的发展为电子商务的开展提供了技术和安全保障,这些技术包括HTML、XML、数据库技术、动态网页技术、SSL协议、SET协议、加密技术、防火墙技术和数字签名技术等。

(5)政府的支持与推动。1997年,欧盟发布《欧洲电子商务协议》,美国随后发布《全球电子商务纲要》。在这之后,电子商务受到了世界各国政府的重视,许多国家的政府开始尝试"网上采购",这为电子商务的发展提供了有力的支持。同时,各国政府都非常重视电子商务的发展,制定电子商务法律规范和技术标准,保障了电子商务的合法进行和持续发展。

二、电子商务的发展阶段

全球经济一体化和信息处理技术、现代通信技术的迅速发展,带动了电子商务的快速发展。一般研究认为,电子商务的发展可以划分为以下3个阶段。

1. 第一代电子商务

使用电报、电话传递商务信息是最早期的电子商务。这一代电子商务的特点是：手工填写文件和单据改由电子机械打印，车船邮寄纸面文书改由电子通信传递。这些电子技术的应用节约了信息处理时间，减轻了劳动强度，方便了交易过程。第一代电子商务也可以称为"早期的电子商务"。

2. 第二代电子商务

早在 20 世纪 60 年代，人们就开始用电报发送商务文件；到了 20 世纪 70 年代，人们又普遍采用方便、快捷的传真机来替代电报。但由于传真文件是通过纸面打印来传递和管理信息的，不能将信息直接转入信息系统中，因此，人们开始采用电子数据交换（Electronic Data Interchange，EDI）作为企业间电子商务的应用技术，这就是电子商务的雏形。

EDI 在 20 世纪 60 年代末期产生于美国。当时的贸易商们在使用计算机处理各类商务文件的时候发现，由人工输入一台计算机中的数据 70% 是来源于另一台计算机输出的文件，存在过多的人为因素，影响了数据的准确性和工作效率的提高，人们开始尝试在贸易伙伴之间的计算机上进行数据自动交换，EDI 应运而生。

EDI 是将业务文件按一个公认的标准从一台计算机传输到另一台计算机上去的电子传输方法。由于 EDI 大大减少了纸张票据的作用，所以人们就形象地将它称为"无纸贸易"或"无纸交易"。从普通商场的电子收款机、POS（销售点实时管理系统）、EOS（电子订货系统）和 MIS（管理信息系统），到跨越不同国家、不同企业的 EDI，数据信息的控制处理越来越准确和有效，同时大量事务处理工作也趋向标准化。

从技术上讲，EDI 包括硬件与软件两大部分。硬件主要是计算机网络，软件包括计算机软件和 EDI 标准。

从硬件方面讲，20 世纪 90 年代之前的大多数 EDI 都不是通过因特网，而是通过租用专用网络实现的，这类专用的网络被称为"增值网"（Value Added Network，VAN），这样做的目的主要是考虑到安全问题。但随着因特网安全性的日益提高，作为一个费用更低、覆盖面更广、服务更好的系统，已表现出替代 VAN 而成为 EDI 的硬件载体的趋势，因此也有人把通过因特网实现的 EDI 直接称为 Internet EDI。

从软件方面看，EDI 所需要的软件主要是将用户数据库系统中的信息翻译成 EDI 的标准格式以供传输交换。由于不同行业的企业是根据自己的业务特点来规定数据库的信息格式的，所以当需要发送 EDI 文件时，需要将从企业专有数据库中提取的信息翻译成 EDI 的标准格式才能进行传输，这时就需要相关的 EDI 软件来实现。

3. 第三代电子商务

第三代电子商务就是现代电子商务。真正使电子商务实现飞跃的是因特网的高速发展。

1991 年，美国政府宣布因特网向社会公众开放，允许在网上开发商业应用系统，商业贸易活动正式进入这个"王国"。自 1992 年起，因特网进入商业化阶段，其用户向全世界迅速扩展。1993年，WWW(World Wide Web)技术在因特网上出现，因特网具备了支持电子邮件接收与发送、信息浏览查询及多媒体应用的功能。这使网上的商业贸易活动变得异常活跃。1995年，因特网上的商业业务信息量首次超过了科教业务信息量。这既是因特网此后产生迅速发展的开端，又是第三代电子商务出现的标志，真正互联网时代已到来。

基于因特网的电子商务活动完全摆脱了传统商务活动的时空限制，电子商务的运行和发展更加趋于灵活、实时和全球化。

基于因特网的电子商务发展非常迅速，它比基于EDI的电子商务具有以下几个优势：

(1)成本低。因特网是覆盖全球的开放性网络，因此，通过接入因特网来进行商务活动的成本比传统的VAN成本要低很多。

(2)覆盖广。因特网覆盖全球，基于因特网的应用可以在全球范围内进行，用户通过接入因特网就可以方便地与贸易伙伴进行商务信息的沟通和传递。

(3)功能全。因特网可以提供许多不同的应用功能，有着相当丰富的资源，因此，基于因特网的电子商务可以支持不同类型的用户实现不同层次的商务目标，如建立商务网站、发布商情信息、在线商务洽谈和建立虚拟商城等。

(4)更灵活。基于因特网的电子商务可以灵活地针对不同的客户提供不同的服务，如针对不同年龄的用户提供个性化的服务界面、针对不同国家和地区的用户提供不同语言的显示界面。

近几年来，随着移动通信技术的发展，无线上网技术已经成熟，许多专家预言，移动电子商务将是今后电子商务的重要特征之一。

三、我国电子商务的发展

自从20世纪90年代电子商务概念引入我国之后，在我国政府及信息主管部门的指引下，电子商务发展经历了4个阶段：

1. 电子商务起步阶段(1990－1998年)

1990－1993年，是我们认识电子商务的时期。我国20世纪90年代开始开展EDI的电子商务应用，从1990年开始，国家计委(现国家发展和改革委员会)、科委(国家科学技术委员会)将EDI列入"八五"国家科技攻关项目，1991年9月由国务院电子信息系统推广应用办公室牵头，会同国家计委、科委、外经贸部(对外贸易经济合作部)等8个部委局，发起成立"中国促进EDI应用协调小组"。同年10月成立"中国EDIFACT委员会"并参加亚洲EDIFACT理事会。我国政府、商贸企业以及金融界认识到电子商务可以使商务交易过程更加快捷、高效、成本更低，肯定了电子商务是一种全新的商务模式。

1993－1998年，才是我国电子商务起步时期。在这一阶段电子商务在全球范围迅猛发展，引起了各界的广泛重视，我国也掀起了电子商务热潮。从1994年起，我国部分企业开始涉足电子商务，并取得了喜人的成绩。以现代信息网络为依托的中国商品交易中心(CCEC)、中国商品订货系统(CGOS)等电子商务系统也陆续投入运营；1995年，中国互联网开始商业化;1996年6月,中国公用计算机互联骨干网(CHINANET)工程建成开通;1997年6月中国互联网络信息中心(CNNIC)完成组建,开始行使国家互联网络信息中心职能;1998年3月6日,我国国内第一笔Internet网上电子商务交易成功;1998年10月,国家经贸委与信息产业部联合宣布启动了以电子贸易为主要内容的"金贸工程",这是一项推广网络化应用、开发电子商务在经贸流通领域的大型应用试点工程。因而,1998年甚至被称为中国的"电子商务"年。政府、商家和消费者都意识到,电子商务的兴起,既面临着机遇也面临着挑战。如何探索一条适合中国国情的电子商务发展模式,是需要政府、商家和消费者共同考虑的问题。发展电子商务需要政府的推动和企业的积极参与,一是要有完善的信息基础设施,政府对此给予了高度的重视,从20世纪90年代初开始,相继实施了"金桥""金卡""金关"等一系列"金字工程"。目前,我国"两网一站四库十二金"工程已基本完成。"两网",是指政务内网和政务外网;"一站",指政府门户网站;"四库",即建立人口、法人单位、空间地理和自然资源、宏观经济等四个基础数据库;"十二金",则是要重点推进办公业务资源系统的十二个业务系统。这十二个重点业务系统又可以分为三类,一类是对加强监管、提高效率和推进公共服务起到核心作用的办公业务资源系统、宏观经济管理系统建设;第二类是增强政府收入能力,保证公共支出合理性的金税、金关、金财、金融监管(含金卡)、金审等五个业务系统建设;第三类是保障社会秩序,为国民经济和社会发展打下坚实基础的金盾、社会保障、金农、金水、金质等五个业务系统建设,这都为加快我国电子商务与产业的深化融合打下了坚实的基础。二是要有安全可靠的保障措施,需要建立必要的法律法规和技术标准;三是要克服文化障碍,提高消费者的网上购物意识。

2. 电子商务成长阶段(1999—2002年)

在这个阶段中,国家信息主管部门开始研究制定中国电子商务发展的有关政策法规,启动政府上网工程,成立国家计算机网络与信息安全管理中心,开展多项电子商务示范工程,为实现政府与企业间的电子商务奠定了基础,为电子商务的发展提供了安全保证,为在法律法规、标准规范、支付、安全可靠和信息设施等方面总结经验,逐步推广应用。同时,企业的电子商务蓬勃发展,1999年3月阿里巴巴网站诞生;同年5月8848网站推出并成为当年国内最具影响力的B2C网站;2000年6月,中国金融认证中心(CFCA)成立,专为金融业务各种认证需求提供书证服务。2001年,我国正式启动了国家"十五"科技攻关重大项目"国家信息安全应用示范工程"。

3. 电子商务应用和发展阶段(2003—2013年)

2002年11月的中国共产党的十六大报告明确指出:我们正处在一个划时代的全球信息革命的浪潮中,由信息革命推动的信息化正在席卷全球。紧紧抓住信息化这个机遇,将使我国通过信息化加快经济和社会的发展,开辟出一条崭新的通向现代化的道路,实现中华民族的伟大复兴。信息化是我国加快实现工业化和现代化的必然选择。

2003年全球在线零售业规模达到1140亿美元。全球知名IT公司和电子商务企业如IBM、英特尔、三星电子、苹果公司以及亚马逊等,业绩普遍飙升。中国电子商务发展呈现前所未有形势,众多国民和中小企业纷纷进入电子商务领域。2004年全球信息技术及应用获得重大发展。

国家信息化领导小组第四次会议于2004年10月27日在北京召开。会议讨论了《关于加强信息资源开发利用工作的若干意见》和《关于加快我国电子商务发展的若干意见》。会议指出,大力推进国民经济和社会信息化,是覆盖现代化建设全局的重大战略举措。要紧紧抓住信息化发展的机遇,进一步增强加快信息化进程的紧迫感和使命感,以信息化带动工业化,以工业化促进信息化,走新型工业化道路,推进经济结构调整和经济增长方式转变,推动经济社会全面协调可持续发展。

2005年,中国电子商务爆发出迅猛增长的活力。2005年初国务院2号文件的发布为2005年中国电子商务市场的持续快速增长奠定了良好的基础;《电子签名法》的实施和《电子支付指引》的颁布,进一步从法律和政策层面为电子商务的发展保驾护航;第三方支付平台的兴起,带动了网上支付的普及,为电子商务应用提供了保障;B2B市场持续快速发展,中小企业电子商务应用逐渐成为主要动力;B2C市场尽管略显平淡,但互联网用户人数突破一亿大关,这为B2C业务的平稳增长奠定了坚实的用户基础;C2C市场则由于淘宝网和易趣网的双雄对立,以及腾讯和当当的进入,进一步加剧了市场竞争。2005年也因此被称为"中国电子商务年"。马云在一次接受记者采访时讲到,"互联网已经从'网民''网友'时代进入了'网商'时代,等你看清楚时已经晚了"。

2012年11月的中国共产党的十八大报告明确指出:"坚持走中国特色新型工业化、信息化、城镇化、农业现代化道路,推动信息化和工业化深度融合、工业化和城镇化良性互动、城镇化和农业现代化相互协调,促进工业化、信息化、城镇化、农业现代化同步发展。""建设下一代信息基础设施,发展现代信息技术产业体系,健全信息安全保障体系,推进信息网络技术广泛运用。"

4. 开启"互联网+"时代(2014年起)

2014年11月,李克强出席首届世界互联网大会时指出,互联网是大众创业、万众创新的新工具。其中"大众创业、万众创新"正是政府工作报告中的重要主题,被称作中国经济提质增效升级的"新引擎",可见其重要作用。

2015年3月5日上午十二届全国人大三次会议上,李克强在政府工作报告中首次提出"互联网+"行动计划。报告中提出制定"互联网+"行动计划,推动移动互联网、云计算、大数据、物联网等与现代制造业结合,促进电子商务、工业互联网和互联网金融(ITFIN)健康发展,引导互联网企业拓展国际市场。

2015年7月4日,经李克强签批,国务院日前印发了《关于积极推进"互联网+"行动的指导意见》(以下简称《指导意见》),这是推动互联网由消费领域向生产领域拓展,加速提升产业发展水平,增强各行业创新能力,构筑经济社会发展新优势和新动能的重要举措。

2015年12月16日,第二届世界互联网大会在浙江乌镇开幕。在"互联网+"的论坛上,中国互联网发展基金会联合百度、阿里巴巴、腾讯共同发起倡议,成立"中国互联网+联盟"。

2016年5月31日,国家教育部、国家语言文字工作委员会在京发布《中国语言生活状况报告(2016)》。"互联网+"入选十大新词和十个流行语。"互联网+"代表着一种新的经济形态,即依托互联网信息技术实现互联网与传统产业的联合,以优化生产要素、更新业务体系、重构商业模式等途径来完成经济转型和升级。

"互联网+"就是互联网将开放、平等、互动等网络特性在传统产业的运用,通过大数据的分析与整合,理清供求关系,通过改造传统产业的生产方式、产业结构等内容,来增强经济发展动力,提升效益,从而促进国民经济健康有序发展。

"互联网+"有六大特征:

"一是跨界"融合。"+"就是跨界、变革、开放、重塑融合。敢于跨界了,创新的基础就更坚实;融合协同了,群体智能才会实现,从研发到产业化的路径才会更垂直。融合本身也指代身份的融合,客户消费转化为投资,伙伴参与创新等,不一而足。

二是创新驱动。中国粗放的资源驱动型增长方式早就难以为继,要转变到创新驱动发展这条正确的道路上来。这正是互联网的特质,用互联网思维来求变、自我革命,也更能发挥创新的力量。

三是重塑结构。信息革命、全球化、互联网业已打破了原有的社会结构、经济结构、地缘结构、文化结构。权力、议事规则、话语权不断在发生变化。"互联网+"社会治理、虚拟社会治理会是很大的不同。

四是尊重人性。人性的光辉是推动科技进步、经济增长、社会进步、文化繁荣的最根本的力量,互联网的力量之强大最根本地也来源于对人性的最大限度的尊重、对人体验的敬畏、对人的创造性发挥的重视。例如UGC、卷入式营销、分享经济。

五是开放生态。关于"互联网+",生态是非常重要的特征,而生态的本身就是开放的。我们推进"互联网+",其中一个重要的方向就是要把过去制约创新的环节化解掉,把孤岛式创新连接起来,让研发由人性决定的市场驱动,让创业者有机会实现价值。

六是连接一切。连接是有层次的,连接性是有差异的,连接的价值是相差很大的,但是连接一切是"互联网+"的目标。

任务三 电子商务的影响

一、电子商务对市场营销的影响

电子商务从根本上改变了商务活动的模式。电子商务使消费者不需要再到街上的商场中筋疲力尽地搜索自己所需的商品,使商家避免了在谈判桌上唇枪舌剑的谈判。通过网络和浏览器,消费者不仅可以足不出户地看遍世界,身临其境地浏览各类产品,而且能获得各种在线服务。可以购买书籍、汽车、电视机等实物商品,也能买到信息、录像、录音、数据库、软件及各类知识产品和获得如安排旅游、网上诊疗和远程教育等各类服务商品。对于企业来讲,电子商务改变了企业的经营方式。当企业建立了自己的电子商务系统时,就会发现自己面对的是全世界的客户。客户将在网上与供货商联系,利用网络进行结算和支付服务。企业可以方便地与政府部门及竞争对手进行联系。这种网上联系使企业经营的方式在各个方面都发生了变化。

电子商务对企业的营销策略产生了很大的影响,电子商务的销售方式带给商家的是更加激烈的竞争。由于客户面对所有的相关商家,选择余地空前扩展,这对商家无疑是一种巨大的挑战。企业原有的规模、资产、地理位置等优势全都不存在了,所有的商家都变成了消费者浏览器中的一幅幅网页。在因特网上,所有的商家站在同一起跑线上,企业的销售网页能否支持更好的目录结构,更方便顾客挑选,能否给顾客创造性能良好的个性化页面、提供个性化页面服务等是商家首要考虑的营销策略。商家的页面质量如网页的艺术性、可用性、查询效率和对消费者个人信息的安全保密性等成为吸引顾客的决定性条件。

另外,电子商务的交易过程要求企业在客户浏览和订购商品、发送购货单、接受票据和更新票据、接受支付、送货和客户的意见反馈等全过程进行跟踪服务。在交易的资金结算方面,商家在交易的过程中要与银行、税务等部门通过网络以电子方式进行业务联系,以安全有效地实现销售过程中的网上支付和税收问题。

二、改变了企业经营管理的方式

1. 优化业务流程

现代企业的运作依赖于各种各样的流程,这些流程是一系列相互关联的活动和决策,是信息流和物流的复杂结合。流程是企业个性化的产物,流程的优化带来的是企业运作效率的提高、质量的优化、服务的改善以及竞争力的增强。企业流程再造(BRP)的主要内容是:从职能管理和专项管理实现向业务流程管理的转变;打破企业内一切功能性的小单位;关注整体的最优化;组织结构高度服从于流程;面向整个供应链设计企业流程;一切工作建立在企业信息技术平台基础之上。

2. 降低采购成本

采购成本在许多企业的总成本中所占比例很高。降低采购成本的手段主要有:一是尽可能广泛地询问价格,找到最佳供货商;二是在供货商报价后,对其报价进行精细的成本分析和核算,在这些基础上再合理压价。

3. 改善库存状况

在企业的各种成本中,库存成本占据着不容忽视的比例。这其中包括仓库场地占用费、建造费、维护费、仓库保管人员的开支和库存商品毁损等。此外,库存占用了企业大量资金,也增加了企业的成本。电子商务时代物流管理的思想是以信息代替库存,将供应链作为仓库,从而实现物流的敏捷配送,并最终实现零库存。

4. 缩短生产周期

缩短生产周期是企业降低生产成本、提高市场快速反应能力的迫切需求。利用电子商务手段，采用辅助生产的信息系统，可以规避重复劳动，改善信息沟通状况和提高各部门间的协同能力。在保证甚至提高产品质量的前提下最大化地压缩生产周期。

产品生命周期管理（PLM）系统是企业缩短产品开发周期的有力武器。利用PLM系统可以实现产品设计者、技术研发者、销售者及使用者之间的有效沟通，完成从产品研发、技术设计到售后支持、次品回收这一完整产品生命周期的管理。

5. 提升客户关系

随着市场竞争的日益加剧、竞争者的不断增加、消费者选择余地的增大以及消费需求的日趋个性化，都需要企业全面提升与客户之间的关系。这种关系不仅仅维系于售后服务环节，而且在生产、经营、管理活动的方方面面都要以客户为中心。使用传统办法要做到这一点是很困难的。电子商务时代客户关系管理系统（CRM），将"一切以客户为中心"为管理理念，强调用信息化、智能化手段为客户打造个性化的产品和服务，注重全面提升客户关系和客户体验。

6. 降低销售价格

大幅度降低产品销售价格是电子商务的巨大魅力。从更少的人员开支到更低的库存占用，从更扁平的分销渠道到更短的生产周期，从更低的采购价格到更有效的宣传推广，这一切都是电子商务能够降低销售价格的原因所在。

7. 获取新的商机

因特网的普及、电子商务的成熟给企业和个人创造了无数全新的商机，传统企业也可通过从事电子商务获得启发，从而发现新的利润来源。

8. 全面把握市场

开展电子商务的企业必然会增强对市场的敏锐洞察力，可以通过多种方式获取实时、全面和精准的市场信息，以做好企业的各种决策。

三、电子商务对金融业的影响

在电子商务的结构系统中，银行是最重要的角色。在B2B方式中，银行负责一切贸易活动的结算；而在B2C方式中，银行除结算之外，还要负责商家与消费者相互的认识问题。电子商务对银行带来的影响主要有：

1. 对安全性的要求提高

电子商务交易要求银行采用更坚实的技术和政策手段为全球贸易提供完全可信赖的资金汇兑安全交易。银行应能够给厂商和顾客在网上创造一种安全环境，使他们不存在受欺骗的危险，顾客也不必担心他的信用卡号会在网上被滥用、个人隐私和个人信息会泄露。同时，可以保护厂商免受损失。目前，使用的安全电子交易标准SET已经能够做到这一点。银行的安全性不仅关系到银行自己的问题，更重要的是它将影响消费者对电子商务的信心，只有银行能够确保交易的安全，才能维持并促进电子商务的发展。

2. 集成与支付作用有关的问题

在信息化进程中,银行一直是新技术应用最广、最先进的行业之一。大多数银行网上的业务系统的业务模型和流程都已十分成熟。但在电子商务条件下,银行需要将已有的软件系统集成。如在 B2B 方式下,银行需要将已有的软件和硬件环境与贸易环节中的其他部门进行衔接和集成。如在 B2C 的贸易中,银行原来通过信用卡、支票等方式支付的手段没变,但要将其移植到因特网网络上去,使个人的支付实现电子化,这就需要银行把个人的支付连接到企业的商店中去,这一移植对银行的业务运行过程影响不大,但在技术上有很高的要求。

四、电子商务对政府的影响

1. 政府机构的业务转型

电子商务的发展使一些政府部门因其职能需要而作为贸易过程的一个环节加入电子商务中,政府部门在这个加入过程中存在着相应的业务转型。如工商管理部门在电子商务环境下需对所属各类企业的经营活动进行管理,由于被管理对象已经集成到电子商务中,工商管理部门无法像从前一样对企业活动进行管理和监督,所以只有加入企业的现有电子商务贸易活动中才能完成相关工作;国家税务部门也必须在电子商务的环境下进行相关的业务转型,才能完成对电子商务交易活动的征税。

2. 政府的政策导向

电子商务是面向全世界的,其结果必然带来贸易环境的开放。国家要发展电子商务,必须坚持我国现行的开放政策。这会和保护民族工业产生一定的矛盾,需要国家采取相应的措施予以解决。

3. 政府机构担任 CA

电子商务中最重要和最核心的问题就是安全和信任。因为网上的交易使双方都无法确认对方的身份,这就需要通过技术手段来解决,也需要一个权威机构负责其中的仲裁和信誉保证。这一角色应该由政府担任,或指定相关机构或部门来担当。这就是所谓的 CA(Certificated Authority),它必须具备一定的法律效力。

五、电子商务对社会经济的影响

电子商务对社会经济的影响具体表现在以下几个方面:

1. 促使全球经济发展

电子商务使贸易的范围空前扩大,引起全球贸易活动大幅度增加,促进了全球经济的发展。

2. 促使知识经济的发展

知识经济有着大量的无形成本和高附加值,信息产业是知识经济最主要的推动力,而电子商务又站在信息产业最前列,因此,电子商务的发展必将直接或间接地推动知识经济的发展。美国已经尝到了知识经济的高科技带来的"高增长速度、高就业率、低通货膨胀率"的甜头。

3. 产生了新兴行业

在电子商务环境下，原来的业务运行模式发生了变化，社会分工将逐渐精细，因而将产生许多新兴行业来配合电子商务的顺利运转。例如，网上购物使得送货上门成为一项极为重要的服务业务，促成快递公司、物流公司等专门从事送、配货业务行业的出现，也为社会创造了更多的就业机会和社会财富。

六、电子商务对人们工作和生活方式的影响

电子商务对社会的影响是多方面的。目前，能看到的主要有以下几个方面：

1. 信息传播

电子商务在交易过程中，既快捷又便宜，使人与人之间的感情交流、企业之间的业务交往更加方便、直接，使商家与消费者之间进行交易也更为方便。

在因特网上的出版物成本极为便宜，因为在网上建立网页并不需要纸张，任何人均可以方便地在因特网上建立属于自己的网页。

因特网传播信息具有双向性的特点。人们可以根据自己的需要获取信息、提出疑问，而没有时间和地域的限制。例如，可以进行股票交易和股票查询，通过网上黄页寻找商机或就业机会；发布招聘广告招聘职员等。在网上发广告正逐渐被大众重视和接受，在与电视、报纸和杂志等传统媒体进行竞争时具有多方面的优势。

2. 生活方式

因特网实质上已形成了一个广阔、没有国界的虚拟社会，不同年龄的人都可以在网上找到自己的活动领域。比如，孩子们可以通过因特网玩游戏；学生利用因特网申请大学入学，查询各大学的考试方式、专业设置、教师情况等信息；青年人可利用因特网交友、谈恋爱；成年人可在因特网收集信息，了解税收法律变更情况、填写税收表格和交纳税费等；老年人则可在因特网上聊天等。因特网已经在人们的生活里占据了越来越重要的位置。当然，因特网在改变人们生活的同时，也带来一些如信息污染等负面的问题。

3. 办公方式

由于应用电子商务方式进行交易可以保证即时通信和进行大部分的业务处理，所以在电子商务环境下办公的方式是灵活的，无论在什么地方、什么时间都可以进行办公处理。对于执行独立任务的管理人员来说，可以方便地在家中即时处理事务，不必花更多时间在路上和进行面对面的交流上。电子商务使人们在家就可以办公。

4. 消费方式

消费者在家里通过电脑进入网络商店，查看商业目录、商品的规格和性能，填写订单，然后通过信用卡进行付款，就可以买自己喜欢的商品。在用户确认之后，商家几乎立即就可以收到顾客的订单，就会尽快地送出或寄出顾客选定的商品。上网消费者只需要拥有一个网

络账号,就可以在任何地点、任何时间与银行、证券、保险公司等进行包括储蓄、转账等各种业务联系。

5.教育方式

在因特网上开设网络大学远程教育已被国内外的众多大学所采用。远程教育以计算机通信技术和网络技术为依托,采用远程实时、多点、双向交互式的多媒体现代化教学手段,实时传送声音、图像、电子课件和教师板书,使身处两地的师生能像在现场教学一样进行双向视听问答,这是一种实现跨越时间和空间的教育模式。在美国、欧洲和东南亚,许多有名的大学都开设了自己的网络大学;国内的清华大学、北京邮电大学、浙江大学、湖南大学也已开设了网络大学。网络大学需要的管理机构和人员很少,进行网上教育成本低、效果好,可以充分发挥好的师资、好的教材的优势,可以低投入、高产出地完成高质量的教育。同时,各个年龄层次、各种知识结构、各种需求层次和各个行业的从业者,均可以通过网络大学完成继续教育。

当然,电子商务对人类的工作和生活方式带来的变化并不止这些,其对人类的影响将是多方面和深层次的。

任务四　电子商务的发展趋势

电子商务步入发展的快车道,其火爆的发展势头给人们带来无穷想象空间。新技术的革新、新行业的诞生、新产业链的构建将导致电子商务朝着全球化、协同化、数据化、移动化、智能化方向发展。未来电子商务将更加高效、便捷和智能化。

一、跨境电子商务

网络是一个没有边界的媒介,具有全球性和非中心化的特征。依附于网络发生的跨境电子商务也因此具有了全球性和非中心化的特征。互联网用户不需要考虑国界就可以把产品尤其是高附加值产品和服务提交到国境外的市场。我国政府非常重视跨境电子商务的发展,2013年8月,由商务部会同国家发改委、中国人民银行、海关总署等部门共同研究制定的《关于实施支持跨境电子商务零售出口有关政策意见》,将跨境电子商务零售出口纳入海关的出口贸易统计中,制定了对跨境电子商务零售出口的支持政策以及出口检验、收结汇等具体措施。这些措施已经在上海、杭州、宁波、重庆、郑州等5个跨境电子商务试点城市实施,并于2013年10月1日起在全国有条件的地区全面推广。美国、英国、德国、澳大利亚、巴西、俄罗斯等跨境电子商务目标市场对中国商品的网购需求旺盛,跨境电子商务发展潜力巨大。

二、协同电子商务

在电子商务发展过程中,经历了初始阶段、功能阶段、集成阶段和协同阶段。在初始阶段,企业仅仅通过简单的网站来发布产品信息,电子商务的其他要素都很不完善,因而需要大量的资金、人力和物力来实现电子商务的全过程;在功能阶段,企业已经建立了相对完善的网上交易系统、物流系统,可以实现基本的电子商务功能,但由于没有和企业内部的信息化管理结合起来,还算不上完善的电子商务;在集成阶段,电子商务的各个因素,如 ERP、CRM、SCM、OA、网上门户和电子支付系统等都被较好地集成起来,电子商务的运作效率大大提高;而在协同阶段,企业进一步完善了各种应用系统的集成,业务流程实现了重组和优化。协同工作涉及商业、工业、服务业、金融、税务、保险、交通和安全认证等部门,以及个人和企业客户等实体,他们均按照一定的规范应用程序系统相互配合,相互衔接,协同工作,一起来完成电子商务的各类活动。电子商务系统的建设将越来越依赖于协同工作(Computer Supported Cooperative Work)模式,将计算机技术、网络通信技术、多媒体技术以及社会科学紧密结合起来,给人们提供一种全新的交流方式。

三、移动电子商务

20 世纪 90 年代后期,芬兰的网上购物、办理银行业务和支付账单等电子商务服务就已十分普及。跨入 21 世纪,芬兰又由于手机普及率高,移动通信和电子商务相结合的研发与应用领先,所以成为世界移动电子商务的开拓者。无论顾客在什么地方,都可使用移动终端获得商家的服务(商家可提供包括商品目录和位置的广泛性服务)。尽管当前仍存在设备限制、有限的内容和昂贵的交易费用等许多问题,但移动商务已经构成电子商务的一个重要部分。Sera Jang 和 Eunseok Lee 提出了下一代包括搜索、订购和交易在内的智能移动商务系统。智能代理代表商家和顾客谈判使顾客获得他们所需的商品。一种多代理的系统框架是实现这种移动商务的方案。

通过移动电子商务,用户可随时随地获取所需的服务、应用、信息和娱乐。他们可以在自己方便的时候,使用智能手机或 PDA 查找、选择及购买商品和服务。采购可以即时完成,商业决策也可实施。服务付费则可通过多种方式进行,通过个人移动设备来进行可靠的电子交易被视为移动商务的一个重要研究内容。

四、主动电子商务

主动、及时地响应客户需求对电子商务系统来说是十分必要的,而传统程序设计方法和数据库技术的电子商务系统无法满足这种需要。例如,当顾客购买某种商品时,由于缺货而不能满足,当顾客再度光临时,仍然未购买到,而在顾客两次购买时间内,商品到货,只是又卖完而已,这样就有可能损失客源并使顾客始终买不到所需商品。从 20 世纪 60 年代起,传统的人工智能技术开始致力于对知识表达、推理和机器学习等技术的研究,其主要成果是专家系统。专家系统把专业领域知识和推理有机地结合在一起,为电子商务系统的智能化提供了一个实用的解决办法,电子商务系统的应用程序具有某种意义上的主动性。软件代理技术的出现使得应用程序具备了真正意义上的主动,加上现代数据库技术特别是主动实时数据库技术和现代通信技术的发展,使电子商务系统的主动服务功能以及商务主体间的实时通信成为可能。

五、虚拟现实电子商务

传统的购物方式,消费者可以通过看、听、闻、触等感观详细了解商品的性能(如商品的色泽、外观、质量、材料成分和精度等特性),可以亲自试用,可以与同类商品进行比较并能讨价还价,这些购物行为是网上购物所不具备的。因此,有些消费者对网上购物心存疑虑,他们更乐于在实体店中购物。目前,网站一般只提供商品的一些静态信息,如果网上购物能提供与现实中购物相似的环境,如商品的多维展示、声音、虚拟触觉和在线试用,甚至商品的气味和内部结构也可以感知,那么,这样一种虚拟现实的购物环境将增加消费者网上购物的乐趣,从而改变他们的购物习惯。技术的进步将使这种虚拟现实的电子商务最终变成现实。

国际标准化组织 ISO/IEC 的一个工作组 MPEG 正在制定一个新的国际标准——多媒体内容描述接口 MPEG—7。MPEG—7 的完成将为电子商务在处理多媒体内容方面提供有效的解决方案。Web 管理的数据类型已从最初的文本扩展到现在的图形和声音数据,特别是多媒体语音技术发展,使电子商务朝着有声的虚拟现实电子商务阶段发展。

六、智能电子商务

随着 Internet 技术的发展,尤其是物联网技术的蓬勃发展,大数据、云计算等技术已经将全球化成的今世界经济融为一体,现代经济社会的各组成部分都将处于一个数字化的环境中。在这个数字化的环境中,电子商务将成为生存发展的必要因素。通过实施电子商务来提高企业的经营决策水平,从而提高企业的竞争力。面对日益膨胀的数字信息,企业必须配备先进的计算机系统,建立完善的信息处理机制,以便更好地挖掘知识核心,作出正确的决策,同时也能为客户提供更好的服务。

传统的商务活动一直由人与人之间的交往来实现。智能化商务的基本任务是收集、管理和分析各类商务信息,运用先进的工具将商务信息转换为最有用和最有效的信息,而要做到这些,就必然要求电子商务的智能化。

智能电子商务模式并非是现行系统和流程的进步,而是一项崭新的商业模式。从技术和商务信息处理角度理解,智能电子商务是运用智能代理技术和智能计算方法来实现商务信息处理的自动化和智能化。智能电子商务模式因"随需应变的电子商务"的概念应运而生。IBM 创立的智能电子商务模式涵盖智能芯片、嵌入式技术、无线设备监控、商业与机器设备间的互动联系、无线射频识别(Radio Frequency Identification,RFID)标签、远程信息传送以及以定位为基础的服务。这个由 IBM 提出的第五种公用事业概念,以全新方式为消费者和企业提供新产品和服务。

智能电子商务的智能性体现在两个方面:一是移动代理技术应用于电子商务(使电子商务走向智能化),不同身份的移动代理担任电子商务的主体并协作完成商务活动;二是智能计算方法应用于电子商务业务处理,使业务处理智能化(如运用人工神经网络方法进行供应商的选择和评价,运用进化计算方法进行资源发现、采购方案优化和网络监控等)。简而言之,智能电子商务就是无需或很少需要人工干预的、解决复杂业务处理问题的商务模式。

课后思考

一、选择题

1. 下列对电子商务与传统商务的描述中,说法最准确的是( )。
   A. 传统商务受到地域的限制,通常其贸易伙伴是固定的,而电子商务充分利用因特网,其贸易伙伴可以不受地域的限制,选择范围很大
   B. 随着计算机网络技术的发展,电子商务将完全取代传统商务
   C. 客户服务只能采用传统的服务方式,电子商务在这一方面还无能为力
   D. 用户购买的任何产品都只能通过人工送达,采用计算机的用户无法收到其购买的产品

2. 下面选项中,不属于电子商务基本功能的有( )。
   A. 网上订购　　　　　B. 资料下载　　　　　C. 信息储存　　　　　D. 信息发布与广告宣传

3. 按电子商务应用服务的领域范围分类的电子商务模式有( )。
   A. B2A　　　　　　　B. B2B　　　　　　　C. C2A　　　　　　　D. C2C

4. 电子商务源于英文( ),简写为 EC。
   A. Easy Commerce　　　　　　　　B. Electronic Commerce
   C. Electronic Business　　　　　　D. Electronical Commerce

5. 根据参与交易的对象,网上商店最适合的模式是( )。
   A. B2G　　　　　　　　　　　　　B. C2C
   C. 金融内部的电子商务　　　　　　D. B2C

6. 下列说法中正确的是( )。
   A. 网络商品中介交易不属于 B2B 电子商务形式
   B. 认证中心存在下的网络商品直销不属于 B2C 的电子商务形式
   C. 企业间网络交易是 B2B 电子商务的一种基本形式
   D. B2C 电子商务不属于网络营销的一种基本形式

7. DELL 公司和中国的青岛海尔集团属于( )类型的 B2C 电子商务企业。
   A. 经营着离线商店的零售商
   B. 没有离线商店的虚拟零售企业
   C. 商品制造商
   D. 网络交易服务公司

8. 在电子商务的"三流"中,( )处于领导和核心地位。
   A. 资金流　　　　　　B. 技术流　　　　　　C. 信息流　　　　　　D. 物流

9. 亚马逊网上书店是一家以(　　)业务为主的电子商务企业。
   A. B2C　　　　　B. B2B2C　　　　　C. C2C　　　　　D. B2B
10. 目前,困扰电子支付发展的最关键的问题是(　　)。
    A. 技术问题　　　B. 安全问题　　　C. 成本问题　　　D. 观念问题

二、填空题

1. 电子商务最早产生于20世纪_____年代,大规模发展于20世纪_____年代。
2. 电子商务的发展经历了以下2个阶段:基于_____的电子商务和基于_____的电子商务。
3. CNNIC意为_____。
4. 目前,电子商务存在的三大主要问题是_____。
5. _____的实施和《电子支付指引》的颁布,进一步从法律和政策层面为电子商务的发展保驾护航。

三、问答题

1. 电子商务的主要应用领域有哪些?
2. 在我国开展电子商务活动,还存在哪些问题?
3. 试列举你认识的电子商务站点,并指出该站点属于什么商务模式。

◆ 项目实操

[实操项目1]电子商务的功能

电子商务的功能实际操作。

[实操项目情景设计]

假设你将于3天后到北京出差,你想从广州白云国际机场乘飞机前往,并于当晚入住某一酒店。请用电子商务实现上述业务。

[实操任务]

飞机票选择打折机票,越便宜越好;住宿标准:不超过300元/间·天。订好后,写出2~3个选择的网站名(网址)、酒店名、价格、联系方法,保存并提交。

[实操项目2]电子商务的分类

电子商务的模式实际操作。

[实操项目情景设计]

分别登录淘宝网、天猫网、阿里巴巴网3个网站,详细了解各电子商务网站的功能。

淘宝网:http://www.taobao.com
天猫网:http://www.tmall.com
阿里巴巴网:http://www.alibaba.com.cn

[实操任务]

请结合所学知识,分析以下问题:

1. 淘宝网、天猫网、阿里巴巴网分别属于何种类型的电子商务?
2. 在淘宝网中开店,需要什么条件?
3. 在天猫网中开店,需要什么条件?
4. 在阿里巴巴网中做批发,需要什么条件?

项目二
电子商务基础

❖ 学习目标

理解：B2B、B2C、C2C、电子政务、EDI、O2O 的相关概念和业务模式；电子商务平台的概念、类型及特点；电子商务平台的基本技术；电子商务法的调整对象，国内外的电子商务立法情况。

掌握：B2B、B2C、C2C、电子政务、EDI、O2O 的电子商务模式；电子商务平台的推广及盈利模式。

应用：运用电子商务模式分析各电子商务平台；对电子商务平台规划与分析；能够分析解决一般电子商务活动中的法律纠纷。

❖ 项目案例导读

近年来电子商务发展势头迅猛，电商平台在电子商务中扮演着重要角色，然而在这一派欣欣向荣的繁荣表象之下，各类侵犯消费者合法权益的现象频生，从而制约了电子商务的发展。在此背景下，我国于2013年修订的《消费者权益保护法》中新增第44条明确规定：经营者利用平台侵犯消费者合法权益而网络平台提供者不能提供经营者有效信息的，或者知道或应知经营者利用平台实施消费侵权而未采取措施的，应当承担责任。自此，网络交易平台提供者被纳入消费者权益保护立法的调整范围。

此条法规所调整主体，即"网络交易平台提供者"，是指B2C和C2C两种电子商务模式下处于第三方地位的网络服务提供商，并且只有单纯提供信息发布媒介服务和技术支持的网络服务提供商才属于本条规定的调整范围。其法律地位不同于柜台出租者和展销会举办者，虽然在很多情况下其扮演着类似于广告发布者、交易促进者的角色，但是本条规定仅调整其作为技术中立者时的责任。网络交易平台提供者与经营者、消费者分别构成网络服务合同当事人，但是因网络服务合同产生的纠纷不在此条法规调整之列。此条法规仅调整作为消费合同之外的第三方的网络交易平台提供者的责任，且系侵权责任。法规明确规定了网络交易平台提供者的两种不作为侵权行为，一种是违反信息披露义务的不作为侵权，在法律解释中容易与行政法上规定的信息审查义务发生混淆，在司法认定中应当开放消费者请求信息披露的方式和时间节点；另一种是未采取必要措施的不作为侵权，采取必要措施的义务与安全保障义务容易发生混淆。

《消费者权益保护法》第44条第2款的情形下,网络交易平台提供者既构成未采取必要措施的不作为侵权,又构成帮助侵权,与经营者构成共同侵权而应当承担连带责任,此无争议。平台提供者帮助侵权的构成要件,主要有明知或应知的主观过错,和未采取必要措施。在司法实践中,就平台提供者"明知或应知"的认定标准过于僵化和单一,不利于消费者保护,应当引入红旗规则加以认定,而不应仅限于消费者未向平台进行投诉。

(资料来源:张梦雪. 网络交易平台提供者之侵权责任研究——以《消费者权益保护法》第44条为视角[D]. 上海:华东政法大学,2016.)

阅读本章项目知识,思考以下问题:

1. 举例说明目前存在哪些电子商务应用模式?这些电子商务平台是如何盈利的?

2. 在电子商务平台建设阶段,如何进行电子商务平台的需求分析、设计前台和后台的功能结构?又涉及哪些电子商务技术?

3. 在本章案例中,我国于2013年修订的《消费者权益保护法》中新增第44条,网络交易平台提供者被纳入消费者权益保护立法的调整范围。你认为电子商务哪些方面仍须立法或改进?

4. 你对我国电子商务安全有何建议?

◇知识支撑

任务一 电子商务基本模式

一、B2B模式

B2B是企业对企业(也称为"商家对商家")的电子商务,即企业与企业之间通过互联网进行产品、服务及信息的交换等一系列商务活动(有时写作 B to B),但为了简便,干脆用其谐音 B2B(2 即 to)。通俗的说法是指进行电子商务交易的供需双方都是商家(或企业、公司),双方通过使用因特网技术或各种商务网络平台,完成商务交易的过程。这些过程包括:发布供求信息,订货及确认订货,支付过程及票据的签发、传送和接收,确定配送方案并监控配送过程等。B2B的典型有"中国供应商""阿里巴巴""中国制造网""敦煌网""慧聪网"等。

1. B2B 电子商务模式分类

企业 B2B 网站,这本质上是实体企业在因特网上的延伸,企业希望通过建立属于自己的 B2B 网站来获得更多的交易机会,并借此降低相关成本,这是一种比较初级的 B2B 电子商务模式。这类网站功能比较单一,企业相关信息非常分散。也有部分企业采取外包的形式建设自身的企业 B2B 网站,既克服技术上的缺陷,又降低了成本。还有一些企业将自身的 B2B 网站作为一种将产品推向客户并为他们提供相关的增值服务。

综合型 B2B 市场,这是一种在目前 B2B 电子商务中占据主要市场份额的运行模式,也称为"水平型 B2B 电子商务"。它将各个行业中相近的交易过程集中到一个场所,为产品采购方与供应方提供交易场所,为企业采购方和供应方提供了一个交易的机会。综合型 B2B 市场只是企业实现电子商务的一个开始,它的应用将会得到不断发展和完善,并适应所有行业的企业的需要。其最大特点就是参与的企业数量庞大,很多中小企业可基于综合型 B2B 市场进行批发、采购等交易行为,但存在可信度较低以及客户信息安全问题。

垂直型 B2B 市场,在经营理念上,综合型 B2B 市场与垂直型 B2B 市场是相反的,前者提供大量的交易信息,使客户能够从中找到适合自身的交易,而后者则为客户提供专业、个性化的服务。垂直 B2B 可以分为两个方向,即上游和下游。生产商或商业零售商可以与上游的供应商之间形成原材料供货关系;生产商与下游的经销商可以形成成品销售关系。这一类 B2B 通常是由该行业拥有较强实力的厂商或厂商联盟发起的。

交易型 B2B 市场,这种模式与综合型 B2B 市场有一定的类似,但交易型 B2B 市场更多的是联系供求双方,为双方的信息交流提供便利。在功能上,交易型 B2B 市场和 EDI 相似,用来交换订单、库存清单和其他电子信息。在交易型 B2B 市场,专有交易型 B2B 市场是一个比较重要的发展趋势。

2. B2B 电子商务的一般流程

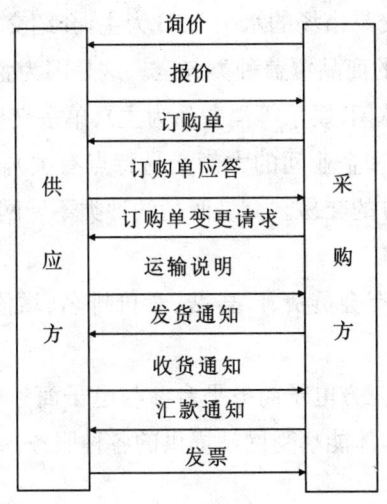

图 2-1　B2B 网上交易过程

参加交易的买卖双方在做好交易的准备之后,通常都是根据电子商务标准的规定开展交易活动的。电子商务标准规定了电子商务应遵循的基本程序,其过程表述如下:

(1)采购方向供应方发出交易意向,提出商品询价请求并询问采购商品的详细信息。

(2)供应方向采购方回复该商品的报价,并反馈信息。

(3)采购方向供应方提出确认商品订购单的请求。

(4)供应方对采购方提的商品订购单确认,说明有无此商品及目前存货的规格型号、品种、质量等信息。

(5)采购方根据供应方的应答决定是否对订购单进行调整,并最终作出采购商品信息的决定。

(6)采购方向供应方提出商品运输要求,明确使用的运输工具和交货地点等信息。

(7)供应方向采购方发出发货通知,说明所用运输公司的名称、交货的时间、地点,所用的运输设备和包装等信息。

(8)采购方向供应方发回收货通知。

(9)交易双方收发汇款通知。采购方发出汇款通知,供应方告之收款信息。

(10)供应方备货并开出电子发票,采购方确认收货,供应方确认收款。整个B2B交易流程结束。

如果是外贸企业,中间还将涉及海关、商检、国际运输、外汇结算等业务。

3. B2B交易平台上交易商品的特点

B2B交易模式与B2C模式相比较有很多特点,如B2B交易次数少、交易金额大,适合企业与供应商、客户之间大宗货物的交易与买卖活动。另外,B2B模式交易对象广泛,它的交易对象可以是任何一种产品,即可以是中间产品或最终产品。因此,B2B是目前电子商务发展的推动力和主流。

在这里我们以面向中间交易市场的水平B2B为主,介绍交易商品的特点。

在B2B交易平台上交易的商品覆盖种类齐全。这是因为企业和企业间的交易是大额交易(不像普通消费者以日用、休闲、娱乐等消费品为主)、单宗交易,数额小、交易量大。

B2B交易在线下完成(这和企业间的大额交易特点有关)。B2B只是一个交易平台,将交易双方汇聚在一起撮合双方的交易。交易商品的种类不受网络交易的限制。

4. B2B电子商务盈利模式

目前,B2B盈利模式主要有会员费、广告费、竞价排名、增值服务、线下服务、商务合作、按询盘付费等。

(1)会员费。企业通过第三方电子商务平台参与电子商务交易必须注册为B2B网站的会员,每年缴纳一定的会员费,才能享受网站提供的各种服务。会员费已成为我国B2B网站最主要的收入来源。

(2)广告费。网络广告是门户网站的主要盈利来源,同时也是B2B电子商务网站的主要收入来源。如阿里巴巴网站的广告根据其在首页位置及其类型来收费;中国化工网有弹出广告、漂浮广告、横幅广告、文字广告等多种表现形式可供用户选择。

(3)竞价排名。企业为了促进产品的销售,都希望在B2B网站的信息搜索中使自己的排名靠前,而网站在确保信息准确的基础上,根据会员缴费的不同会对排名顺序作相应的调整。如阿里巴巴的竞价排名是诚信通会员专享的搜索排名服务,当买家在阿里巴巴搜索供应信息时,竞价企业的信息将排在搜索结果的前3位,被买家第一时间找到。中国化工网的化工搜索是建立在全球最大的化工网站上的化工专业搜索平台,对全球近20万个化工及化工相关网站进行搜索,收录的网页总数达5000万个,同时采用搜索竞价排名方式,确定企业排名顺序。

(4)增值服务。B2B网站通常除了为企业提供贸易供求信息以外,还会提供一些独特的增值服务,包括企业认证、独立域名、行业数据分析报告和搜索引擎优化等。

(5)线下服务。线下服务主要包括办展会、期刊、研讨会等。通过展会,供应商和采购商可以面对面进行交流,一般的中小企业比较青睐这种方式,如ECVV网站组织的各种展会和采购会就取得了不错的效果。而期刊主要刊登关于行业资讯等信息,也可以在其中植入广告。

(6)商务合作。商务合作包括广告联盟,政府、行业协会合作及传统媒体的合作等。广告联盟通常是网络广告联盟,亚马逊通过这种方式已经取得了不错的成效。

目前,国内做得比较成熟的几家广告联盟有:百度联盟、谷歌联盟、淘宝联盟等。

(7)按询盘付费。区别于传统的会员包年付费模式,按询盘付费模式是指从事国际贸易的企业不是按时间来付款,而是按照海外推广带来的实际效果,也就是按海外买家实际的有效询盘来付款。其中,询盘是否有效,主动权在消费者手中,由消费者自行判断,决定是否消费。

按询盘付费有四大特点:零首付、零风险;主动权、消费权;免费推、针对广;及时付、便利大。企业不用冒高投入的风险,零投入就可享受免费全球推广,成功获得有效询盘。在确认询盘的真实性和有效性的基础上,只需在线支付单条询盘价格,就可以获得与海外买家直接谈判成单的机会,主动权完全掌握在供应商手里。

二、B2C模式

B2C(Business to Customer)电子商务是指企业与消费者之间以因特网为主要服务提供手段进行的商务活动。它是一种电子化零售模式,采用在线销售并保证与其相关的付款方式电子化。

B2C模式典型网站有"当当网""天猫""京东商城"等。网上购买引擎和购买指南还不时帮助消费者在众多的商品品牌之间作出选择。消费者对选中的商品只要用鼠标轻轻一点,再把它拖到网络的"购物车"里就可以了。付款时,消费者输入自己的姓名、家庭住址和信用卡号码,确认订单并付款,网上购物就算完成。为了消除消费者的不信任感,大多数网上销售商还提供免费电话咨询服务和在线客服。

B2C电子商务的模式可以从不同角度进行分类和分析。

1.从企业和消费者买卖关系的角度分析

B2C的商务模式主要分为卖方企业—买方个人的电子商务,以及买方企业—卖方个人的电子商务两种模式。

(1)卖方企业—买方个人的电子商务。这是商家出售商品和服务给消费者个人的电子商务模式。在这种模式中,商家首先在网站上开设网上商店,公布商品的品种、规格、价格、性能等(或者提供服务的种类、价格和方式),由消费者个人选购、下订单,在线或离线付款,商家负责送货上门。这种网上购物方式可以使消费者获得更多的商品信息,足不出户可货比千家,买到价格较低的商品,节省购物的时间。当然,这种电子商务模式的发展需要高效率和低成本的物流体系的配合。这种方式中比较典型的代表就是全球知名的亚马逊网上书店(www.amazon.com)。

(2)买方企业—卖方个人的电子商务。这是企业在网上向个人求购商品或服务的一种电子商务模式。这种模式应用最多的就是企业网上招聘人才。如许多企业在深圳人才市场网(www.szhr.com.cn)招聘各类人才。在这种模式中,企业首先在网上发布需求信息,然后由个人上网洽谈。这种方式在当今人才流动量大的社会中极为流行,因为它建立起了企业与个人之间的联系平台,使得人力资源得以充分利用。

2. 根据交易的客体分析

B2C 电子商务分为无形商品和服务的电子商务模式及有形商品和服务的电子商务模式。前者是直接电子商务,可以完整地通过网络进行;后者是间接电子商务,不能完全在网上实现,要借助传统手段的配合才能完成。

(1)无形商品和服务的电子商务模式。计算机网络本身具有信息传输和处理的功能,无形商品和服务(如电子信息、计算机软件、数字化视听娱乐产品等)一般可以通过网络直接提供给消费者。其电子商务模式主要有网上订阅式、广告支持式和网上赠予模式。

①网上订阅模式。消费者通过网络订阅企业提供的无形商品和服务,并在网上直接浏览或消费。这种模式主要被一些商业在线企业用来销售报纸、杂志、有线电视节目等。网上订阅模式主要有在线出版(On line Publications)、在线服务(Owline Services)、在线娱乐(Online Entertanin ment)。

②广告支持模式。在线服务商免费向消费者提供在线信息服务,其营业收入完全靠网站上的广告来获得。这种模式虽然不直接向消费者收费,但却是目前最成功的电子商务模式之一。Yahoo 等在线搜索服务网站就是依靠广告收入来维持经营活动的。对于上网者来说,信息搜索是其在因特网的信息海洋中寻找所需信息的最基础的服务。因此,企业也最愿意在信息搜索网站上设置广告,用户通过点击广告可直接到达该企业的网站。采用广告支持模式的在线服务商能否成功的关键是其网页能否吸引大量的广告,能否吸引广大消费者的注意。

③网上赠予模式。这种模式经常被软件公司用来赠送软件产品,以扩大其知名度和市场份额。一些软件公司将测试版软件通过因特网向用户免费发送,用户自行下载、试用,也可以将意见或建议反馈给软件公司。用户对测试软件试用一段时间后,如果满意,则有可能购买正式版本的软件。采用这种模式,软件公司不仅可以降低成本,还可以扩大测试群体,

改善测试效果,提高市场占有率。美国的网景公司(Netscape)在其浏览器最初的推广阶段采用的就是这种方法,使其浏览器软件迅速占领市场,效果十分明显。

(2)有形商品和服务的电子商务模式。有形商品是指传统的实物商品。采用电子商务模式时,有形商品和服务的查询、订购、付款等活动在网上进行,但最终的交付活动还需借助传统的方法完成。这种电子商务模式也叫"在线销售"。目前,企业实现在线销售的主要有两种方式:一种是在网上开设独立的虚拟商店;另一种是参与并成为网上购物中心的一部分。有形商品和服务的在线销售使企业拓展了销售渠道,增加了市场机会。与传统的店铺销售相比,即使企业的规模很小,网上销售也可将业务延伸到世界的各个角落。网上商店不需要像一般的实物商店那样保持很多的库存,作为纯粹的虚拟商店,可以直接向厂家或批发商订货,省去了商品存储的过程,从而大大节省了库存成本。

3. 根据交易方式分析

(1)网络商品直销。网络商品直销是指消费者和生产者或商家,直接利用网络形式所进行的买卖活动,其模式如图2-2所示。这种交易的最大特点是供需双方直接见面、环节少、速度快、费用低。其流转程式如图2-3所示。由图2-3可以看出,网络商品直销过程可以分为以下6个步骤:

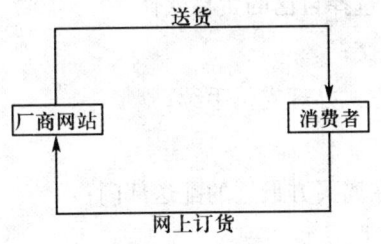

图2-2 电子商务直销模式示意图

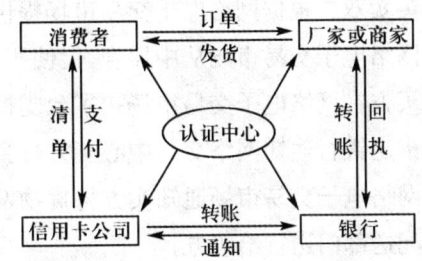

图2-3 网络商品直销的流转程式

①消费者进入因特网,查看在线商店或企业的主页;
②消费者通过购物对话框填写姓名、地址、商品品种、商品规格、商品数量等;
③消费者选择支付方式,如信用卡,也可选用借记卡、电子货币或电子支票等;
④在线商店或企业的客户服务器检查支付方服务器,确认汇款额是否被认可;
⑤在线商店或企业的客户服务器确认消费者付款后,通知销售部门送货上门;
⑥消费者的开户银行将支付款项传递到消费者的信用卡公司,信用卡公司负责发给消费者收费清单。

(2)通过网上电子交易市场进行交易。这种交易是通过网上电子交易市场,建立起产品生产厂商与消费者之间的购物平台,再从产品的生产厂商进货后销售给最终消费者,一般也叫"亚马逊电子商务",如图2-4所示。在这种交易过程中,网上电子交易市场以因特网为基础,利用先进的通信技术和计算机软件技术,将商品供应商、消费者和银行紧密地联系起来,为消费者提供市场信息、商品交易、仓储配送、货款结算等全方位的服务。其流转程式如图

2-4 所示。

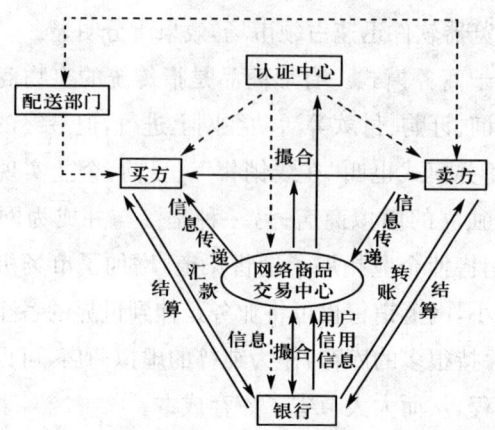

图 2-4 通过网上电子交易市场交易的流转程式

由图 2-4 可以看出,通过网上电子交易市场交易的流转程式可分为以下几个步骤:

①买卖双方将各自的供应和需求信息通过网络通知网络电子交易中心,网络电子交易市场通过信息发布服务,向参与者提供大量、详细、准确的交易数据和市场信息;

②买卖双方根据网络电子交易市场提供的信息,选择自己的贸易伙伴;

③网络电子交易市场从中撮合,促使买卖双方成交;

④买方在网络电子交易市场按平台支持的支付方式办理支付手续;

⑤指定银行通知网络交易中心买方货款到账;

⑥网络电子交易市场通知卖方将货物发送到设在离买方最近的配送部门;

⑦配送部门送货给买方;

⑧买方验证货物后通知网络电子交易市场货物收到;

⑨网络电子交易市场通知银行买方收到货物;

⑩银行将买方货款转交卖方,卖方将回执送交银行。

就上述电子购物而言,在实际进行过程中,即从顾客输入订货单后开始到拿到销售商店出具的电子收据为止的全过程仅用 5~20 秒时间。这种电子购物方式十分省事、省力、省时。购物过程中虽经过信用卡公司和商业银行等多次进行身份确认、银行授权、各种财务数据交换和账务往来等,但所有业务活动都是在极短的时间内完成的。总之,这种购物过程彻底改变了传统的面对面交易和一手交钱一手交货及面谈等购物方式,是一种新颖有效、保密性好、安全可靠的电子购物过程。利用各种电子商务保密服务系统,就可以在因特网上使用自己的信用卡放心地购买自己所需要的物品。

4. B2C 交易商品的特点

B2C 电子商务模式的最大特点是商品交易过程完全通过网络进行,从消费者网上挑选和比较商品,到网上购物支付,卖方进行物流配送及售后服务,是通过网络为媒介一条龙完成的,企业和消费者之间不进行面对面的交易。因此,B2C 模式交易的商品有如下特点:

(1)有适合在网上销售的特性。通过电子方式传输的产品和服务,如电影、Flash、电子杂志、软件、数字产品等,适合在网上销售,这样的产品被当作 B2C 电子商务最好的目标产品,在网上实施全天候服务,实时交易,商品传递速度快。另一部分有形产品也适合在网上进行销售,如一些低触摸度、方便运输的有形产品。

(2)商品的搜索成本低。这是因为适合做电子商务的商品大多是书、音乐和光盘等。

(3)具有标准化、不易变质、适合传递等特征。这是因为在网上销售的商品受限较多,如没有库存,则不能完全真实地感受信息及物流配送的特点。

三、C2C 模式

C2C(Customer to Customer)电子商务是消费者对消费者的交易。也就是消费者本身提供服务或产品给消费者。C2C 电子商务平台通过为买卖双方提供一个在线交易平台,使卖方可以主动提供商品进行拍卖,买方可以自行选择商品进行竞价。C2C 交易平台上交易产品丰富并且以个人消费品为主。C2C 交易本质上也是网上撮合成交,通过网上或者网下的方式进行交易。这种个人对个人的商务形式在过去的传媒中几乎不可能实现,但现在这种形式发展迅速,如"百度 C2C""淘宝网""拍拍网""易趣"和"雅宝"等。

C2C 电子商务的运作模式主要有拍卖平台和店铺平台两种模式。

1. 拍卖平台运作模式

这是 C2C 电子商务企业通过为买卖双方搭建拍卖平台,按比例收取交易费用的一种模式。

网络拍卖(Auction Online),是指网络服务商利用互联网通信传输技术,向商品所有者或某些权益所有人提供有偿或无偿使用的互联网技术平台,让商品所有者或某些权益所有人在其平台上独立开展以竞价、议价方式为主的在线交易模式。目前,大多数观点认为网络拍卖的主体大致分为以下三种:

(1)拍卖公司。拍卖公司的网站一般多用于宣传和发布信息,属于销售型网站。

(2)网络公司。网络公司在网络拍卖中提供交易平台服务和交易程序,为众多买家和卖家构筑了一个网络交易市场(Net-market),由卖方和买方进行网络拍卖,其本身并不介入买卖双方的交易。

(3)拍卖公司和网络公司或其他公司的联合。两者都属于拍卖公司,是为实现其现实空间(实际生活)中的既有业务而在网络空间上的延伸。

2. 店铺平台运作模式

这种方式是电子商务企业提供平台,方便个人在平台上开店铺,以会员制的方式收费,也可通过广告或提供其他服务收取费用。这种平台也可称"网上商店"。

通过网上商店进行网上交易应当保证购物的方便,应当了解消费者网络购物的一般方式及商家网上商店的业务流程。消费者网上购物的一般步骤如下:

(1)进入网上商店首页,挑选所要的商品。利用网上商店首页所提供的分类、目录或搜索功能,浏览商品的说明、功能、价钱、付款方式、送货条件、售后服务等信息,看是否符合需求,决定是否订购。

(2)订购。决定要购买后,就可以订购了。订购时可使用该网上商店的订购程序直接输入,通过在线形式直接下订单,也可将订购单打印出来,填写后再传真或邮寄到该公司完成订购。

(3)付款。通常一家网上商店会有多种付款方式可供选择,选择一种自己认为最好的付款方式并支付货款,基本上就完成在线购物了,接下来只要等候商品送到手中。

(4)获得商品。实体商品利用传统的配送渠道,如邮寄、快递、货运公司等来传送;数字化商品则可以通过因特网直接传送。

商家网上商店的一般业务流程如下:

一般情况下,网上商店的业务流程是严格按照顾客网上购物的步骤,再根据商店本身的特点进行量身定制的,以求合理地利用资源。目前,网上商店的业务流程大同小异,大体有以下几个步骤:

(1)商家开店和店铺装修。选择可以开店的平台,如淘宝网,完成店铺开店的实名制认证后即可开店。网上商店开张之前,需要完成店铺的装修,包括店铺首页的装修和店铺产品介绍页面的装修。

(2)发布商品。卖家根据顾客的购物习惯设置购物网站界面和商品分类,并上架发布商品。

(3)接受顾客订单。当顾客完成商品选择后,就会下订单并付款,这时顾客会明确送货方式、送货地址及付款方式,卖家接受顾客订单。

(4)处理订单。当顾客完成订单后,卖家应当根据顾客需求及时完成交易,及时把商品送到顾客手中。

四、其他模式

1. G2G 电子政务

G2G 电子政务,也就是政府与政府之间的电子政务,它是指政府内部、政府上下级之间、不同地区和不同职能部门之间实现的电子政务活动。G2G 是电子政务的基本模式,具体的实现方式有:政府内部网络办公系统、法规、政策系统、电子公文系统;电子司法档案系统;财政管理系统、电子培训系统、垂直网络化管理、网络业绩评价系统、城市网络管理系统等。

G2G 是上下级政府、不同地方政府、不同政府部门之间的电子政务。G2G 主要包括以下内容:

(1)电子法规政策系统。针对所有政府部门和工作人员制定相关有效的各项法律、法规、规章、行政命令和政策规范,所有政府机关和工作人员真正做到有法可依、有法必依。

(2)电子公文系统。在保证信息安全的前提下,政府上下级、部门之间传送有关政府公文(如报告、请示、批复、公告、通知、通报等),使政务信息十分快捷地在政府间和政府内流转,加大政府公文处理速度。

(3)电子司法档案系统。政府司法机关之间共享司法信息,如公安机关的刑事犯罪记录、审判机关的审判案例、检察机关的检察案例等,通过共享信息提高司法工作效率和司法人员的综合能力。

(4)电子财政管理系统。该系统向各级国家权力机关、审计部门和相关机构提供历年的政府财政预算及其执行情况,包括从明细到汇总的财政收入、开支、拨付款数据及相关的文字说明和图表,以便有关领导和部门及时掌握和监控财政状况。

(5)电子办公系统。通过电子网络,机关工作人员能够完成许多事务性的工作,如工作人员通过网络申请出差、请假、文件复制、使用办公设施和设备、下载政府机关经常使用的各种表格、报销出差费用等可以节约时间和费用,提高工作效率。

(6)电子培训系统。该系统为政府工作人员提供各种综合性和专业性的网络教育课程,加强对员工在信息技术方面的专业培训,员工可以通过网络随时随地注册参加培训、接受培训、参加考试等以适应信息时代对政府提出的要求。

(7)业绩评价系统。按照设定的任务目标、工作标准和完成情况对政府各部门业绩进行科学的测量和评估。

2. G2B 电子政务

G2B 电子政务是指政府与企业之间的电子政务。促进企业发展,提高企业的市场适应能力和国际竞争力是各级政府机构的责任。G2B 电子政务的形式主要包括:政府电子化采购、电子税务系统、电子工商行政管理系统、电子外经贸管理系统、中小企业电子化服务系统、综合信息咨询服务系统等。

(1)电子采购与招标。通过网络公布政府采购与招标信息,为企业特别是中小企业参与政府采购提供必要的帮助,向他们提供政府采购的有关政策和程序,使政府采购成为阳光作业,减少徇私舞弊和暗箱操作,降低企业的交易成本,节约政府采购支出。

(2)电子税务。企业通过政府税务网络系统,在家里或企业办公室就能完成税务登记、税务申报、税款划拨、查询税收公报、了解税收政策等业务,既方便了企业,也减少了政府的开支。从服务对象和管理对象来看,电子税务的内容主要包括以下几个方面:税务部门对纳税人(企业和公民)的电子业务处理、税务部门与政府其他部门的电子业务处理、税务部门与其内部人员的电子业务处理等。税务部门对纳税人的电子业务处理是指纳税人可以不受时间、地点和部门的限制,通过互联网非常方便、快捷地办理自己全部涉税的相关事务;税务部门与其他部门的电子业务是指税务部门通过网络与政府其他部门之间进行公文的流转和审批,实现政府部门之间信息资源的共享;税务机关与其内部人员的电子业务是指税务机关通过内部网络来实现对行政管理所有业务的电子处理。

(3)电子证照办理。让企业通过因特网申请办理各种证件和执照,以缩短办证周期,减轻企业负担。如企业营业执照的申请、受理、审核、发放、年检、登记项目变更、核销,以及统计证、土地和房产证、建筑许可证、环境评估报告等证件、执照和审批事项的办理。

(4)信息咨询服务。政府将拥有的各种数据库信息对企业开放，以方便企业利用。如为投资者更好地了解相关政策法规、办事程序和重大事项等投资环境情况提供便利。

(5)中小企业电子服务。政府利用宏观管理优势和集合优势，为提高中小企业的国际竞争力和知名度提供各种帮助。它包括为中小企业提供统一的政府网站入口，帮助中小企业向电子商务供应商争取有利的、能够负担得起的电子商务应用解决方案等。

3. G2C 电子政务

G2C 电子政务是指政府与公民(Citizen)之间的电子政务，政府通过电子网络系统为公民提供各种服务。G2C 电子政务所包含的内容十分广泛，主要模式有：电子身份认证、电子社会保障服务、电子民主管理、电子医疗服务、电子就业服务、电子教育和培训服务、电子交通管理服务等。

(1)电子教育培训服务。建立全国性的教育平台，并资助所有的学校和图书馆接入互联网和政府教育平台；政府出资购买教育资源提供给学校和学生；重点加强对信息技术教育和培训，以应对信息时代的挑战。

(2)电子就业服务。通过电话、互联网或其他媒体向公民提供工作机会和就业培训，以促进就业。如开设网上人才市场或劳务市场，提供与就业有关的工作职位数据库和求职数据库信息；在就业管理和劳动部门所在地或其他公共场所建立网站入口，为没有计算机的公民提供接入互联网寻找工作职位的机会；为求职者提供网上就业培训、就业形势分析、指导就业方向。

(3)电子医疗服务。通过政府网站提供医疗保险政策信息、医药信息、执业医生信息，为公民提供全面的医疗服务。公民可通过网络查询自己的医疗保险个人账户余额和当地公共医疗账户的情况；查询国家新审批的药品的成分、功效、试验数据、使用方法及其他详细数据，提高自我保健的能力；查询当地医院的级别和执业医生的资格情况，选择合适的医生和医院。

(4)电子社会保障服务。通过电子网络建立覆盖地区甚至国家的社会保险网络，使公民通过网络及时全面地了解自己的养老、失业、工伤、医疗等社会保险账户的明细情况。这有利于社会保障体系的建立和普及。通过网络公布最低收入家庭补助，增加透明度。还可以通过网络直接办理有关的社会保险理赔手续。

(5)公民信息服务。使公民得以方便、容易、费用低廉地接入政府法律法规规章数据库，通过网络提供候选人的背景资料，促进公民对候选人的了解。并通过在线评论和意见反馈了解公民对政府工作的意见，从而改进政府工作。

(6)电子交通管理服务。通过建立电子交通网站提供对交通工具和司机的管理与服务。

(7)公民电子税务。允许公民个人通过电子报税系统申报个人所得税、财产税等个人税务。

(8)电子证件服务。允许居民通过网络办理结婚证、离婚证、出生证、死亡证明等有关证书。

4. G2E 电子政务

G2E 电子政务是指政府与政府公务员(即政府雇员,Employee)之间的电子政务。它是政府机构通过网络技术实现内部电子化管理的重要形式,也是 G2G、G2B 和 G2C 电子政务模式的基础。G2E 电子政务主要是利用 Intranet 建立起有效的行政办公和员工管理体系,为提高政府工作效率和公务员管理水平服务。具体的应用主要包括:公务员日常管理和电子人事管理等。

5. 电子数据交换

EDI(Electronic Data Interchange,电子数据交换)就是模拟传统的商务单据流转过程,对整个贸易过程进行简化的技术手段。EDI 就是按照商定的协议,将商业文件标准化和格式化,并通过计算机网络,在贸易伙伴的计算机网络系统之间进行数据交换和自动处理,俗称"无纸化贸易"。EDI 是随着计算机及网络开始在商业领域中的应用而诞生的。传统方式是依靠电话、传真、邮寄等传递商务信息,这种方式有很多弊端,如延时、重复录入、易出错等,而 EDI 的出现克服了以上缺点,实现了商务单据传递的自动化,大大提高了商务活动的效率。

数据标准化、EDI 软件及硬件和通信网络是构成 EDI 系统的 3 要素。

(1)数据标准化。EDI 标准是由各企业、各地区代表共同讨论制定的电子数据交换共同标准,可以使各组织之间的不同文件格式通过共同的标准,达到彼此之间文件交换的目的。

(2)EDI 软件及硬件。实现 EDI 需要配备相应的 EDI 软件和硬件。EDI 软件具有将用户数据库系统中的信息译成 EDI 的标准格式以供传输交换的能力。虽然 EDI 标准具有足够的灵活性,可以适应不同行业的不同需求,但每个公司都有自己所规定的信息格式。因此,当需要发送 EDI 电文时,发送方必须把用户编辑的单据或从公司的 MIS 数据库中提取的信息映射成平面文件,并把它翻译成 EDI 的标准格式在计算机网络中进行传输,接收方在收到报文后进行逆操作。其处理过程如图 2-5 所示,这就需要有 EDI 相关软件的支持。

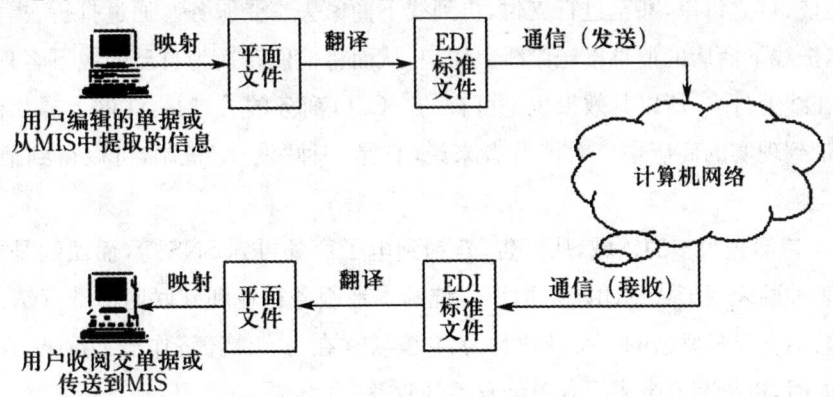

图 2-5 EDI 文件转换及传递过程图

①转换软件。转换软件可以帮助用户将原有计算机系统的文件转换成翻译软件能够理解的平面文件或是将从翻译软件接收来的平面文件转换成原计算机系统中的文件。

②翻译软件。将平面文件翻译成 EDI 标准格式或将接收到的 EDI 标准格式文件翻译成平面文件。

③通信软件。将 EDI 标准格式的文件外层加上通信信封（Envelope），再送到 EDI 系统交换中心的邮箱（Mailbox）或由 EDI 系统交换中心将接收到的文件取回。

EDI 所需的硬件设备大致有计算机、调制解调器（Modem）及电话线。由于使用 EDI 进行电子数据交换需通过通信网络，而目前采用电话网络进行通信是很普遍的方法，所以 Modem 是必备的硬件设备。Modem 的功能与传输速度应根据实际需求选择。一般最常用的是电话线路，如果对传输时效及资料传输量有较高要求，则可以考虑租用专线（Leased Line）。

（3）通信网络。通信网络是实现 EDI 的手段，EDI 通信方式有多种，第一种方式是点对点，这种方式只有在贸易伙伴数量较少的情况下使用。但随着贸易伙伴数目的增多，当多家企业直接用电脑通信时，会出现由于计算机厂家不同、通信协议相异及工作时间不易配合等问题，从而造成相当大的困难。为了克服这些困难，许多应用 EDI 的公司逐渐采用第三方网络与贸易伙伴进行通信，即增值网络（VAN）方式。它类似于邮局，为发送者与接收者维护邮箱，并提供存储转送、记忆保管、通信协议转换、格式转换、安全管制等功能。因此，通过增值网络传送 EDI 文件，可以大幅度降低相互传送资料的复杂度和困难度，大大提高了 EDI 的效率。

6. O2O 模式

O2O（Online to Offline）商业模式就是从线上到线下，将实体经济与线上资源贯通融合，让网络成为实体经济延伸到虚拟世界的"前台"。这样，线下商业就可以到线上挖掘和吸引客源，消费者可以在线上筛选商品和服务，再到实体店购买和消费。

O2O 模式的核心很简单，就是把线上的消费者带到现实的商店中去，在线获得商品信息、优惠凭证、订立订单，甚至进行支付，再到线下商家去享受服务。通过打折、提供信息、服务等方式，把线下商店的消息推送给线上用户，从而将他们转换为自己的线下客户。由于每笔交易都在线上订立，所以其效果也是可查的。O2O 商务的关键是：在网上寻找消费者，然后将他们带到现实的商店中。对消费者来说，它是一种"发现"机制，可以得到最多便利和实惠。

O2O 可以涵盖很多的领域，从广告、营销到电子商务再到 SNS 等，而团购是 O2O 的一个最具代表性的表现形式。团购是把很传统的本地服务行业和互联网精准营销、电子商务的线上交易结合得最紧密的一个商业行为，它实实在在为实体经济作出了贡献，在降低消费者成本的同时，也给商家带来了规模经营后的收益。

作为 O2O 实践的先锋代表，团购对于推动传统商业服务业营销创新、减少资源浪费、提高运营效率和刺激消费等方面都作出了切实的贡献，O2O 实现了消费者、商家、中间服务商等整个商业价值链的真正共赢，让商业模式更加趋于完美。

任务二　电子商务平台

一、电子商务平台的概念

电子商务是一个集成的信息系统,由支持商务活动的各种电子技术手段集合而成。电子商务技术就是指在个人间、企业间和国家间进行无纸化业务的交换中所利用到的数据库、网络安全、电子资金转账以及网络等方面的技术。计算机领域新技术、新概念层出不穷,面向对象技术的出现、Java 技术的应用、多媒体技术的发展、浏览器技术的完善、网络安全技术的提高都极大地推动了电子商务应用的发展。同时,为了加强电子商务中的支付和安全,其相应技术也得到了极大的发展。电子商务平台就是为实现商务活动这一特殊产品而对其所涉及的相关技术设备进行的整合。

电子商务平台具有以下五个特征:一是共享性,即电子商务平台是适应商务活动需求而开发某类型产品所共享的技术的集合。二是规范性,即构成电子商务平台的技术是在企业内部经过规范化和标准化整合的,在实现某类型产品的过程中只需进行较小的调整。三是延展性,即可通过提高、更新平台的核心技术或完善技术平台的中间技术和基础技术来实现电子商务平台的升级和更新。四是独特性,即电子商务平台虽然包括通用的基础技术,但其核心是核心技术及特有的技术组合。五是层次性,即电子商务平台是由处于不同层次的技术整合而成的。

二、电子商务平台的整体结构

一个完善的电子商务平台建设应考虑以下几方面的问题:网络硬件、服务器操作系统、数据库选型、网上支付系统、网络数据传输过程中的安全性、身份验证的目录服务及证书机制、电子商务的支撑开发平台及在支撑开发平台上开发的用于建立应用的工具。

因此,所使用的电子商务技术就涉及包括计算机技术、网络技术、数据库技术在内的各种技术,同时,为了保障以电子方式存储和传输的数据信息的安全,而产生的安全技术、电子支付技术也是电子商务应用环境中较为关键和具有特色的技术。由这些技术构成了相应的技术平台,电子商务就是通过这些平台来实现的。电子商务平台整体结构如图 2-6 所示。整个电子商务平台运行的内部机理,由硬件、软件、数据库及中间件组成平台,通过因特网连接到电子商务运行平台。

电子商务平台是企业应用电子商务的第一步,基于各种电子商务应用系统得以实现。从技术角度看,电子商务平台的应用系统由三部分组成:企业内部网(Intranet)、企业内部网(Intranet)与因特网(Internet)的连接、电子商务应用系统。如图 2-7 所示。

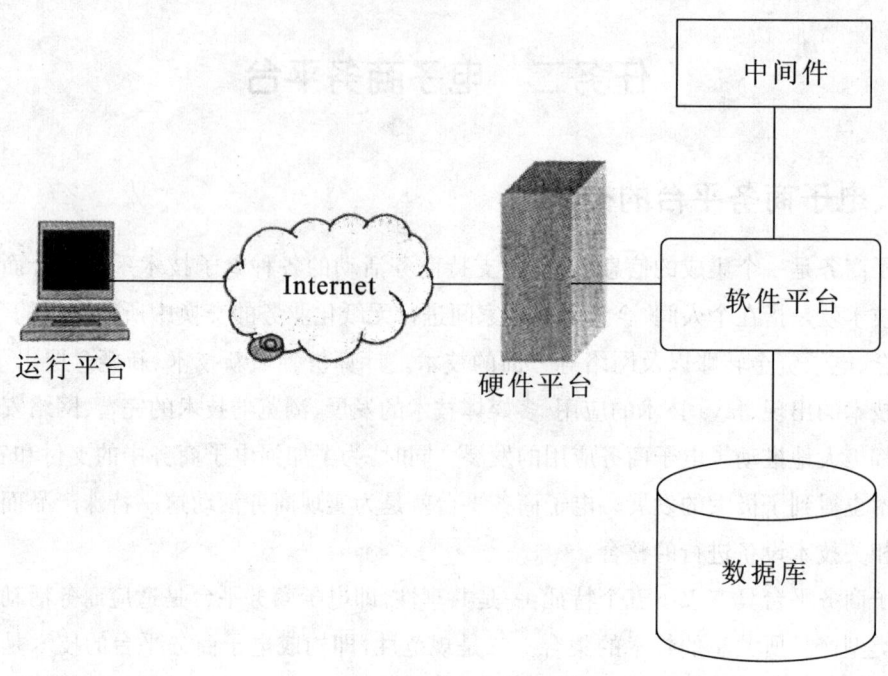

图 2-6　电子商务平台整体结构

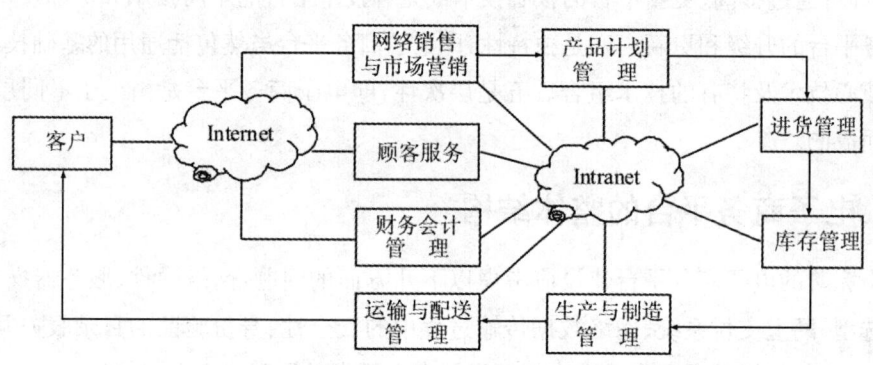

图 2-7　电子商务平台的应用系统组成

企业内部网(Intranet)由 Web 服务器、电子邮件服务器、数据库服务器以及电子商务服务器和客户端的 PC 机组成。所有这些服务器和 PC 机都通过先进的网络设备集线器 HUB 或交换器 SWITCH 连接在一起。

为了实现企业与企业之间、企业与用户之间的连接,企业内部网(Intranet)必须与互联网进行连接,但连接后,会产生安全性问题。所以,在企业内部网(Intranet)与互联网连接时,必须采用一些安全措施或具有安全功能的设备,即防火墙。

在建立了完善的企业内部网(Intranet)和实现了与互联网之间的安全连接后,企业已经为建立一个好的电子商务系统打下了良好基础,在这个基础上,再增加电子商务应用系统,就可以进行电子商务。

电子商务应用系统分为两部分,一部分是完成企业内部的业务处理和向企业外部用户提供服务。企业内部的业务处理方面,主要包括产品生产计划管理、进货管理、库存管理、生产与制造管理、运输与配送管理、财务会计管理以及销售管理等;在企业外部用户提供服务方面,用户可以通过互联网查看产品目录、产品资料,可以登录企业电子商务平台下载相关资料等。另一部分是极其安全的电子支付系统,电子支付系统使得用户可以通过互联网在网上购物、支付等,真正实现电子商务。

三、电子商务平台设计与开发的原则

电子商务平台建设是企业应用电子商务的第一步,是一个包括商务、技术、支付、物流等许多角色与要素的系统工程。在开始建设电子商务平台之前,必须充分研究涉及电子商务系统的所有因素,全面分析、统筹规划,形成尽可能完善的电子商务系统设计方案,在此基础上有条不紊地进行电子商务平台建设。对于大型企业的电子商务平台系统,尤其要重视系统规划设计。如果不重视电子商务系统的统筹规划或者不按照事先的统筹规划进行电子商务系统建设,那么建成后的电子商务系统很可能出现难以实现系统的预期功能和难以实现系统建设的目标,从长远看还会造成资源浪费,使得将来必须为之付出更大的系统改进与整合成本。电子商务平台设计,一般应遵循以下基本原则:

1. 商务为本

电子商务,归根结底是计算机网络技术在商务中的应用。在进行电子商务系统设计时,应该以商务为主、技术为辅,将技术作为满足商务需求、实现商务目标的手段。就企业而言,要立足企业的业务需求,着眼企业的未来发展,紧密配合企业发展战略,最终要落实到企业效益的增长上面。

2. 需求引导

需求是指导你进入电子商务领域的最好的"专家"。例如,电子商务模式,是需求和成功创造的模式。从需求出发而不是从现成的商务模式出发,成功才会离你更近些。一个成功的新商务模式,也许正期待你在需求的引导下去创造。

3. 系统观念

企业电子商务系统的建设,是一项包括商务和技术的诸多环节、要素在内的系统工程,与企业本身的各个部分、各个环节也有着密不可分的关联。在电子商务系统的规划设计过程中,必须充分考虑可能与拟建企业电子商务系统相关联的所有方面,制定尽可能周全完善的企业电子商务系统规划设计方案。必要的时候,应该设立专门机构,统一负责企业电子商务系统的建设工作和建成后的系统运作管理工作。

4. 资源重组

任何一个企业都是由各种各样的资源组合而成的。这些资源包括资金、人才、品牌、技术和产品等一切能够为企业带来或创造价值的有形或无形的资产。企业经营的本质就是通过不断的资源配置、组合、调整与交易,实现企业资源总价值的不断提升。电子商务以其快速、广域、丰富、互动和廉价的巨大优势,正在成为对企业资源重新组合的有力手段。要通过电子商务系统重组企业资源,实现企业组织、管理和业务模式的创新发展,以增强企业竞争力和未来的发展潜力。

5. 流程改造

电子商务绝不是对传统商务流程简单的"电子化""网络化",电子商务流程也不是传统商务流程的简单"复制"。电子商务条件下的信息交流工具和商务运作方式,为设计和实现更先进、更合理、更有效的商务流程创造了条件。

6. 复合优势

系统设计不仅仅是技术人员的事情,而且是商务人员与技术人员共同的事,需要这两方面人才的通力合作。事实上,在系统设计的某些阶段,商务人员的作用甚至比技术人员的作用还要大(比如商务分析)。最好有兼具商务和技术两方面知识才能的复合型电子商务人才,而如果没有,则应当加紧物色或者培养,因为不但在电子商务系统设计的过程中需要这种复合型电子商务人才,而且电子商务系统建设和运行也同样需要他们。

电子商务平台设计的结果是后续开发实施的基础,所以系统设计是非常重要的。除了上述6种基本原则之外,还得考虑技术先进性、整体优化性、安全可靠性和较高的性价比等因素。

四、电子商务平台开发的方式

通常,不同技术水平的企业可以根据企业自身实际情况选择不同的平台解决方案。

1. 自主设计

对技术实力较为雄厚,研发能力较强,安全要求较高,同时对自身需求和业务过程比较了解,能够把握住平台建设的重点的企业可以自主设计,这样企业可以拥有自主设计的电子商务技术平台的全部知识产权,易于平台的升级与管理。

2. 外包

外包是指将平台的建造过程全部交给专业化的公司,由专业化的公司根据企业的需求,完成平台建造的整个过程,在安全得到保障的情况下能降低企业建造平台的成本。但平台的完整性和平台的升级、维护方面会出现一些困难。

3. 联合设计

对于企业虽有一定设计实力但自主设计的难度和风险都较大的时候,企业可与研发机构、高等院校及其他企业联合设计平台。

4. 租用

租用是指通过向应用服务提供商租用平台的使用权,来开展自己的电子商务活动。其特点是投资少、成本低、风险小;不足之处是服务商提供的技术、设备可能很难完全满足用户的需求,整个电子商务活动受限于服务提供商。

五、电子商务平台开发的步骤

要实现电子商务应用,电子商务系统建设大致需要经过下列 5 个阶段:

1. 商务分析阶段

这是实现电子商务应用计划的第一步。这一阶段的工作主要是进行充分的商务分析,主要包括需求分析(包括企业自身需求、市场需求以及客户需求等)和市场分析(包括市场环境分析、客户分析、供求分析和竞争分析等)两个方面。

在电子商务条件下,市场范围扩大,创新速度加快,竞争的压力越来越大,竞争的频率越来越高,因此,必须对拟建的电子商务系统在未来可能面临的竞争尽可能作出分析,最大限度地避免竞争失利。此外,还要对企业自身状况进行分析,包括对企业组织、管理、业务流程、资源、未来发展的分析等等。要结合电子商务的特点,从供应链的角度重新审视企业组织、管理与业务流程,寻找与电子商务的最佳结合部。

2. 规划设计阶段

在完成上述商务分析的基础上,在掌握电子商务最新技术进展的情况下,应充分结合商务和技术两方面因素,提出电子商务系统的总体规划和系统角色,提出电子商务系统的总体格局(亦即确定电子商务系统的商务模式),以及与商务模式密切相关的网上品牌、网上商品、服务支持和营销策略四个要素。

电子商务系统设计工作可以从子系统、前台、后台、技术支持、系统流程、人员设置等方面全面构架。此阶段的工作完成的好坏,将直接关系到后续电子商务系统建设和将来电子商务系统运行和应用的成功与否。

3. 建设变革阶段

这个阶段的工作分为两条线:一条线是按照电子商务系统设计,全面调整、变革传统的组织、管理和业务流程,以适应电子商务运作方式的要求;另一条线是按照电子商务系统设计,全面进行计算机软硬件配置、网络平台建设和电子商务系统集成,完成电子商务系统技术支持体系的建设,从技术上保障电子商务系统的正常运作。

4. 整合运行阶段

上述建设变革阶段完成后,就可以将经过变革的组织、管理和业务流程与已经建好的电子商务技术平台整合起来,进行电子商务系统的试运行。再经过必要的调整、改进以后,实现电子商务应用的工作就可以进入整合运行阶段,开始实现电子商务应用。

5. 平台的管理与维护阶段

企业电子商务系统建设不是一旦建成就可以一劳永逸的事情,必须在系统应用的过程中,根据企业商务和网络技术等各个方面的变化,不断创新、改进、完善,确保和提高企业电子商务系统的竞争能力。

任务三　电子商务政策法规

一、电子商务法的概念

由于法律是作为调整特定社会关系或社会行为的行为规范,所以,电子商务法就是调整电子商务活动或行为的法律规范总称。"电子商务"的概念有广义和狭义之分,目前,大部分的国内外法律、法规文件或论著中对"电子商务法"的概念也有广义和狭义两种解释。

广义的电子商务法,包括了所有调整以数据电文方式进行的商务活动的法律规范。其内容涉及广泛,主要包括两大类规范:第一类是调整以电子商务为交易形式的规范;第二类是调整以电子信息为交易内容的法律规范。如联合国的《电子商务示范法》就属于第一类,联合国贸法会的《电子资金传输法》和美国的《统一计算机信息交易法》等就属于第二类。

狭义的电子商务法,是指调整以数据电文为交易手段而形成的、因交易形式所引起的商事关系的法律规范。这是实质意义上的电子商务法,也是作为部门法意义上的电子商务法。它不仅包括以电子商务命名的法律、法规,还包括其他各种制定法中有关电子商务的法律规范,如我国《合同法》中关于数据电文的规定、《刑法》中关于计算机犯罪的规定等。

在实际运用中,广义的电子商务法概念虽然有时在具体应用中比较通俗、方便,特别是在将电子商务法作为一个法律群体给予称谓时非常方便使用,但在具体的立法与司法实践中却难以运用。一方面,不可能制定一部调整对象涵盖电子商务交易形式、交易内容、交易手段等广泛的电子商务法;另一方面,也不可能在某一具体的案件中,将这样广义的电子商务法适用于其中,充其量是针对具体问题由特定的法律规范调整而已。所以,从便于立法和研究的角度出发,狭义的电子商务法概念比较适用于实际。

二、电子商务法的特点

电子商务法是针对不同于传统交易形式的电子商务所立的法,具有如下特点:

1. 开放性

电子商务法是关于以数据电信进行意思表示的法律制度,而数据电信在形式上是多样化的并且在不断发展之中。因此,必须以开放的态度对待任何技术手段与信息媒介,设立开放型的规范,将所有有利于电子商务发展的设想和技巧吸纳进来。目前,国际组织及各国在电子商务立法中大量使用开放型条款和功能等价性条款,其目的就是为了开拓社会各方面的资源,以促进科学技术及其社会应用的广泛发展。

2. 安全性

虽然电子商务给商家和消费者提供了极大的便利,但令他们感到最为不安的就是电子商务的安全问题。计算机网络的开放性使得它具有极大的脆弱性,加上黑客和计算机病毒的攻击,对整个电子商务系统形成了极大威胁。因此,电子商务法须以解决电子商务的安全性为责任,通过对电子商务安全性问题进行规定,有效地打击和预防各种计算机犯罪,切实保证电子商务系统的安全运行。

3. 技术性

电子商务是现代高科技的产物,规范这种行为的电子商务法必然要适应这种特点。在电子商务法中,许多法律规范都是直接或间接地由技术规范演变而成的。如一些国家运用公开密钥体系生成的数字签名规定为安全的电子签名,这样就将有关公开密钥的技术规范转化成了法律要求,对当事人之间的交易形式和权利义务的行使都有极其重要的影响。另外,关于网络协议的技术标准,当事人若不遵守,就不可能在开放环境下进行电子商务交易。所以,技术性是电子商务法的重要特点之一。

4. 程序性

电子商务法作为交易形式法,是实体法中的程序性规范,主要解决交易的形式问题,一般不直接涉及交易的具体内容。在电子商务中以数据信息作为交易内容的法律问题复杂多样,须由不同的专门法律规范予以调整。所以说,电子商务法是商事交易上的程序法,它所调整的是当事人之间因交易形式的使用而引起的权利义务关系,即数据电子市场是否有效、是否归属于某人,电子签名是否有效、是否与交易的性质相适应,认证机构的资格如何、它在证书的颁发与管理中应承担何种责任等。

5. 复合性

这一特点是与口头表达及传统的书面表达形式相比较而存在的。电子商务交易关系的复合性来源于其技术手段上的复杂性和依赖性,它通常表现在当事人必须在第三方的协助下完成交易活动。例如,在合同订立中,需要有网络服务商提供接入服务,需要有认证机构提供数字证书等。即便在非网络化、点到点的数字商务环境下,交易人也需要通过电话、电报等完成交易。

三、电子商务法的调整对象

电子商务作为一种商务活动,属于商事行为范畴,应当由传统商法来进行调整。但由于传统商事法律规范主要是基于纸、笔、语言及面对面行为等信息交流介质而制定的,具有其历史局限性,不能完全适应电子商务活动中所出现的新情况,所以需要对现行法律规范进行调整或指定新的法律规范来调整电子商务。

根据电子商务法的定义,电子商务法既注重形式方面的规范,又注重电子交易内容的规范。也就是说,电子商务法不仅调整交易形式,而且调整交易本身及交易引起的特殊法律问题,如由电子合同、电子信息交易、电子支付等引起的法律问题。

1. 电子商务交易形式

调整电子商务交易形式的规范就是狭义的电子商务法。狭义的电子商务法的任务是从法律上打造一个环境,使得各种电子通信技术都能畅通无阻地应用于商事交易活动,它是商法在计算机通信环境下的发展,必须以商事关系为调整对象,但这种商事关系又有如下新特点：

（1）该商事关系是以数据电文为交易手段的商事关系。凡是以口头或传统的书面形式所进行的商事关系，都不属于电子商务法的调整范围。

（2）该商事关系是由于交易手段的使用而引起的，一般不直接涉及交易方式的实质条款。因为交易手段只是交易行为构成中的表意方式部分，而非法律行为中的意思本身，也不充当交易标的物，即只考虑表意人意思表示的外部表现形式，而对其意思表示一般不予实质调整。

（3）该商事关系产生纠纷，并不是直接因交易标的的权属内容而产生的纠纷，而是因交易形式的应用而引起的权利义务纠纷，如对电子签名的承认、对私钥的保管责任等。

2. 电子商务交易内容

电子商务交易内容规范涉及当事人在电子商务中的权利义务关系，主要是指电子合同或电子交易的履行方式，如电子支付、电子认证，以及电子商务交易标的和内容。

（1）新型信息产品及服务（交易标的及内容）。电子商务中交易的对象有有形货物，也有无形的信息产品。有形或无形交付仍然可以沿用传统合同法的基本原理，而信息产品的交付则具有不同于有形货物的特征，对于其权利转移、退货换货、支付的完成乃至标的的检验和价值等均须作详细的探讨。

（2）电子合同或电子交易的履行方式。电子支付不同于传统的支付，它是通过电子技术手段完成的，最常见的是网上支付。网上支付通过信用卡或网络银行的电子资金划拨来完成。而实现这一过程涉及网络银行与网络用户之间的协议、网络银行与网站之间的合作协议及安全保障问题。因此，需要制定相应的法律，明确电子支付的当事人之间的法律关系，制定相关的电子支付制度，认可电子签字的合法性。

四、电子商务法的调整内容

电子商务的突出特征是利用因特网构成的虚拟市场完成各种商业活动。这个虚拟市场构成了一个区别于传统商业环境的新环境，厂商和消费者的交易行为在这个新环境里发生了极大的变化。交易环境和交易手段的改变，产生了大量传统商事法律难以调整的法律新问题。

1. 电子商务网站建设及其相关法律问题

电子商务网站是电子商务运营的基础，在电子商务环境下，交易双方的身份信息、产品信息、意思表示等均需要通过网站发布、传递和储存。在通过中介服务商提供的平台进行交易情况下，电子商务法必须确定中介服务商的法律地位和法律责任。同时，电子商务法也需要确定在网络平台上设立电子商务网站、设立虚拟企业进行交易的主体之间的法律关系，确定电子商务网站与进入网站购物的消费者之间的法律关系。电子商务法还需要明确因为电子商务网站运作不当，如传输信息不真实、无效或其他情形下引起交易损失时网站应当承担的责任，以及受损失的交易相对人的救济方法。

2. 在线交易主体及市场准入问题

在现行法律体制下,长期固定从事营利性事业的主体都必须进行工商登记。而在电子商务环境下,任何人不经登记就可以借助计算机网络发出或接受网络信息,并通过一定程序与其他人达成交易。虚拟主体的存在使电子商务交易安全性受到严重威胁。电子商务法要解决的问题就是确保网上交易主体的真实存在,确定哪些主体可以进入虚拟市场从事在线业务。目前,在线交易主体的确认只是一个网上商业的政府管制问题,主要依赖工商管理部门的网上商事主体公示制度和认证机构的认证制度加以解决。

3. 电子签名与认证的法律问题

作为手写签名和其他传统认证程序的替代品,电子签名在电子商务中的应用日益普遍。电子签名法律制度通过对电子文件与电子签名法律效力的规范,将保证传统交易安全的制度框架移植到电子商务中来,而为了保证电子商务交易安全所进行的客户认证,也需要有相应的法律、法规加以保证。

4. 电子合同问题

在传统商业模式下,除即时结清的或数额较小的交易无需签订合同外,一般交易都要签订书面合同,在对方失信不履约时可作为证据,追究对方的责任。而在网络交易情形下,所有当事人的意思表示均以电子化的形式存储于计算机硬盘或其他电子介质中。这些记录方式不仅容易被篡改、删改、复制、遗失,而且不能脱离其记录工具。电子合同与传统合同的差别而引起的诸多问题,突出表现在书面形式、合同收讫、合同成立地点、合同证据等方面。

5. 电子支付的法律问题

在不完全的电子商务形式下,支付往往采用汇款或货到付款方式,而典型的电子商务则是在网上完成支付的。网上支付通过信用卡支付和虚拟银行的电子资金划拨来完成,而实现这一过程涉及网络银行与网络交易客户之间的协议、网络银行与网站之间的合作协议以及安全保障问题。因此,需要制定相应的法律,明确电子支付的当事人,认可电子签名的合法性,同时,还应出台对于电子支付数据的伪造、变造、更改、涂销问题的处理办法。

6. 电子商务物流法律问题

在线交易的标的物分两种,一种是有形货物,另一种是无形的信息产品。应当说,有形货物的交付仍然可以沿用传统合同法的基本原理,当然,对于物流配送中引起的一些特殊问题,也要作一些探讨。而信息产品的交付则与有形货物的交付不同,在交付的方式和风险责任等方面具有特殊性。

7. 电子商务经营活动的法律问题

电子商务经营活动涉及的领域相当广泛,如网络广告、电子交易中的不正当竞争、在线消费者权益保护、网络服务提供商的法律责任、网上隐私权保护等。传统的商法对这些领域几乎没有涉及,而电子商务的发展,又迫切需要新的条例加以规范。

五、国内外电子商务立法

要了解电子商务立法,要先从了解国际电子商务立法(尤其是美国和欧盟)开始。了解这些可以起到以下三个方面的作用：一是有助于推动我国电子商务立法进程；二是有利于各国间的电子商务交往；三是对我国电子商务纠纷的处理有很好的借鉴作用。

1. 国际电子商务立法

电子商务立法，是近20余年世界商事立法的重点。早期电子商务立法的核心，主要围绕电子签名、电子合同、电子记录的法律效力展开。

从1995年美国犹他州颁布《数字签名法》至今，已有几十个国家、组织和地区颁布了与电子商务相关的立法。其中，较重要或影响较大的有联合国国际贸易法委员会1996年颁布的《电子商务示范法》和2000年颁布的《电子签名统一规则》，欧盟颁布的《关于内部市场中与电子商务有关的若干法律问题的指令》和《电子签名统一框架指令》，德国1997年颁布的《信息与通用服务法》，俄罗斯1995年颁布的《联邦信息、信息化和信息保护法》，新加坡1998年颁布的《电子交易法》，美国2000年颁布的《国际与国内商务电子签章法》，荷兰2003年颁布的《电子签章法》。国际商会2005年发布了经过修订的《营销和广告使用电子媒体指南》等。英国于2002年8月实施《电子商务法》、2005年实施《公共部门信息再利用规则》。近年来，在电子商务税收方面，美国于2013年5月正式通过了《市场公平法案》，结束了美国网购免税时代。

(1) 联合国国际贸易法委员会的《电子商务示范法》。此法分为2个部分，共17条。第1部分涉及电子商务总的方面；第2部分涉及特定领域的电子商务。《电子商务示范法》对数据电文适用的法律要求，包括对数据电文的法律承认、书面形式、签字、原件、数据电文的可接受性和证据力、数据电文的留存、合同的订立和有效性、当事人各方对数据电文的承认、数据电文的归属、确认收讫、发出和收到数据电文的时间和地点等作了详细规定。

关于《电子商务示范法》的性质，联合国贸易法委员会在《电子商务示范法的颁布指南》中指出，《电子商务示范法》的目的是要向各国立法提供一套国际公认的规则，说明怎样消除此类法律障碍，如何为"电子商务"创造一种比较可靠的法律环境。《电子商务示范法》中表述的原则还可供电子商务的个人用户用来拟定为克服进一步使用电子商务所遇到的法律障碍所必需的某些合理解决方法。

对于各国而言，《电子商务示范法》仅仅是起到示范作用的电子商务法规，不具有强制性，只供各国参考。由于各国法律制度存在差异性，《电子商务示范法》在许多方面都没有作出具体详细的规定，有的只提出一个总原则，有待各国根据本国实际情况在国内法中予以规范。

(2) 世界贸易组织(WTO)的电子商务立法。

①《全球基础电信协议》(WTA)。该协议于1997年2月15日达成，主要内容是要求各成员方向外国公司开放其电信市场并结束垄断行为。基础电信指电信传输网络和服务，它与增值电信共同构成完整意义上的电信服务。

WTA由占全球电信市场91％份额的69个WTO成员达成，涉及语音电话、数据传输、电传、电报、文传、专线、移动电话、移动数据传输和个人通信等方面的短途、长途和国际电信服务,占据了当时电信市场的93%。部分缔约方也提供了增值电信领域的承诺,主要涉及在线数据处理、电子数据交换、电子邮件、在线数据库存取和语音邮件等。

②《信息技术协议》(ITA)。该协议于1997年3月26日达成,主要是要求所有参加方于1997年7月1日至2000年1月1日将主要的信息技术产品的关税降为0。

有关国家和地区承诺在2000年1月1日前取消包括计算机、软件、通信设备、半导体及其制造设备、科学仪器等270多种信息技术产品的关税,真正达到自由贸易的目的。印度、印度尼西亚、韩国、马来西亚、泰国等5个代表方获准推迟到2005年前取消信息技术产品关税。

③《开放全球金融服务市场协议》(AFS)。该协议于1997年12月31日达成,协议要求成员方对外开放银行、保险、证券和金融信息市场。

《开放全球金融服务市场协议》主要包括一份核心文件及各成员提交的承诺表和豁免清单。其承诺主要包括以下内容:关于国民待遇和市场准入、关于提供服务的方式、关于开放的具体金融部门。

(3)世界知识产权组织(WIPO)的"Internet条约"。1996年12月23日,WIPO提出网络域名程序的报告,就域名与商标的冲突法律问题提出初步建议,倾向于"将域名创设成一种新知识产权,将现有知识产权适用到虚拟网空间,赋予著名商标权人排除他人以其著名商标登记为网络域名的权利,目前正领导建立域名注册的国际机制,规范域名抢注"。

WIPO提出《互联网名称和地址管理及其知识产权问题》的报告,建立了全球性的有效解决域名纠纷的机制,规定了域名注册规范程序和域名排名等程序,处理好域名与驰名商标保护的关系问题。

(4)国际商会的《国际数字保证商务通则》。国际商会1997年11月6日通过的《国际数字保证商务通则》,试图平衡不同法律体系的原则,为国际贸易领域的电子商务活动提供指导性政策。它是由一系列在因特网上进行可靠的数字化交易方针构成的,其中包括了公开密钥加密的数字签名和可靠第三方的认证等,并统一了有关术语。国际商会目前制定的还有《电子贸易和结算规则》等交易规则。

(5)欧盟的电子商务立法。欧盟及其成员国自1995年以来制定了一系列电子商务发展规划并进行具体的立法实践。

1997年4月15日,欧盟委员会提出了著名的《欧洲电子商务行动方案》,为规范欧洲电子商务活动制定了框架。欧洲电子商务立法的宗旨确立为实现两个互补的目标:一是建立起消费者和企业对电子商务的信任和信心;二是保证电子商务充分进入单一市场。

1998年,欧盟发布了《欧盟电子签名法律框架指南》。1999年,欧盟发布了《数字签名统一规则草案》。2000年年底通过了所有立法,包括对版权的规定、远程金融服务的规定、电子银行的规定、电子商务的规定、网上合同法、网上争端解决办法等。

(6)美国的电子商务立法。20世纪90年代中期以来,美国大力推广以因特网为运行平台的、新的电子商务交易形式,使之成为国民经济增长的重要支点。为了促进和保障电子商务的全面发展,美国大多数州都制定了电子商务法。

1997年7月1日,美国政府正式颁布了《全球电子商务政策框架》,从此形成了美国政府系统化的电子商务发展政策。

1997年9月颁布的《全球电子商务纲要》是全球第一份官方正式发表的关于电子商务立法的文件,提出了有关电子商务发展的一系列原则,系统阐述了一系列政策,旨在为电子商务的国际讨论与签订国际协议建立框架。美国将通过WTO、OECD(经济合作与发展组织)、APEC(亚太经济合作组织)等国际组织实践纲要中提出的原则与政策。由于美国在网络发展占有主导地位并有强大的经济实力,所以《全球电子商务纲要》已成为主导电子商务发展的宪章性文件。

美国的电子商务法立法,是以各州的立法行动为先导的。犹他州于1995年颁布的《数字签名法》是美国乃至全世界范围的第一部全面确立电子商务运行规范的法律文件。从数量上看,美国州一级关于电子商务的法律文件有近百部之多。其原因在于,有些州在制定主干电子商务法之外,还有一些配套的法规。例如,伊利诺伊州除了《电子商务安全法》外,还有《金融机构数字签名法》;佛罗里达州在《电子签名法》之外,另有《数字签名与电子公证法》。

美国各州的电子商务立法,不仅名称多样,而且内容差别也非常大。有些州的立法内容比较详细,涉及电子商务的各个方面,从对计算机网络通信记录的法律效力的确认,到电子签名的基本标准的确定以及认证机构的建立等。例如,犹他州和伊利诺伊州就采取了这种对电子商务进行全面调整的方法。而有些州的电子商务法具有对电子商务的宣言性认可的性质。例如,加利福尼亚州便采用了这种方式。

另外,从调整范围上讲,美国有些州的电子商务法只限于调整与州政府相关的诸如公司注册、税务申报等商务活动,与我国目前在信息化建设中的政府上网工程类似。例如,美国马里兰州、阿拉斯加州等州的电子商务法便是如此。而有些州的电子商务法则不仅调整与商务有关的政府管理活动,而且调整私法主体之间的在线商事交易关系,其目的是为电子商务活动提供一个全方位的规范系统,例如,华盛顿州即属此类。

(7)亚太地区的电子商务立法。

①新加坡的电子商务立法。新加坡是世界上积极致力于推广电子商务的国家之一。1998年6月29日通过的《电子交易法》,使新加坡成为一个以整体立法规范电子交易的国家。新加坡1998年的《电子交易法》是一部综合性的调整电子商务活动的法律,内容比较全面。该法不仅在条文中对"电子签名"和"安全电子签名"都给出了定义,从法律上承认了电子签名、数字签名以及电子记录的效力,而且规定了认证机构及其限定性责任。认证机构的许可证,由指定的管理机关颁发,可以自愿申请。由取得许可的认证机构核发的认证证书具有较强的证据效力。

1999年,新加坡制定了《新加坡电子交易(认证机构)规则》和《新加坡认证机构安全方针》。其中,《新加坡电子交易(认证机构)规则》是其《电子交易法》的配套法律。它成立了认证机构的管理署,规定国家计算委员会是认证管理署的主管机关。该规则规定了认证机构的内部管理结构、评估标准、申请费用、证书的证据推定效力以及限定性责任等,其目的是在新加坡建立一个符合国际水准的市场型认证服务体系。

②韩国的电子商务立法。韩国的《电子商务基本法》于1999年7月1日生效,共分为总则、电子通信信息、电子商务安全、电子商务的促进、消费者保护和附则6章。该法兼容了欧洲国家与美国在电子商务立法方面的优点,美国的电子商务法着重于解决具体技术,而欧洲国家的电子商务法则偏重于消费者的保护。为了具体实施《电子商务基本法》,韩国还制定和修订了《电子签名法》《信息网络利用促进法》《通信隐私保护法》和《电子教育发展法》。

③日本的电子商务立法。日本于2000年5月31日颁布了《电子署名及认证业务法》,在这之后又相继颁布了《高度信息网络社会形成基本法》《电子消费者契约及电子承诺通知的民法特例法(电子契约法)》《特定电信服务提供者损害赔偿责任限制及发信人信息披露法(网络服务商责任法)》《发射特定电子邮件管制法(特定电子邮件法)》和《个人信息保护法》等。

2. 中国电子商务立法

(1)《中华人民共和国电子签名法》。2004年8月28日,中华人民共和国第十届全国人民代表大会常务委员会第十一次会议通过了《中华人民共和国电子签名法》,该法自2005年4月1日起施行。该法采取了联合国贸法会在制定电子商务、电子签名示范法时创设的"功能等同"的方法,简单而实用地解决数据电文和电子签名的有关法律问题。例如,关于数据电文的"书面形式"问题以及关于数据电文的"原件"和关于电子签名的问题。该法的颁布对我国电子商务的发展有很大的推动和保障作用。

(2)《合同法》。1999年3月,我国颁布了新的《中华人民共和国合同法》,其中,涉及电子商务合同的有3点:

①将传统的书面合同形式扩大到数据电文形式。第十一条规定:"书面形式指合同书、信件及数据电文(包括电报、电传、传真、电子数据交换和电子邮件)等可以有形地表现所载内容的形式。"也就是说,不管合同采用什么载体,只要可以有形地表现所载内容,就视为符合法律对"书面"的要求。

②确定电子商务合同的到达时间。第十六条规定:"采用数据电文形式订立合同,收件人指定特定系统接收数据电文的,该数据电文进入该特定系统的时间,视为到达时间。"

③确定电子商务合同的成立地点。第三十四条规定:"采用数据电文形式订立合同的,收件人的主营业地为合同成立的地点;没有主营业地的,其经常居住地为合同成立的地点。"

(3)《中华人民共和国消费者权益保护法》。这是为了保护消费者的合法权益,维护社会经济秩序稳定,促进社会主义市场经济健康发展而制定的一部法律。1993年10月31日,八届全国人大常委会第4次会议通过,自1994年1月1日起施行。2013年10月25日,十二届全国人大常委会第5次会议通过《关于修改〈中华人民共和国消费者权益保护法〉的决定》第2次修正,自2014年3月15日起施行。

修订后的《中华人民共和国消费者权益保护法》第二十五条规定:"经营者采用网络、电视、电话、邮购等方式销售商品,消费者有权自收到商品之日起7日内退货,且无需说明理由。"在强化经营者义务方面,"举证责任倒置"成为破解消费者"维权难"、"维权成本高"的"利器"。第二十三条规定:"经营者提供的机动车、计算机、电视机、电冰箱、空调器、洗衣机等耐用商品或装饰装修等服务,消费者自接受商品或者服务之日起6个月内发现瑕疵,发生争议的,由经营者承担有关瑕疵的举证责任。"此法规还进一步加强了对消费者个人信息的保护,其中第二十九条规定:"经营者及其工作人员对收集的消费者个人信息必须严格保密,不得泄露、出售或者非法向他人提供""经营者未经消费者同意或者请求,或者消费者明确表示拒绝的,不得向其发送商业性信息。"

此次修订还增强了惩罚性赔偿力度。经营者明知商品或者服务存在缺陷,仍然向消费者提供,造成消费者或者其他受害人死亡或者健康严重损害的,依法追究刑事责任;受害人有权要求经营者依照该法相关法条规定赔偿损失,并有权要求所受损失两倍以下的惩罚性赔偿。

(4)其他与电子商务交易相关的法律、法规。

①《网络商品交易及有关服务行为管理暂行办法》(以下简称《办法》)。该法于2010年5月31日由国家工商行政管理总局发布,是我国第一部规范网络商品交易及有关服务行为的行政规章,自2010年7月1日起施行。《办法》主要规定了网络商品交易及有关服务行为规范,规范的内容覆盖网络商品交易及有关服务行为的全部过程和各个环节。主要内容包括市场主体准入、商品准入、交易信息、交易合同、交易凭证、交易竞争、注册商标专用权和企业名称权等权利的保护,以及消费者和经营者权益保护等方面。

根据《办法》规定,通过网络从事商品交易及有关服务行为的自然人,需向提供网络交易平台服务的经营者提出申请,提交姓名和地址等真实身份信息。这意味着个人网上开店正式实行实名制。

②《电子认证服务管理办法》。该法于2009年2月28日由国家工业和信息化部发布,2009年3月31日起施行。

③《关于网上交易的指导意见(暂行)》。该法于2007年3月6日由国家商务部发布,指出网上交易服务提供者应特别注意保存网上交易的各类记录和资料,采取相应的技术手段保证上述资料的完整性、准确性和安全性。

④《电子银行业务管理办法》。该法于2005年11月10日由中国银行业监督管理委员会第40次主席会议通过,自2006年3月1日起施行。其中规定,电子银行业务包括利用计算机和互联网开展的银行业务(简称网上银行业务)、利用电话等声讯设备和电信网络开展的银行业务(简称电话银行业务)、利用移动电话和无线网络开展的银行业务(简称手机银行业务),以及其他利用电子服务设备和网络,由客户通过自助服务方式完成金融交易的银行业务。

⑤《关于进一步落实网站备案信息真实性核验工作方案(试行)的通知》。由国家工业和

信息化部于2010年2月8日发布。

⑥《非经营性互联网信息服务备案管理办法》。该法于2005年1月28日由中华人民共和国信息产业部第十二次部委会议审议通过,自2005年3月20日起施行。

⑦"随着电子商务的发展,我国电子商务立法已进入人大审议日程,《电子商务法(草案)》业已于2016年12月26日向社会公开征求意见。"

(5)网络互联管理方面的法律、法规。

①《电信网间互联管理暂行规定》。

②《中华人民共和国计算机信息网络国际联网管理暂行规定》。

③《中华人民共和国计算机信息网络国际联网管理暂行规定实施办法》。

④《中国公用计算机互联网络国际联网管理办法》。

⑤《公安部关于对与国际联网的计算机信息系统进行备案工作的通知》。

⑥《计算机信息网络国际联网出入口信道管理办法》。

(6)信息、网络安全管理方面相关法律、法规。

①《中国电信通信网络安全防护管理办法》。

②《互联网网络安全信息通报实施办法》。

③《木马和僵尸网络监测与处置机制》。

④《互联网网络安全应急预案》。

⑤《中华人民共和国计算机信息系统安全保护条例》。

(7)信息媒体管理方面的法律、法规。

①《关于促进出版物网络发行健康发展的通知》。

②《关于办理利用互联网、移动通讯终端、声讯台制作、复制、出版、贩卖、传播淫秽电子信息刑事案件具体应用法律若干问题的解释(二)》。

③《电子出版物出版管理规定》。

④《互联网视听节目服务管理规定》。

⑤《互联网新闻信息服务管理规定》。

(8)信息服务市场管理方面的法律、法规。

①《中华人民共和国电信条例》。

②《电信建设市场管理办法》。

③《互联网信息服务管理办法》。

④《互联网骨干网网间通信质量监督管理暂行办法》。

⑤《互联网上网服务营业场所管理条例》。

(9)知识产权方面的法律、法规。

①《中华人民共和国著作权法》。

②《信息网络传播权保护条例》。

③《中国互联网络域名管理办法》。

④《计算机软件保护条例》。
⑤《计算机软件著作权登记办法》。
(10)其他相关方面法律、法规。
①《互联网销售彩票管理暂行办法》。
②《网络游戏管理暂行办法》。
③《互联网医疗保健信息服务管理办法》。

3. 我国电子商务立法的问题

我国的电子商务立法相对滞后于世界上电子商务发展较快的国家,与美国、欧盟等西方国家相比,我国电子商务立法存在以下主要问题。

(1)立法层次普遍较低。从法律效力看,除宪法外,我国的法律层次由高向低依次为:全国人大及其常委会制定的法律;国务院制定的行政法规及地方人大及其常委会制定的地方性法规;国务院各部委及地方人民政府制定的规章。目前,我国的电子商务法规(除《电子签名法》外)一般处于最后一个层次。

(2)电子商务法与网络立法界限不清。目前,我国现有的电子商务立法中大部分是有关计算机及网络系统管理和安全方面的立法。由于没有独立的电子商务硬件基础设施环境的相关立法,所以造成了电子商务立法与网络立法界限不清的局面。

(3)法律重复建设现象严重。由于电子商务发展变化太快,相关的法律规范跟不上其发展速度,所以针对频繁出现的现实问题只能先制定和修改相应的法律、法规,再总结制定专门法律、法规。这必然会造成分别立法、法律建设重复的现象。

(4)现行法律的修订相对滞后。电子商务是商务领域的重大变革,世界范围内电子商务的实践与理论尚在不断摸索与探讨过程中,人们对它的总结与认识都在不可预想的现象之后。作为规范电子商务经营与交易行为的电子商务法律的制定同样也滞后于电子商务本身的发展。

(5)大多针对表层问题,在深层问题上缺乏相关法规的规范。当前的电子商务相关法律、法规主要针对表层问题,如认证问题、隐私权问题、签名问题等,而在深层次问题方面,如电子商务交易涉及的社会信用体系、安全的交易环境和有效的支付手段等方面,则缺乏严密的法律规范。

任务四 电子商务安全

如何建立一个安全、便捷的电子商务应用环境,保证整个商务交易过程中的安全性,已经成为在电子商务应用中所关注的重要问题。

一、电子商务的安全风险

1. 信息风险

信息风险是指进行网上交易时，因传输的信息失真或信息被非法的窃取、篡改和丢失，而导致的不必要损失。从技术上看，网上交易的信息传输风险主要来自：冒名偷窃、篡改数据、身份识别、信息丢失、信息传递过程中的破坏、虚假信息等方面。

（1）信息泄露，在电子商务中表现为商业机密的泄露，主要包括两个方面：

①交易双方进行交易的内容被第三方窃取，例如黑客通过网络监听获取网上用户的账号和密码，非法获取网上传输的数据。

②交易一方提供给另一方使用的文件被第三方非法使用。如利用各种假冒或欺骗手段非法获取合法使用权限，以达到占用资源目的。

（2）篡改，在电子商务中表现为商业信息的真实生和完整性问题。电子的交易信息在网络上传输过程中，可能被他人非法修改、删除或重放（指只能使用一次的信息被多次使用），这样就使信息失去了真实性和完整性。

（3）身份识别。身份识别缺失，第三方就有可能假冒交易一方的身份，以破坏交易、败坏被假冒一方的信誉或盗取被假冒一方的交易成果等。"不可抵赖"性要求要明确双方身份。交易双方对自己的行为应负有一定的责任，信息发送者和接受者都不能对此以否认。

（4）信息破坏。网络的硬件或软件可能会出现问题而导致交易信息传递的丢失与错误。计算机网络本身容易遭到一些恶意程序的破坏（即广义的计算机病毒），而使电子商务信息遭到破坏，常见的破坏方式包括计算机典型病毒、计算机蠕虫、特洛伊木马等。

（5）虚假信息。网络的开放性和即时性让信息传播大众化，这也使虚假信息被有目的的或无知的制造和利用。

2. 信用风险

信用风险主要来自三个方面：

一是来自买方的信用风险。对于个人消费者来说，可能在网络上使用信用卡进行支付时恶意透支，或使用伪造的信用卡骗取卖方的货物行为；对于集团购买者来说，存在拖延货款的可能，卖方需要为此承担风险。

二是来自卖方的信用风险。卖方不能按质、按量、按时寄送消费者购买的货物，或者不能完全履行与集团购买者签订的合同，造成买方的风险。

三是买卖双方都存在抵赖的情况。网上交易一般是跨越时空的，交易双方很难面对面交流，信用的风险就很难控制，要求网上交易双方必须有良好的信用，而且有一套有效的信用机制降低信用风险。

3. 管理方面的安全风险

网上交易管理风险是指由于交易流程管理、人员管理、交易技术管理的不完善所带来的风险。

（1）交易流程管理风险。在交易过程中都存在着大量的管理问题,如果管理不善势必造成巨大的潜在风险。为防止此类问题的风险需要有完善的制度设计,形成一套相互关联、相互制约的制度群。

（2）人员管理风险。人员管理常常是网上交易安全管理上的最薄弱的环节,近年来,我国计算机犯罪大都呈现内部犯罪的趋势,其原因主要是因工作人员职业道德修养不高,安全教育和管理松懈所致。一些竞争对手还利用企业招募新人的方式潜入该企业,或利用不正当的方式收买企业网络交易管理人员,窃取企业的用户识别码、密码、传递方式以及相关的机密文件资料。

（3）网络交易技术管理的漏洞也带来较大的交易风险。有些操作系统中的某些用户是无口令的,如匿名FTP,利用远程登录(Telnet)命令登陆这些无口令用户,允许被信任用户不需要口令就可以进入系统,然后把自己升级为超级用户。

二、电子商务的安全需求

1. 有效性和真实性

有效性和真实性要求电子商务系统能对信息、交易实体的有效性和真实性进行鉴别。因此要对网络故障、操作错误、应用程序错误、硬件故障、系统软件错误及计算机病毒所产生的潜在威胁加以控制和预防,以保证贸易数据在确定的时刻、确定的地点是有效的。

2. 机密性和隐私权

机密性要求信息不被泄露给非授权的人或实体,隐私权是个人信息不被泄露的权利。要预防信息存取和信息在传输过程中被非法窃取。

3. 可靠性和不可抵赖性

可靠性要求电子商务系统能够保证合法用户对信息资源的使用不会被不正当地拒绝;不可抵赖性要求电子商务系统能建立有效的责任机制,防止交易双方否认其行为。

4. 可审查性

要求能利用电子商务系统日志文件对数据结果进行审查、追踪。

三、电子商务安全协议

SSL安全协议和SET安全协议是目前电子商务广泛应用两个安全协议,其原理如下:

1. SSL协议

（1）SSL(Secure Socket Layer)安全套接层协议。这是对网络上计算机之间对话进行加密的协议,相当于在消费者和商家之间建立一条"保密通道"以传递交易信息,同时使用公共密钥和私有密钥加密技术,凡是那些不希望被他人知道的机密可以通过这个"秘密通道"传送,这样一来,即使数据必须要通过公开的通路传输,也不用担心数据会被别人偷窥。

（2）SSL安全协议的运行步骤。

①接通阶段。客户通过网络向服务商打招呼,服务商回应。

②密码交换阶段。客户与服务商之间交换认可的密码。一般选用 RSA 密码算法,也有的选用 Diffie-Hellman 和 Fortezza-KEA 密码算法。

③会谈密码阶段。客户与服务商间产生彼此交谈的会谈密码。

④检验阶段。检验服务商取得的密码。

⑤客户认证阶段。验证客户的可信度。

⑥结束阶段。客户与服务商之间的相互交换结束的信息。

按照 SSL 协议,客户购买的信息首先发往商家,商家再将信息转发银行,银行验证客户信息的合法性后,通知商家付款成功,商家再通知客户购买成功,将商品寄送客户,具体交易流程如图 2-8 所示。

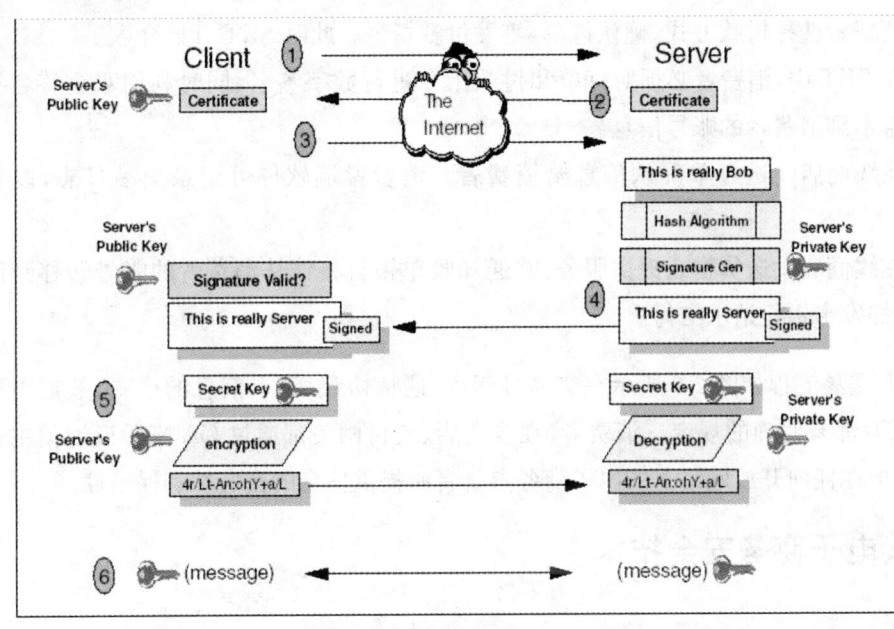

图 2-8　SSL 交易流程图

2. SET 安全协议

(1) SET (Secure Electronic Transaction,安全电子交易) 协议是由 VISA 和 MasterCard 两大信用卡公司联合推出的规范。SET 主要是为了解决用户、商家和银行之间通过信用卡支付的交易而设计的,以保证支付信息的机密、支付过程的完整、商户及持卡人的合法身份以及可操作性。SET 的核心技术主要有公开密钥加密、电子数字签名、电子信封、电子安全证书等。

(2) SET 安全协议涉及的范围。

①消费者。包括个人消费者和团体消费者,按照在线商店的要求填写订货单,通过由发卡银行发行的信用卡进行付款。

②在线商店。提供商品或服务,具备相应电子货币使用的条件。

③收单银行。通过支付网关处理消费者和在线商店之间的交易付款问题。

④电子货币(如智能卡、电子现金、电子钱包)发行公司,以及某些兼有电子货币发行的银行。负责处理智能卡的审核和支付工作。

⑤认证中心(CA)。负责对交易对方的身份确认,对厂商的信誉度和消费者的支付手段进行认证。

(3)SET 安全协议的工作流程。

①消费者利用自己的 PC 机通过互联网选所要购买的物品,并在计算机在输入订货单。订货单上需包括在线商店、购买物品名称及数量、交货时间及地点等相关信息。

②通过电子商务服务器与有关在线商店联系,在线商店作出应答,告诉消费者所填订货单的货物单价、应付款数、交货方式等信息是否准确,是否有变化。

③消费者选择付款方式,确认订单,签发付款指令。此时 SET 开始介入。

④在 SET 中,消费者必须对订单和付款指令进行数字签名,同时利用双重签名技术保证商家看不到消费者的账号信息。

⑥在线商店发送订单确认信息给消费者。消费者端软件可记录交易日志,以备将来查询。

⑦在线商店发送货物或提供服务,并通知收单银行将钱从消费者的账号转移到商家账号,或通知发卡银行请求支付。

SET 交易流程如图 2-9 所示在交易过程中,通信协议、请求信息的格式、数据类型的定义等,SET 都有明确的规定。消费者、在线商店、支付网关都通过 CA 来验证通信主体的身份,以维护在任何开放网络上的电子商务参与者所提供信息的真实性和保密性。

四、电子商务安全技术

1.防火墙

防火墙(FireWall)是一种隔离控制技术,在某个机构的网络和不安全的网络(如 Internet)之间设置屏障,阻止对信息资源的非法访问,也可以使用防火墙阻止专利信息从企业的网络上被非法输出。防火墙基于两种准则进行设计:一是一切未被允许的就是禁止的。基于该准则,防火墙应封锁所有信息流,然后对希望提供的服务逐项开放。二是一切未被禁止的就是允许的。基于该准则,防火墙转发所有信息流,然后逐项屏蔽有害的服务。

防火墙是企业网安全问题的流行方案,即把公共数据和服务置于防火墙外,使其对防火墙内部资源的访问受到限制。一般说来,防火墙是不能防病毒的。

2.加密技术

(1)加密技术是电子商务采取的主要安全技术手段。采用加密技术可以满足信息保密性的安全需求,避免敏感信息泄露的威胁,保护信息的保密性、完整性、可用性,以防止种种电子欺骗。所谓"加密",简单地说,就是使用数学的方法将原始信息(明文)重新组织与变换成只有授权用户才能解读的密码形式(密文),而"解密"就是将密文重新恢复成明文。目前

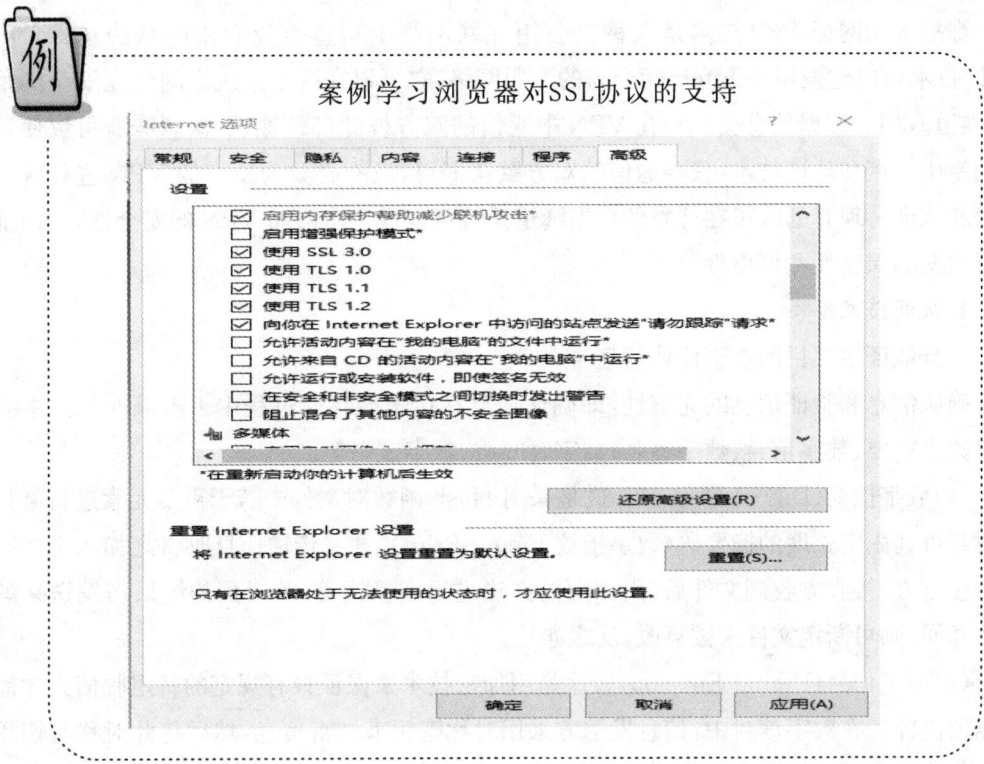

图 2-9　SET 交易流程图

常用的主要有对称密码体制(也叫作单钥密码体制、秘密密钥密码体制、对称密钥密码体制)、非对称密码体制(也叫作双钥密码体制、公开密钥密码体制、非对称密钥密码体制)等。

(2)对称加密技术。在对称密码体制中,加密密钥与解密密钥是相同的。对称密码体制的优点是具有很高的保密强度,但它的密钥必须通过安全可靠的途径传递。由于密钥管理成为影响系统安全的关键性因素,使它难以满足系统的开放性要求。

(3)非对称加密技术。为了解决对称密码体制的密钥分配问题,满足对数字签名的需求,20 世纪 70 年代产生了非对称密码体制。在这种密码体制下,加密过程和解密过程为不同的途径,当算法公开时,在计算上不可能由加密密钥求得解密密钥,因而加密密钥可以公开,而只需秘密保存解密密钥即可。目前最流行的非对称加密技术 RSA 算法(R. Rivest、A. Shamir 和 L. Adleman,1977),既能用于加密也能用于数字签名。其工作原理为:

①A 要向 B 发送信息,A 和 B 都要产生一对用于加密和解密的公钥和私钥。

②A 的私钥保密,A 的公钥告诉 B;B 的私钥保密,B 的公钥告诉 A。

③A 要给 B 发送信息时,A 用 B 的公钥加密信息,因为 A 知道 B 的公钥。

④A 将这个消息发给 B(已经用 B 的公钥加密消息)。

⑤B 收到这个消息后,B 用自己的私钥解密 A 的消息。其他所有收到这个报文的人都无法解密,因为只有 B 才有 B 的私钥。

3. 虚拟专用网技术

虚拟专用网(VPN)技术是一种在公用互联网络上构造企业专用网络的技术。利用 VPN 技术可以建设用于 Internet 交易的专用网络,它可以在两个系统之间建立安全的信道(或隧道),用于数据信息交换。在 VPN 中通信的双方彼此都较熟悉,这意味着可以使用复杂的专用加密和认证技术,只要通信的双方默认即可,没有必要为所有的 VPN 进行统一的加密和认证。现有的或正在开发的数据隧道系统可以进一步增加 VPN 的安全性,因而能够保证数据的保密性和可用性。

4. 认证技术

安全认证主要目的在于确认信息

确认信息和验证信息的完整性,即确认信息在传送或存储过程中未被篡改过。主要技术有数字摘要、数字信封、数字签名、数字时间戳、数字证书等。

(1)数字摘要(Digital Digest)。这是采用 Hash 函数对文件中若干重要元素进行某种变换运算得到固定长度的摘要码(数字指纹 Finger Print),并在传输信息时将之加入文件一同送给接收方,接收方收到文件后,用相同的方法进行变换运算,若得到的结果与发送来的摘要码相同,则可断定文件未被篡改,反之亦然。

(2)数字信封(Digital Envelop)。这是用加密技术来保证只有规定的特定收信人才能阅读信的内容。在数字信封中,信息发送方采用对称密钥来加密信息,然后将此对称密钥用接收方的公开密钥来加密(这部分称为数字信封)之后,将它和信息一起发送给接收方,接收方先用相应的私有密钥打开数字信封,得到对称密钥,然后使用对称密钥解开信息。这种技术的安全性相当高。

(3)数字签名(Digital Signature)。把 HASH 函数和公钥算法结合起来,可以在提供数据完整性的同时,也可以保证数据的真实性。完整性保证传输的数据没有被修改,而真实性则保证是由确定的合法者产生的 HASH,而不是由其他人假冒。数字签名把这两种机制结合起来,其原理为:

① 被发送文件用安全 Hash 编码加密产生 128bit 的数字摘要;

② 发送方用自己的私用密钥对摘要再加密,这就形成了数字签名;

③ 将原文和加密的摘要连同发送方公共密钥封装后同时传给对方;

④ 对方用发送方的公钥对摘要解密,同时对收到的文件用 Hash 编码再加密产生又一摘要;

⑤ 将解密后的摘要和收到的文件在接收方重新加密产生的摘要相互对比。如两者一致,则说明传送过程中信息没有被破坏或篡改过。否则不然。

图 2-10 显示的就是利用非对称加密实现数字签名。

(4)数字时间戳(Digital Time-Stamp)。数字时间戳服务(DTS-Digital Time-stamp Service)能提供电子文件发表时间的安全保护。数字时间戳服务(DTS)是网络安全服务项目,由专门的机构提供。

时间戳(time-stamp)是一个经加密后形成的凭证文档,它包括三个部分:
① 需加时间戳的文件的摘要(digest);
② DTS 收到文件的日期和时间;
③ DTS 的数字签名。

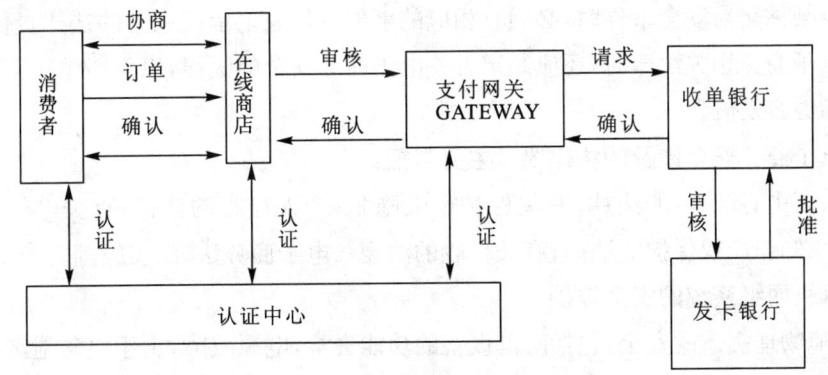

图 2-10　用非对称加密实现数字签名

时间戳产生的过程为:用户首先将需要加时间戳的文件用 HASH 编码加密形成摘要,然后将该摘要发送到 DTS,DTS 在加入了收到文件摘要的日期和时间信息后再对该文件加密(数字签名),然后送回用户。

(5)数字证书(Digital certificate,Digital ID)。这是用电子手段来证实一个用户的身份及用户对网络资源的访问权限。在交易支付过程中,参与各方必须利用认证中心签发的数字证书来证明各自的身份。数字证书是用来唯一确认安全电子商务交易双方身份的工具。由于它由证书管理中心做了数字签名,因此,任何第三方都无法修改证书的内容。任何信用卡持有人只有申请到相应的数字证书,才能参加安全电子商务的网上交易。

数字证书的内部格式是由 CCITT X.509 国际标准所规定的,它必须包含证书的版本号;数字证书的序列号;证书拥有者的姓名;证书拥有者的公开密钥;公开密钥的有效期;签名算法;办理数字证书的单位;办理数字证书单位的数字签名等内容。

(6)安全认证机构。电子商务授权机构(CA)也称为电子商务认证中心(Certificate Authority),承担网上安全电子交易认证服务,主要任务是受理数字证书的申请、签发及对数字证书的管理。

CA 有四大职能:证书发放、证书更新、证书撤销和证书验证。

①证书发放。接受个人、商家、银行等参与交易的实体申请数字证书,核实情况,批准申请或拒绝申请,并颁发数字证书。一般分为持卡人证书、支付网关证书、商家证书、银行证书、发卡机构证书。

②证书更新。

③证书撤销。在证书到期,用户的身份变化或终止使用,用户的密钥被泄露,身份信息的更新等原因,认证机构就应撤销原有的证书。

④证书验证。确定证书的有效性,确认交易双方身份的合法性。

五、电子商务安全管理

1. 法律保障

当发生某种交易安全事件时,必须有相应的事件责任人来承担一定的法律责任,这就要求在制定电子商务相关法律时,还应制定有关电子商务安全的法律,以保障电子商务活动的正常进行和健康发展。

目前电子商务安全涉及的法律要素主要包括:

有关认证中心(CA)的法律;有关保护个人隐私;个人秘密的法律;有关电子合同的法律;有关网络知识产权保护的法律;有关税收的法规;《电子商务法》的实施等。

2. 计算机网络系统的安全维护

(1)保障物理实体的安全,包括防范设备的功能失常,电源故障,由于电磁泄漏引起的信息失密,搭线窃听等造成的安全问题。

(2)防范自然灾害的威胁,要特别注意像火灾、水灾、空气污染等对计算机网络系统所构成的威胁。

(3)黑客的攻击防卫。所谓黑客,泛指计算机信息系统的非法入侵者。黑客攻击可粗略分为以下两种:主动攻击,它以各种方式有选择地破坏信息的有效性和完整性;被动攻击,它是在不影响网络正常工作的情况下,进行截获、窃取、破译以获得重要机密信息。

(4)网络协议、软件的漏洞和"后门"查堵。系统、软件及时升级,为网络协议、软件打补丁,时刻注意封堵后门是防病毒和黑客攻击的重要任务。

(5)计算机病毒防范。计算机病毒指编制或者在计算机程序中插入的破坏计算机功能或者破坏数据,影响计算机使用并且能够自我复制的一组计算机指令或者程序代码。管理人员应及时升级系统和防病毒软件,定期扫描计算机,清理垃圾文件,确保服务器的安全运行。

3. 电子商务安全管理措施

为保障电子商务安全,应采取以下几个管理措施。

(1)提高安全防范意识,建立商务信息的网络风险防范机制,是维护电子商务安全的基础。

(2)建立电子商务安全管理制度。电子商务安全管理制度是实行电子商务安全管理的基本依据。企业应根据自身特点和安全技术水平,制定切实可行的具体的安全管理制度,确定详细的安全目标和安全等级。

①人员管理制度。严格电子商务人员的选拔,强调责任心和保密意识;定期组织安全政策和规程策略方面的培训;落实工作责任制;贯彻网上交易安全动作基本原则。

②保密制度。保密制度需要很好地划分信息的安全等级,确定安全防范重点,并提出保密措施。保密工作的另一个重要的问题是严格的密钥管理制度。

③跟踪、审计、稽核制度。即要求企业建立电子商法交易日志机制,用来记录系统运行的全过程,定期内部审计,其他部门稽核。

④网络系统的日常维护制度。

⑤信息的发布和监控制度。

⑥病毒防范制度。

⑦应急制度。在启动电子商务业务之初,就必须制订交易安全应急方案,以应对各种物理或人为的突发事件,减少企业损失。

(3)建立电子商务安全管理的组织体系。依照企业安全管理制度,由企业负责技术的主要领导主抓,相关部门负责人一起合作,组成专门负责电子商务安全的管理机构,定期集中研讨,定时检查安全,迅速决策并及时处理发生的安全问题。

4. 电子商务的诚信机制

(1)电子商务的社会文化环境。应加强诚信教育,建立诚信联合组织,加强社会文化的建设,为电子商务的诚信创造良好的社会文化环境。

(2)电子商务的信用评价和监管体系。建立由政府部门牵头的跨行业、跨地区的信用评价和监管体系。包括建立完整的信用数据库,完善信用评估体系,公示电子商务企业和个人的信用信息,让社会广泛地进行监督。

5. 其他安全保障措施

(1)建立网络实名制及网络信用制度。目前国家要求个人企业网上交易要进行实行实名登记,并在此基础上建立个人企业交易信息制度,保障交易双方权益。

(2)引入信息告知制度。电子商务企业对用户账户有交易或金额达到规定范围,或账户异常改变时,以多种方式告知用户。

(3)完善物流快递配送体系。制定相关的政策、法律,建立全国统一的物流配送、快递服务体系,加强政府、企业和行业协会的合作,加强电子商务经营者、平台服务商和物流企业间的沟通,保证货物交付环节的安全,真正实现电子商务交易的安全履行。

能力训练

熟练掌握电子商务平台的设计与开发

请结合某电子商务平台的系统分析、总体设计框架和系统设计内容,进行某景区电子商务平台的系统设计,并撰写一份完整的景区电子商务平台设计方案。

1. 系统分析

(1)需求分析。通过对一些典型电子商务网站的考察、分析以及实际的市场调查,要求本系统具有以下功能:

①统一友好的操作界面,能保证系统的易用性。

②规范、完善的基础信息设置。

③商品分类详尽,可按不同类别查看商品信息。

④按商品大类及商品名称进行模糊查询。

⑤实现网上购物。

⑥新品及特价商品展示。

⑦商品销售排行。

(2)可行性分析。商业企业在运营过程中,经常会受到以下一些条件的限制:

①产品的宣传受到限制。采购商或顾客只能通过上门咨询、电话沟通等方式获取各种信息,受一定的时间与物理空间的局限且成本较高。

②庞大的商业经济周转。

③复杂的产品周转渠道。从看样品、谈价格到支付货款等一系列的产品周转渠道过于复杂,企业与顾客之间缺乏全面的沟通与快捷运营的平台。

④难以实时了解商品销售情况。商业企业中根据季节的变化,热销商品在销售高峰到来时货源紧张,企业需要实时了解商品的销售情况,保证热销商品的要货满足率。

因此,企业需要重新认识市场、消费者以及自身的市场定位,正确认识电子商务技术在企业中的重要地位。以少量的时间和资金建立企业信息门户网站并架设一定范围的商务网络,以此来制定长远发展战略,使企业与顾客间的经济活动变得更灵活、更主动。

2. 总体设计

电子商务系统是一个典型的JSP数据库开发应用程序,由前台商品展示及销售、后台管理两部分组成。

(1)前台商品展示及销售。该部分主要包括新品上架、特价商品、销售排行、购物车、会员管理、商品公告及订单查询、商品查询等。

(2)后台管理。该部分主要对商城内的一些基础数据进行有效管理,包括商品管理、会员管理、订单管理、公告管理等。

3. 系统功能结构图

电子商务系统前台功能结构如图2-11所示。

电子商务系统后台功能结构如图2-12所示。

4. 系统设计

(1)设计目标。本系统在设计时应该满足以下几个目标:

①采用人机对话的操作方式,界面设计美观友好、信息查询灵活、方便、快捷、准确、数据存储安全可靠。

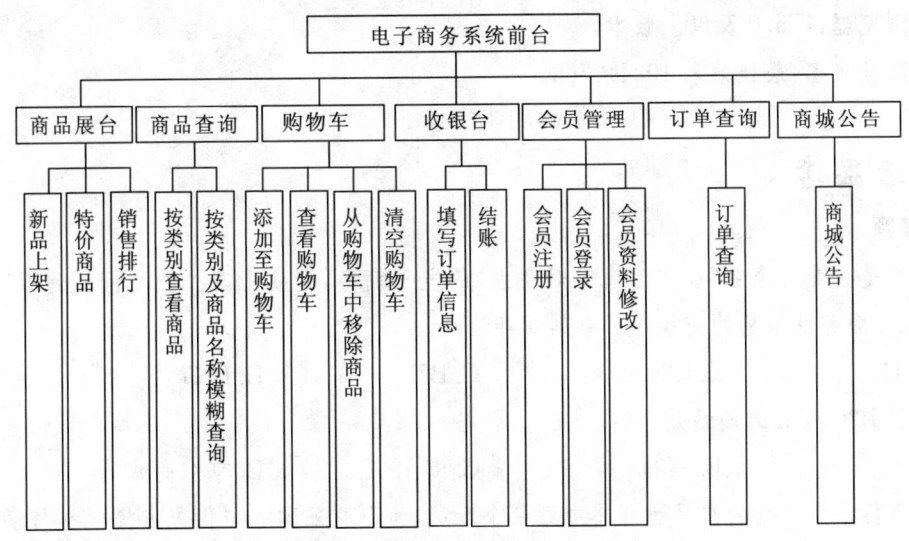

图 2-11 系统前台功能结构图

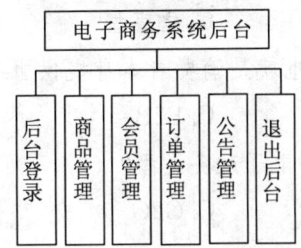

图 2-12 系统后台功能结构图

②全面展示商城内所有商品,并可展示最新商品及特价商品。

③为顾客提供一个方便、快捷的商品信息查询功能(采用模糊查询查询数据)。

④会员可以随时修改自己的会员资料。

⑤实现网上购物。

⑥商品销售排行,以方便顾客了解本商城内的热销商品及帮助企业领导者作出相应的决策。

⑦查看商城内的公告信息。

⑧用户随时都可以查看自己的订单。

⑨对用户输入的数据,系统进行严格的数据检验,尽可能排除人为的错误。

⑩系统最大限度地实现了易维护性和易操作性。

⑪系统运行稳定、安全可靠。

(2)开发及运行环境。

①硬件平台。CPU:P41.8GHz;内存:256MB 以上。

②软件平台。操作系统:Windows 2000 Server;数据库:SQL Server 2000;开发工具包:JDK Version1.4.2;JSP 服务器:Tomcat 5.0。

③浏览器:IE5.0及以上版本。
④硬分辨率:最佳效果1024×768。

◇ 课后思考

一、选择题

1. ( )是企业对企业(也称为商家对商家)的电子商务,即企业与企业之间通过互联网进行产品、服务及信息的交换等一系列商务活动。
   A. B2C　　　　B. C2C　　　　C. B2B　　　　D. B2G

2. 不属于B2C模式的网站是?( )
   A. 卓越　　　　B. 当当　　　　C. 淘宝　　　　D. 京东商城

3. 将各个行业中相近的交易过程集中到一个场所,为企业采购方与供应方提供交易场所,为企业的采购方和供应方提供了一个交易的机会,属于( )B2B。
   A. 企业型　　　B. 综合型　　　C. 垂直型　　　D. 交易型

4. ( )是消费者对消费者的交易,也就是消费者本身提供服务或产品给消费者。
   A. B2C　　　　B. C2C　　　　C. B2B　　　　D. B2G

5. 政府内部网络办公系统属于哪一种电子政务类型?( )
   A. G2B　　　　B. G2C　　　　C. G2G　　　　D. G2E

6. "拉手"网团购属于哪一类电子商务模式?( )
   A. B2C　　　　B. C2C　　　　C. O2O　　　　D. B2G

7. 不属于C2C模式的网站是?( )
   A. 淘宝　　　　B. 拍拍　　　　C. 易趣　　　　D. 天猫

8. 根据交易的客体分析,B2C电子商务分为无形商品和服务的电子商务模式以及有形商品和服务的电子商务模式。下列属于有形商品和服务的电子商务模式是?( )
   A. 在线出版　　B. 在线服务　　C. 在线娱乐　　D. 网上书店

二、填空题

1. B2C的商务模式主要分为_____及买方企业—卖方个人的电子商务两种模式。

2. C2C电子商务的运作模式主要有拍卖平台和_____两种模式。

3. 数据标准化、_____和_____是构成EDI系统的三要素。

4. O2O商业模式就是_____,将实体经济与线上资源贯通融合,让网络成为实体经济延伸到虚拟世界的"前台"。

5. EDI就是按照商定的协议,将商业文件标准化和格式化,并通过计算机网络,在贸易伙伴的计算机网络系统之间进行数据交换和自动处理,俗称"_____"。

三、问答题

1. 说明 B2B 电子商务对企业的影响。
2. 简述 B2B 的类型。
3. 简述 C2C、B2C 的业务模式及特点。
4. 什么是电子政务？电子政务的分类有哪些？
5. O2O 商业模式的概念是什么？

四、论述题

1. 什么是电子商务法？
2. 电子商务法的特点有哪些？
3. 电子商务法的作用是什么？
4. 我国电子商务立法存在哪些问题？

五、案例分析

请根据以下案例，分析电子商务安全的主要表现和应对策略？

案例 2-1 信息窃密案例

日本某杂志社发行代理公司，将耗资 5 亿元收集到的订户名单等公司商业绝密信息委托给太平洋计算机中心处理，在转手处理过程中，其信息磁带被人转录，并以 82 万日元出手获利。

20 世纪 70 年代，美国太平洋安全银行雇佣的计算机上技术顾问，通过银行计算机，将一千多万美元转到瑞士苏黎世银行，构成美国当时最大的盗窃案。

俄罗斯一家贸易公司的计算机人员，通过计算机互联网络把纽约华尔街花旗银行计算机系统中的三家银行账户资金，转到他们在美国加利福尼亚州银行和以色列银行账户中，非法转账资金高达 1000 万美元。后来虽经客户银行发现并提出指控，警方将作案罪犯逮捕，追回 960 美元赃款，但此案以使人民警觉到 Internet 上的信息海洋并非安全之地，信息窃密活动随时可能侵入计算机网络。

案例 2-2 钓鱼网站窃取银行账号密码

一种骗取美邦银行(Smith Barney)用户的账号和密码的"网络钓鱼"电子邮件，该邮件利用了 IE 的图片映射地址欺骗漏洞，并精心设计脚本程序，用一个显示假地址的弹出窗口遮挡住了 IE 浏览器的地址栏，使用户无法看到此网站的真实地址。当用户使用未打补丁的 Outlook 打开此邮件时，状态栏显示的链接是虚假的。当用户点击链接时，实际连接的是钓鱼网站 http://＊＊.41.155.60:87/s。该网站页面酷似 Smith Barney 银行网站的登录界面，而用户一旦输入了自己的账号密码，这些信息就会被黑客窃取。

◆ 项目实操

[实操项目1]熟悉 B2B 电子商务网站

B2B电子商务网站实际操作。

[实操项目情景设计]

假设你想批发一批小饰品到自己的店里销售,要求性价比最高,请用电子商务实现上述业务。

[实操任务]

要求批发的小饰品性价比最高,写出2~3个选择的B2B网站名(网址),在网站上进行商品和价格的比较,并把合适的商品放入购物车。

[实操项目2]网购消费者的权益保护

网上购买汽车等商品,消费者是否可以单方面反悔?

[实操项目情景设计]

　　随着电子商务的发展,如今网上买卖汽车也已经司空见惯,像吉利、东风日产、SMART等品牌新车都曾通过网络手段促销汽车。2013年12月,李先生在某网上商城看见某品牌汽车在进行网络优惠促销,在认真了解了车辆信息后,在网上购买了一辆7.5万元的新车。当去4S店提车时,他发现所购买的车辆颜色和部分装饰件与网上看到的有出入,遂提出退货请求。网上商城对李先生的退货请求迟迟没有回音,而厂家却期望通过与李先生协商换车来解决,并不同意退车。

[实操任务]

　　请根据以下法律条款对案例进行分析,你认为李先生是否有权单方面反悔退货?

[实操项目3]

数字证书申请

[实操项目情景设计]

陈斌是电子商务专业大一的学生,他在上了互联网技术基础这门课之后,知道了原来自己发送和接收到的E-mail邮件都存放在提供免费服务的邮件服务器上,看似非常不安全,于是他想下载一个免费邮件数字证书来保护电子邮件的安全。

[实操任务]

任务要求:

1.请你帮陈斌完成操作。

2.根据操作讨论分析数字证书的原理和用途。

第二篇

电子商务应用与管理

项目三
电子商务支付

◇ 学习目标

理解：电子支付的定义、特点；网上银行的定义、功能。
掌握：电子支付的流程；第三方支付的流程。
应用：使用各类电子支付手段进行电子支付。

◇ 项目案例导读

电子支付改变生活

如今，电子支付已经逐渐扩展至生活的方方面面，水、电、煤缴费，信用卡还款等一些繁琐的缴费事务，在一站式的支付平台得以解决，为公众提供更优质、更方便和更安全的生活服务。

电子支付应用趋向生活化

家住上海牟平路56弄的社区工作人员陆翔清楚地记得，从2002年起，自己曾经每周一都要挨家挨户到社区的几十户老人家中收取缴费单和现金，把单据集齐后，再去银行代缴水、电、煤费用。直到2008年，当陆翔再缴费时，他已经会使用网上支付的生活类缴费功能，坐在电脑前不需太长时间就能够快速完成缴费。

据统计，在我国60岁以上老人中"空巢老人"占了一半，缴费难已经是当前比较突出的问题之一。电子支付方便快捷的缴费功能正好帮助了这一群体。电子支付平台生活化已扩展至社会各层面，个性化需求将是今后的发展趋势。

金融服务深入"新蓝海"

随着我国电子商务与传统金融服务的深度融合，电子支付成为了银行和老百姓之间新的桥梁，对改善民生，提高生活水平起到巨大的促进作用。

2010年5月，中国光大银行正式发布在业内建成的首个开放式网络缴费业务平台。自推出至今，光大银行已与支付宝、财付通、中国移动、中国银联、通联支付、易宝支付、东亚银行、广发银行、拉卡拉等14家合作伙伴开展合作。据光大电子银行部总经理李坚介绍，长期以来，"缴费难"的问题困扰着广大城镇居民。在传统的缴费模式下，人们需要到缴费单位设立的营业厅或者银行网点缴费，再后来是通过银行的自助设备和网上银行进行缴费。而现在,开放式网络缴费业务平台联合了第三方合作伙伴,由光大银行提供后台业务支持,负责与各公共事业缴费之间的系统连接和账务处理。用户可以通过第三方合作伙伴的渠道进行水、电、燃气、手机和固话等账单的缴费,即使不是光大银行的持卡人,也同样可以在这一平台办理缴费业务。

据了解,除了公共事业缴费功能,光大银行开放式网络缴费业务平台的服务内容正在日益丰富化,并逐步转型为一个开放式金融服务平台。由光大银行提供的个贷还款业务目前也在支付宝、拉卡拉上线,不同银行卡用户可直接通过支付宝、拉卡拉等进行房贷、车贷、消费贷等还款,既方便快捷,又节省了传统跨行转账还贷产生的手续费。

第三方支付平台"聚生活"

伴随着我国电子商务的蓬勃发展,无处不在的支付行为使第三方支付业务拓展充满了无限的潜能。第三方支付创新应用的层层深入,并与传统行业形成优势互补,其产品优势和服务质量得到越来越广泛的社会认可。

自2008年6月"快钱"在上海地区率先开通公共事业缴费服务以来,用户只要登录一站式公共事业缴费平台,就可通过任何一家银行的网银缴纳水、电、燃气、通信等费用,且不收取任何手续费。

"快钱"自成立以来,致力于为各类企业及个人提供安全、便捷和保密的综合电子支付服务,相继推出了人民币支付、外卡支付、神州行卡支付、联通充值卡支付、VPOS支付等众多支付产品,以满足各类企业和个人的支付需求。

2008年10月,"支付宝"也将网上支付的应用拓展到公共事业缴费领域。自推出一站式公共事业缴费服务以来,目前已经有54个城市的1000多万用户在此平台进行水、电、燃气、固话、宽带、话费等公共事业缴费业务。

2009年,依托腾讯QQ庞大用户群的"财付通"正式开通生活缴费业务。目前"财付通"的业务80%都是由外部合作商家构成,用户使用最多的是信用卡还款、话费充值、网上购物等,开放平台上的生活类应用已经有200多款,合作商家约40万。获得牌照后,"财付通"将正式推出名为"生活家"的本地生活服务电子商务平台,从租车订机票、手机充值、餐饮娱乐到违章速办,几乎无所不包。

2010年11月,"支付宝"启动了"聚生活"战略,这一服务平台承载了各类生活缴费和应用。以"缴费"为核心的生活基础服务,以及水电煤缴费、投资保险、网游、彩票交通罚没款代缴等服务都集成在此平台中。公共事业缴费业务还将扩展到房贷车贷等个贷还款、医院网上挂号等领域。越来越多的生活领域实现网上支付,让人们足不出户就能解决方方面面的缴费琐事,既节省了时间,又节约了社会资源。

(资料来源:http://bank.hexun.com/2011—07—04/131117112.html)

阅读本章项目知识,思考以下问题:

1. 什么是网上银行,它与传统银行相比有哪些优势?
2. 网上银行主要包含哪些业务功能?

3.什么是电子支付,常见的电子支付工具有哪些?

◆ 知识支撑

任务一　电子商务支付体系概述

支付方式的产生和发展与社会经济的进步有着紧密的联系,两者相辅相成,相互促进。电子商务整个交易过程都在网络环境中实现,这就要求支付手段能够适应网络特征,即支付过程和支付手段的电子化,各种电子支付方式应运而生。但电子商务并不排斥传统支付方式,尤其是线上线下结合的电子商务模式,传统支付仍在使用。

一、传统支付方式

传统支付方式指的是通过传统货币物理实体的转移来实现款项支付的方式。目前,传统支付形式主要包括四种,即现金、票据、邮政汇款和银行转账。

1.现金

传统支付活动中的现金主要有两种:纸质货币和金属货币,两者往往都由一个国家或地区的中央银行发行。纸币本身不具有价值,但是可以认为是代替金属货币执行流通手段的由国家或地区发行并强制使用的一种价值符号。金属货币由于本身还有一定量的金属成分,自身具有一定的价值,往往金属货币的价值与其制造的金属原料的稀缺性相关。在商品经济社会的初级阶段,现金是主要的支付媒介。

(1)现金支付的特点。

①采用现金支付的交易是匿名进行的,交易双方无需证实自己身份和验证交易对象身份的真实性。因为现金本身就是最好的身份证明,其价值是由发行机构保证的。

②采用现金支付进行交易时,交易双方必须同时处于同一个具体的地理位置,其支付过程与商品所有权的转移在时间上基本上是同步进行的。

③采用现金支付进行交易,其支付流程简单、灵活,日常生活中的许多小额支付都是利用现金来完成的。

(2)现金支付的缺点。

①现金的使用受到空间和时间的限制,交易双方如果不在同一时间、同一地点进行交易,则无法使用现金作为支付媒介。

②现金不利于跨国交易。

③当交易涉及的金额较大时,不适用现金进行支付。

2. 票据

这里的票据指的是《票据法》中所规定的汇票、本票和支票。汇票指的是由出票人签发的,委托付款人在见票时或者到期日内无条件向收款人或者持票人支付一定款项的票据,它是国际结算中最为常见的一种信用工具。本票则是指某人向另一人签发的,保证即期或者定期或者在将来可以确定的某个时期,对某人或者指定人或者持票人无条件支付一定金额的书面承诺。支票是由出票人签发的,委托承办支票存款业务的金融机构在见票时无条件向收款人或者持票人一定款项的票据,它常用于同城结算中。

(1)票据支付的特点。

①利用票据支付可以避免由于大量现金转移造成的风险和麻烦。

②利用票据支付可以避免现金清点时可能产生的错误,节省了时间。

③利用票据支付,交易双方可以突破现金交易必须同时同地的限制,使得跨时空交易变得更加快捷、方便。

(2)票据支付的缺点。

①票据交易往往需要出票人签名方能生效,造成交易并非是在匿名情况下进行的,降低了交易的私密性。

②利用票据支付往往要向办理此项业务的金融机构支付一定的服务费用,增加了交易的成本。

③相对于现金而言票据更容易伪造,其真伪更加不易辨别。

④采用票据支付存在拒绝付款和到期无力支付等风险。

3. 邮政汇款

邮政汇款是买方按卖方将货款通过邮局汇款到指定地址的指定人,卖方在收到货款后给买方发货,这种方式对卖方有利,避免了收不到货款的风险。但是对买方而言,则存在不少缺陷:汇款需到邮局办理,费事、费时、费力;从汇款到买方收到货款有一定时间间隔,延迟了发货时间,抵消了电子商务的快捷优势;买方需要承担卖方不发货或者货物质量问题等风险。

4. 银行转账

银行转账是买家开户行与卖家开户行之间的电子汇总。这种方式安全快速,并可减少现金流通,简化手续,提高效率,安全且灵活方便。但银行转账需买方到银行办理手续,受时间、地点限制;汇款还是有一定延时,买方依然需承担转账后收不到商品的风险。

总之传统支付方式存在结算效率低、资金回笼慢、运作成本高、受时空限制等不足,不能很好地满足电子商务的支付需求。

二、电子支付

1. 电子支付的概念

电子支付是建立在金融电子化网络基础之上,以电子化工具为媒介,借助计算机网络系统,交易各方用电子方式将货币以电子数据形式进行传递以实现流通和支付,并安全地完成全部交易过程的支付方式。电子商务的高效率、低成本优势,必须依赖于安全、高效、快捷的电子支付环境。电子化目的在于减少交易成本,加快交易完成速度,方便交易双方。

2. 电子支付的特点

与传统的支付方式相比,电子支付主要具有以下特点:

(1)电子支付采用的是先进的通信技术利用数字形式实现支付过程,而传统支付方式则是通过物理实体的转移来实现支付过程。

(2)电子支付的运行环境建立在一个开放的系统平台之上(互联网平台),可广泛应用于生产交换、分配和消费等各个领域,集储蓄、信贷、结算、投资等多功能于一体,而传统支付则是在较为封闭的环境中运行的,功能单一。

(3)电子支付具备较高技术支持,这是因为电子支付的数据在传输过程中采用多种信息安全技术措施,相对于传统支付而言对软件硬件安全方面性能要求高。

(4)电子支付相对于传统支付而言更加方便、快捷、高效、经济,提高了资金的周转速度降低了支付成本。

(5)电子支付可以提高企业的资金管理水平,企业利用电子支付可以实现高效资金处理和结算,提高了企业资金管理和利用水平。

3. 电子支付的发展历程

电子支付的发展主要经历了五阶段:

(1)银行利用计算机系统与其他金融机构的计算机系统相连接,如:银行之间的转账、办理结算等。

(2)银行计算机系统与其他机构计算机系统之间实现资金的结算,比如工资代发等业务。

(3)银行利用网络终端向客户提供各类银行服务,比如自助银行等。

(4)银行利用消费终端向客户提供自动扣款服务,如POS系统。

(5)基于互联网的电子支付,即将电子支付系统与互联网整合,实现随时随地通过互联网进行直接转账结算,形成电子商务交易支付平台。

4. 电子支付的问题

(1)安全问题。安全问题仍然是电子支付中最关键、最重要的问题。造成电子支付安全问题的原因有很多,如设备物理安全、网络的开放性、电子支付技术和系统本身的漏洞、社会信用体系不健全、企业内部管理不善等。

(2)支付方式统一问题。目前电子支付的方式和工具很多,每种方式和工具都有其自身特点和系统实现。这样，当采用不同支付方式来完成一次交易时，可能由于支付方式的不兼容而导致不能实现交易。

(3)跨国交易的货币兑换问题。随着跨国交易的发展，货币兑换问题成为跨境电商的重要问题。

(4)法律问题。随着电子商务的发展，网络上处理的电子货币规模越来越大，方式越来越多，需要有不断完善的法律法规来规范电子资金划拨，明确电子支付各方的责权，保护各方合法权益。跨境电商所需的跨境电子支付涉及的法律问题更多，需要依托相关国际组织来协调和制定统一的规范。

三、电子商务支付系统

1. 电子支付系统的定义

电子商务支付系统是整个电子商务系统的重要组成部分，它是指消费者、商家、银行或金融机构、第三方支付平台、认证机构之间利用安全电子手段将支付信息通过网络安全传送到银行和其他处理机构来实现整个电子支付过程的系统。

2. 电子商务支付系统的功能

电子商务支付系统的主要功能包括：

(1)即时结算。即时结算功能是电子商务支付系统的基本功能，电子商务支付系统通过消费者、商家以及银行或其他金融机构之间的业务联系，即时实现消费者与商家之间的支付业务。

(2)安全保密。电子商务支付系统在向交易双方提供服务时，应当保证交易双方的保密信息和交易细节信息不致外泄，同时还应当保证整个支付过程的安全。

(3)信用评估。电子商务支付系统应当能够向消费者和商家提供与交易有关的信用评估信息，或者以自身的信用作为担保，以确保消费者和商家的利益。

(4)身份认证。电子商务支付系统在提供支付服务过程中，可以使用数字签名和数字证书实现对交易各方的身份认证，通过认证机构或者注册机构颁发的数字证书来证实其身份的合法性。

(5)确保信息完整。为了保护交易中涉及的各类信息的完整性，确保信息不被未授权者窃取、删除、修改、重放，而是完整无缺的到达接受者，可以利用数据摘要技术，通过对信息原文生成数字摘要并随同信息一同传递给接收者，接收者可以通过该数字摘要来对信息的完整性进行判断。

(6)纠纷处理。对于交易过程中产生的纠纷，电子商务支付系统要确保业务的不可否认性。当出现发送者否认其所发送的信息或者接收者对接收的信息进行否认的情况时，电子商务支付系统必须在交易过程中生成或者能够提供足够充分的证据来快速处理交易中产生的纠纷，这可以通过数字签名等技术来实现。

(7)多边支付。由于在电子支付过程中会涉及消费者、商家和银行等多方，交易中的购货信息与支付信息必须连接在一起,这是因为商家只有在确认了支付指令后才会继续后续的交易,而银行业只有在接收到支付指令后才会提供支付。但出于安全、隐私保护等多方面因素考虑,商家不能获取消费者的支付指令,而银行也不能获取购货信息,这种多边支付问题可以通过双重签名技术来实现。

3. 电子商务支付系统的分类

电子商务支付系统依据采用的支付工具的不同,可以大致分为:银行卡支付系统、电子转账支付系统和电子现金支付系统。

(1)银行卡支付系统。银行卡作为传统支付工具可以在签约商户的联网终端进行在线支付、提取现金等操作。在进行电子支付时,消费者输入密码,由终端将银行卡账号、用户密码、支付信息加密后通过互联网发送到银行等金融机构的计算机系统上来进行在线支付。

(2)电子转账支付系统是一种实时付款系统,消费者可以登录网上银行,通过在线操作,实现账户之间的资金转移,这种支付方式要求消费者卡内有足够的余额来完成交易,一般不允许透支,消费者的身份一般由密码、数字证书进行确认。

(3)电子现金支付系统。消费者可以预先获得的电子现金用于电子支付,目前比较知名的电子现金支付系统主要有 Mondex 等。

◆ 能力训练

认知电子商务支付系统的组成结构

电子商务支付系统是电子商务系统重要组成部分,请根据图3-1"电子商务支付系统基本结构图",认知电子商务支付系统的组成并理解各参与方在系统中所起的作用。

1.消费者。消费者通过消费行为与商家产生交易关系,为了清偿与商家的债务债权关系,消费者利用已有的支付工具进行支付,他是整个支付体系运行的起点。

2.商家。商家利用网络销售商品,并依据客户发起的支付指令向银行或者其他金融机构请求款项支付。

3.银行及支付网关。银行是电子商务支付系统的核心参与者,几乎所有电子支付都离不开银行所提供的电子支付工具、支付系统和专用网。离开了银行,将无法完成网上支付。作为参与方的银行包括:客户开户行、商家开户行,同时还会涉及支付网关和金融专用网。客户开户行是指消费者在其中拥有相应账户的银行,该银行向客户提供电子支付工具,该账户可以认为是支付过程中资金的起点。商家开户行是商家在其中开设账户的银行,商家将消费者的支付指令发送给其开户行后,由商家开户行进行支付以及银行之间的资金结算等工作,商家账户可以认为是支付过程中资金的终点。支付网关则是建立在银行网络与互联网之间的为二者之间实现安全信息传递的屏障,如果应用第三方支付平台,则第三方支付平台则起到了支付网关的作用。金融专用网则是银行系统内部进行通信的专用网络。

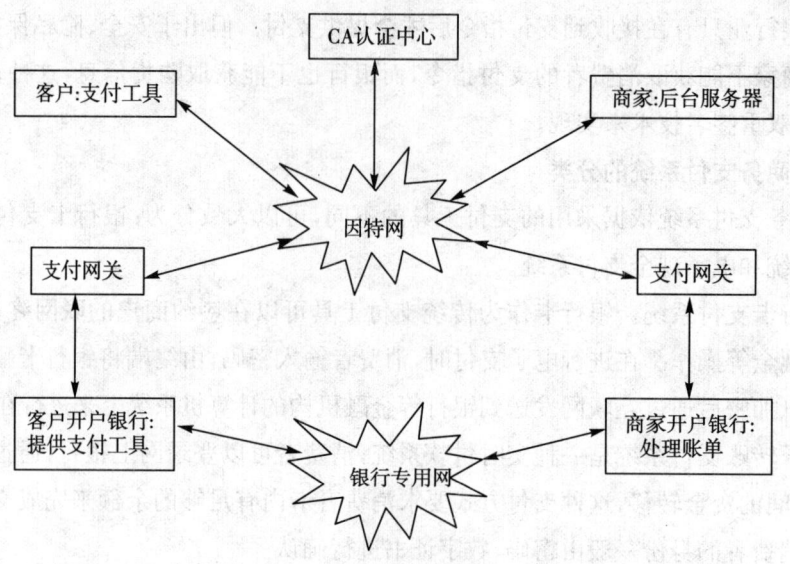

图3-1 电子商务支付系统基本结构图

4.认证机构。认证机构负责为各参与方发放相应的数字证书,并对各方的身份和权限进行确认,从而保证整个电子商务支付的安全性。

任务二 电子支付工具

一、电子货币

1.电子货币的概念

电子货币是指以计算机网络和通信网络为基础,以电子化工具和各类金融卡为媒介,以电子数据形式存储在计算机系统中,并通过计算机网络以电子信息传递形式,实现资金流通、转移和支付功能的虚拟化货币。电子货币是在电子支付过程中所涉及的货币,它是随着网络经济的发展而产生发展。

2.电子货币的特征

与传统的货币相比,电子货币具有以下特征:

(1)电子货币的本质是一种电子符号,它以二进制数据的形式存储在计算机中,没有具体的表现形式;而传统的货币是以纸质或者金属介质的实物形式存在。

(2)电子货币的安全实现依靠的用户账户、密码、软硬件加密、解密系统等信息安全技术所实现的,而传统货币的安全实现主要依赖于普通的防伪技术。

(3)电子货币的传递依赖于网络技术,它以数字化的形式在通过互联网进行传输,而传统货币是通过现金和票据的传递来实现转移的。

(4)相对于传统货币而言,电子货币的使用更加快捷、方便、经济、高效。

3.电子货币的功能

电子货币是以传统货币为基础而发展起来的,在本质、职能与作用上与传统货币相同,都可以充当一般等价物;具有价值尺度、支付功能、储藏功能、流通功能和世界货币这五种职能。同时,具备以下四种功能:

(1)转账结算功能。电子货币可以代替传统货币,直接进行消费结算和转账。

(2)储蓄功能。电子货币也可以用于存款和取款。

(3)兑现功能。在异地使用时可以进行兑换,同时也可以实现电子货币与传统货币之间的兑换。

(4)消费贷款功能。使用者可以先行向银行贷款,提前使用电子货币。

电子货币类支付工具主要有电子现金和电子钱包。

二、电子现金

1.电子现金的概念

电子现金(E-Cash),又称为"数字现金",是一种以电子数据形式存储、流通且能够被消费者和商家普遍接受,通过互联网购买商品和服务时所使用的货币,它将现金数值转化成一系列的电子加密序列数,通过这些序列数来表示现实中各类交易金额的币值。电子现金可以理解为是现实现金的电子化表现形式,与其他电子货币相比,电子现金更能体现出货币的特点与等价物的特征。

电子现金在使用过程中主要有两种表现形式,即纯电子系统形式和预付卡形式。

(1)纯电子系统形式。此类形式的电子现金不体现出明确的物理形式,仅以用户数字号码的形式存在、使用,适用于交易双方处于不同的地理位置且通过互联网进行支付的情况。电子现金可以直接在互联网上流通使用。在支付过程中,通过互联网将电子现金从买方的账号中扣除并传输给卖方。在传输的过程中,通过各类安全加密措施保证支付的安全性。

(2)预付卡形式。此类形式的电子现金采用有形的 IC 卡作为电子现金的存储介质,如:手机 SIM 卡、电话 IC 卡等等。用户在使用预付卡形式的电子现金时,首先要将取得的电子现金存储在 IC 卡中,在支付时通过自动读取设备读取 IC 卡中的信息并扣除相应的费用,常用于小额支付中。

2.电子现金的特点包括:

(1)独立性。电子现金不依赖于所用的计算机系统。银行和商家之间应有协议和授权关系,客户、商家和 E-Cash 银行都需要使用 E-Cash 软件,E-Cash 银行负责客户和商家之间资金的转移。在此过程中,身份验证是由 E-Cash 本身完成,E-Cash 银行在发放电子货币时使用了数字签名。商家在每次交易中将电子货币传送给 E-Cash 银行,由 E-Cash 银行验证用户支付的电子货币是否无效(伪造或使用过等)。

(2)匿名性。与现金的使用类似,当消费者利用电子现金向商家支付时,只是将电子现金在支付的各方之间进行分散处理,而关于交易者的信息不需要由第三方管理和掌握,只有买卖双方才了解交易者的具体信息。

(3)不可追踪性。不可追踪性在一定程度上可以保证交易的保密性,也维护了交易双方的隐私权。在使用电子现金时,除了双方的个人记录之外,并没有业务记录,因此很难对资金的流向进行识别和分析,这也造成了电子现金一旦丢失,也会同纸质货币一样难以追回。

(4)无限可分性。由于电子现金的本质是数据,可以进行无限的分割并采用多种货币单位进行计量。

(5)经济性。普通现金的传输费用较高,尤其是大额现金的保管和传输需要耗费大量的成本,而电子现金通过互联网进行传输,所以传输成本较低。

(6)便利性。电子现金的使用范围较信用卡而言更为广泛,银行卡支付仅仅限于有合作关系或授权的商户,而电子现金支付不受此限制。

三、电子钱包

1. 电子钱包概述

电子钱包(E-Wallet 或 E-Purse),是一种用于进行完全网络支付的特殊的计算机软件和设备,它能够用以存放客户的个人信息、信用卡信息、电子现金和交易信息,适用于小额交易的电子化钱包,使用起来非常的方便、高效。

电子钱包主要可以分为两种形式:一种是以软件形态存在的虚拟电子钱包,其本质是一种特殊的加密银行账户软件,主要用于账户管理、网上消费等用途,此类电子钱包往往是与电子现金卡、银行卡和 IC 卡结合使用,例如 IBM 公司的 Consumer Wallet、微软公司的 Microsoft Wallet 等。另一种是以实物形态存在的电子钱包,其本质是一种常用于小额支付的智能(IC)储值卡,持卡人预先在 IC 卡中存入一定的资金,交易时直接从储值账户中扣除费用。此类电子钱包主要由非金融机构发行,例如 VISA Cash 和 Mondex 等,只是电子钱包的早期应用,今天电子商务中电子钱包则已基本摆脱了实特形态,成为真正的虚拟钱包。

2. 电子钱包的主要功能

(1)用户资料管理。用户在成功申请电子钱包后,电子钱包系统会在服务器为用户建立一个属于用户的个人电子钱包档案,记录用户的基本资料,如用户的账号、密码、真实姓名等等,用户可以在该档案中增加、删除和修改个人资料。

(2)在线支付。用户利用网络平台选择购买需要的商品或服务后,可以登录电子钱包,从电子钱包中选择关联的入网银行卡,向支付网关发出支付指令来进行支付。

(3)交易记录查询。用户可以通过电子钱包对所有完成支付的历史交易记录进行查询。

(4)银行卡余额查询。用户可通过电子钱包查询与电子钱包关联的银行卡的卡内余额。

(5)商户站点链接。电子钱包内设置了许多商户站点链接,用户可以通过点击链接直接登录商户的站点进行购物。

目前各种应用平台的零钱支付都是电子钱包的另一种应用形式。如微信的钱包,电商平台的零钱等。

四、银行卡支付

1.信用卡

(1)信用卡的定义。信用卡(Credit Card)是银行或公司向持有人签发的,证明其具有良好的信誉,并可以在指定的商户或场所进行记账消费的一种信用凭证。信用卡的实体是一张附有信用证明和防伪标志的特殊卡片,可被视为一种特殊的金融商品和金融工具。信用卡一般以塑料为主要材质,正面有相关信息,背面有磁条和签名条,其外观如图3-2所示。

图3-2 信用卡

(2)信用卡的种类。

①按账户和资金的性质划分,可将信用卡分为不可透支的借记卡、可以小额透支的准贷记卡和具有贷款功能的贷记卡。

②按发卡对象划分,可将信用卡分为个人卡、公司卡。

③按持卡人信用等级和资金数额划分,可将信用卡分为普通卡、金卡等。

④按使用范围划分,可将信用卡分为地区卡和国际卡。

⑤按发卡机构的性质划分,可将信用卡分为银行卡和非银行卡。

⑥按联合发卡的性质划分,可将信用卡分为认同卡和联名卡。

⑦按持卡人顺序划分,可将信用卡分为主卡和附卡。

⑧按用途划分,可将信用卡分为通用卡和专用卡。

2.信用卡的功能

信用卡主要具有以下四种功能:

(1)支付结算功能。信用卡提供了广泛的结算服务,给现代商业活动带来了极大的方便,同时减少了现金货币的使用量,加快了资金的流转。

(2)汇兑转账功能。信用卡持卡人可以借助汇款方式,通过国际信用卡组织会员机构设立的网店可以方便快捷的实现资金的调拨流转。

(3)信用证明功能。信用卡持卡人可以在金融机构进行个人信用度积累,良好的信用度可以给持卡人带来高价值的回报。

(4)附属功能。虽然信用卡的基本功能大致相同,但是发卡机构针对不同目标客户群体提供了具有不同附属功能的信用卡产品,这些附属功能很大程度上取决于社会的实际需求、发卡机构的业务拓展以及产品开发能力。

案例 3-1　国际信用卡组织

威士国际组织(VISA International Service Association)

威士国际组织是目前全世界最大的信用卡和旅行支票组织,前身是于 1900 年成立的美洲银行信用卡公司。1974 年美洲银行信用卡公司与西方一些商业银行合作,共同成立了国际信用卡服务公司,于 1977 年正式更名为威士国际组织,成为全球性的信用卡联合组织,提供多样化、快捷、方便、高效、安全的金融服务,并不断为财务产品、专业服务开拓全新的领域。

威士国际组织旗下拥有 VISA、PLUS、VISA Cash 等多个品牌商标,但是威士国际组织本身并不直接向持卡人发卡,而是由参加该组织的会员机构发行。目前,威士国际组织的会员机构已经发卡超过 10 亿张,组织会员约合 2.2 万个,签约商户超过 2400 多万家,在全球各地拥有联网 ATM 机约 66 万台。威士国际组织拥有全球覆盖面最广、功能最强最先进的消费支付处理系统—VIASNET,使得客户不论身在何处,都可以方便地使用 VISA 卡。

万事达卡国际组织(MasterCard International)

万事达国际组织是服务于金融机构的非盈利性质的全球性会员协会,其宗旨是为会员提供全球范围内优质的支付系统和金融服务。万事达国际组织于上个世纪 50 年代末到 60 年代初创立了一种国际通行的信用卡体系,一经推出便风靡全球。1967 年四家加州银行成立了西部各州银行卡协会,并随即推出 Master Charge 的信用卡计划。不久之后,该协会加入银行卡协会。1969 年银行卡协会购买了 Master Charge 的专利权,并统一了各发卡行的信用卡名称和信用卡的式样设计。1979 年正式启用万事达国际组织这一称号。随着计算机的普及和现代通信技术在金融领域的广泛应用,万事达国际组织于 1984 年推出全球交易处理网络—Banknet,建立了全球自动授权系统(INAS)和清算系统(INET)。

万事达卡国际组织拥有全球最全面的支付品牌,已经在全球发行的各类信用卡、支付卡和借记卡已经有 10 亿多张,在全球范围内拥有 24000 个各类会员金融机构,同时在 210 多个国家和地区为各类个人和企业客户提供支付服务,在全球拥有 1800 万个接受点和商户。万事达国际组织于 1988 年进入中国,目前,中国银行系统中的中国银行、中国工商银行、中国建设银行和中国农业银行都已经加入该组织。美国运通(American Express, AE)

美国运通公司自 1958 年开始发行第一张运通卡以来,迄今为止已经在全球 68 个国家和地区以 49 种货币发行了运通卡,现已成为多元化的全球旅游、财务及网络服务公司,提供签账卡及信用卡、旅行支票、旅游、财务策划、投资产品、保险及国际银行服务等。与 VISA 卡和万事达卡不同的是,美国运通公司有自己的支付系统,并直接向消费者发行信用卡。因此,所有的美国运通卡都是由一家公司来发行的并且其使用的是专门的支付系统。

大莱信用卡俱乐部(Diners Club)

大莱卡由麦克纳马拉与他的合伙人施奈德于1950年创办,大莱卡是全球最早出现的塑料付款卡,并最终发展为一种国际通用的信用卡。上世纪70年代,Diners Club 开始走下坡路,一是因为整体行业萎缩造成大量持卡人放弃使用大莱卡,二是由于自身的经营出现了巨大的问题,三是激烈的行业竞争以及大量的银行涉足信用卡领域,都使得 Diners Club 的业务状况落入低谷。1980年12月,花旗银行收购了大莱卡信用卡俱乐部,并通过现金兑换网络与 ATM 网络之间所形成互惠协议,从而集中加强了其在国际间市场上的地位。

日本信用卡株式会社(Japan Credit Bureau,JCB)

日本信用卡株式会社是日本三和银行、日本信贩银行、三井银行、协和银行、大和银行等企业在1961年成立的信用卡组织。自1981年开始,JCB 开始推进全球化策略,积极拓展海外业务。目前,JCB 已经与全球超过350家的金融机构开展合作,在海外设有20多个分支机构和代理机构,可在全球190多个国家和地区轻松使用。

2. 借记卡

借记卡是先存款,后消费,没有透支功能的银行卡。它除了具有转账结算、存取现金、购物消费等功能外,还具有基金和股票买卖等理财功能。借记卡提供了大量增值服务,以方便人们的生活。

借记卡又可分为转账卡、专用卡和储值卡。转账卡是指具有转账结算、存取现金功能并实时扣账的借记卡;专用卡是指在百货、餐饮、饭店外的特定区域使用的借记卡,它了具有转账结算和存取现金的功能。储值卡是发卡银行根据持卡人的要求将其资金转至卡内储存,交易时直接从卡内扣款的预付钱包式借记卡。

3. 智能卡

智能卡又称集成电路卡,是一种将具有微处理器及大容量存储器的集成电路芯片嵌装于塑料基片上而制成的卡片。智能卡可以用来进行电子支付和存储信息。在芯片里存储了大量的关于使用者的信息,如财务数据、私有加密密钥、账户信息、结算卡号码及其他信息。

五、电子支票

电子支票是纸质支票的电子替代物,它与纸支票一样是用于支付的一种合法方式,它使用数字签名和自动验证技术来确定其合法性,是网络银行常用的一种电子支付工具。

1. 电子支票的概念

电子支票(Electronic Check),又称为数字支票,它将传统支票的全部内容进行电子化和数字化处理,形成标准格式的电子版,并借助计算机网络完成其在客户与客户之间、银行与客户之间以及银行与银行之间的传递与处理,从而实现银行客户间的资金支付结算。电子支票的外观与样式与纸质支票非常相似,填写的方式也几乎相同。电子支票包含了与纸质支票同样的支付信息,包括:支票编号、收款人姓名、签发人账号、金额、签发日期、签发人开户银行名称等等。电子支票的样式如图 3-3 所示:

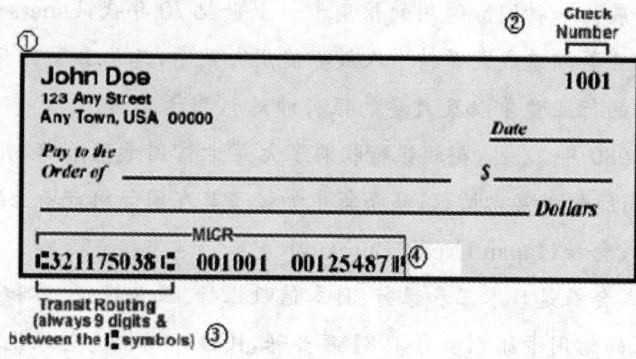

(①使用者姓名及地址;②支票号;③传送路由号;④账号)

图 3-3　电子支票

2. 电子支票的特点

电子支票作为传统支票的电子化表现形式,具有下列特点:

(1)使用方便。电子支票的工作方式与传统支票相同,容易理解并接受,用户无需接受专门的培训便可以使用。

(2)安全性高。电子支票采用了密钥认证技术,使得收款人、收款人银行和签发人银行均可以使用密钥来验证电子支票的真伪,比传统支票更加安全可靠。

(3)加速资金周转。使用电子支票方便了对支票处理的过程,降低了处理成本,同时减少在途资金,提高资金利用率。

(4)适用于 EDI。由于支票的内容可以附属在贸易双方的汇票资料上,因此电子支票方便与 EDI 之间实现应用集成,推动基于 EDI 基础上的电子订货和支付快速发展。

六、电子汇款

电子汇款是通过银行的联网功能,实现便捷快速的汇款。电子汇款是指银行以电报或电传方式指示代理行将款项支付给指定收款人的汇款方式。电子汇款是目前使用较多的一种汇款方式。包括几个环节:

由汇款人填写汇款申请书,并在申请书中注明采用电子汇款方式。同时将所汇款项及所需费用交付给汇出行,取得电子汇款回执。

汇出行办理电汇时,根据汇款申请书的内容以电报或电传方式向汇入行发出解付指示。

汇入行接到电报或电传后,核对密押是不是相符,若不符,应立即拟电文向汇出行查询。若相符,则缮制电汇通知书,通知收款人取款。收款人持通知书向汇入行取款,在收款人收据上签章后,汇入行即凭以解付汇款。最后,汇入行将付讫借记通知书寄给汇出行。

银行对电汇业务一般当天处理,不占用邮递过程的汇款资金,所以对金额较大的汇款或通过 SWIFT 或银行间的汇划,多采用电子汇款方式。

◈ 能力训练

掌握各类电子支付工具的支付流程。

请根据以下材料,系统掌握各类电子支付工具的支付流程。

1. 电子现金支付流程

电子现金的支付处理流程主要涉及消费者、商家和电子现金发行银行三个主体,其支付过程一般可以概括为如下步骤,如图 3-4 所示:

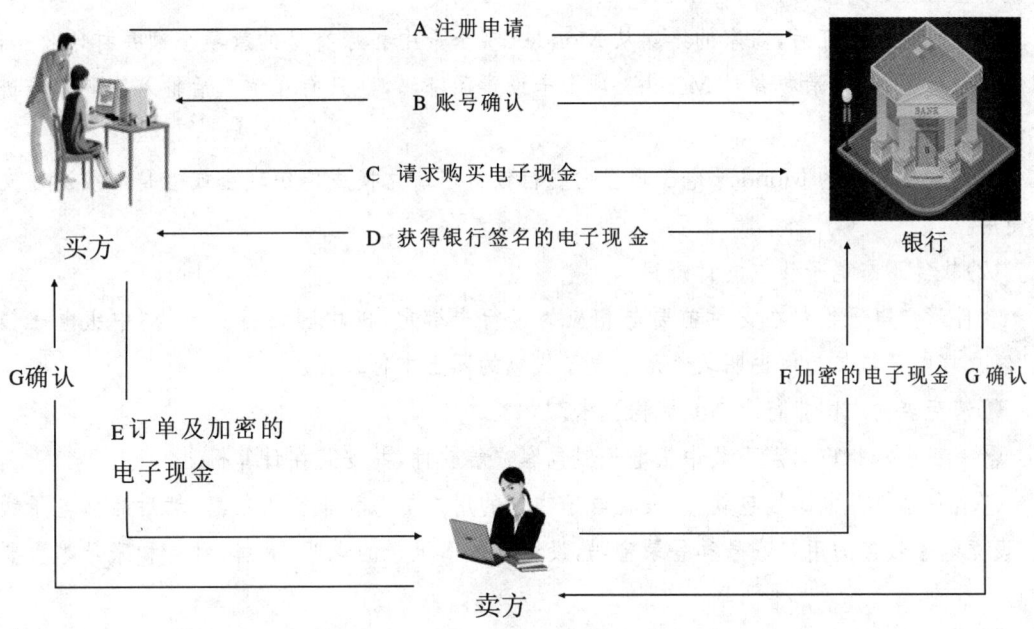

图 3-4　电子现金支付流程

1. 购买电子现金。买方在电子现金发行银行申请电子现金账号,获得审核后将足够的资金存入该账号以支持今后的支付行为。

2. 存储电子现金。买方使用专用电子现金应用软件从电子现金发行银行取出一定量的电子现金,存储在特定的设备上。

3. 用电子现金支付。买方与卖方达成交易协议,卖方接受电子现金支付,买方将订单信息和加密过的电子现金一同发送给卖方。

4. 结算。卖方将接受到的电子现金发送给电子现金发行银行,发行银行对电子现金的有效性进行检验,并确认该电子现金没有被重复使用,随后发行银行将货款支付给卖方。

5. 支付确认。卖方获得付款后,向买方发送订单确认信息和支付确认信息。

2.电子钱包的支付流程

(1)实物形态电子钱包的支付流程

实物形态存在的电子钱包虽然种类不同,但是支付流程相似,以Mondex电子钱包为工具的支付流程包括以下4个步骤:

①由于Mondex是现金卡,不能像信用卡那样延期支付,因此消费者在使用Mondex时必须实现储值。消费者可以用银行账户中的存款申请兑换Mondex电子现金,发卡行受理消费者申请后,向其账户发放等额币值的智能卡或向消费者已有的智能卡中进行等额充值,消费者可以利用持有的Mondex现金卡与银行账户进行转账业务。

②消费者进行网络购物,采用Mondex现金卡向商家付款,消费者将Mondex现金卡插入到商家专用读卡器中,并在终端输入购物的款项金额,Mondex现金卡与商家终端之间通过数字签名验证对方身份的合法性。

③通过身份验证后,商家的终端从Mondex现金卡中扣除交易的款项金额并打印收据,完成支付过程,如果消费者对Mondex现金卡设置了密码,则只有在读卡后输入密码才能进行资金转移。

④商家将收到的Mondex电子现金向发行银行申请兑换成传统现金或者是继续流通支付使用。

(2)软件形态电子钱包支付流程

软件形态电子钱包在支付前要与相应的银行卡绑定,以中国银行发行的"中银电子钱包"客户端电子钱包为例说明软件形态电子钱包的网上支付过程。

①消费者向中国银行申请长城借记卡。

②消费者从相应站点下载中银电子钱包客户端软件,并安装在计算机上。

③消费者打开电子钱包软件,设置电子钱包的用户信息和银行卡信息,然后启动电子钱包,设立电子钱包的用户账号和登录密码,设置长城借记卡的说明、品牌、种类和账号等重要信息。

④为了保障支付的安全性,消费者需要在线为绑定的长城借记卡申请并安装数字证书,并将数字证书同时放入电子钱包内,银行卡与数字证书一一对应,当借记卡的证书状态被激活后,就可以用来进行网上支付。

⑤消费者登录网上商家,选购想要购买的商品,提交订单。

⑥如果该商家支持中国银行长城借记卡的SET协议支付,消费者可以使用中银电子钱包付款。在选择结算方式时,选择"中银电子钱包",其客户端会自动启动,用户使用预先设置的账号和密码登录电子钱包界面,会在订单说明处看到商品订单的详细信息;用户从电子钱包中选择一张长城借记卡,输入正确的PIN,确认相关信息即可完成支付;如果卡中的余额不足,可以选择另一张长城借记卡来进行支付。

⑦银行完成资金转账,商家按照订单向消费者提供产品。

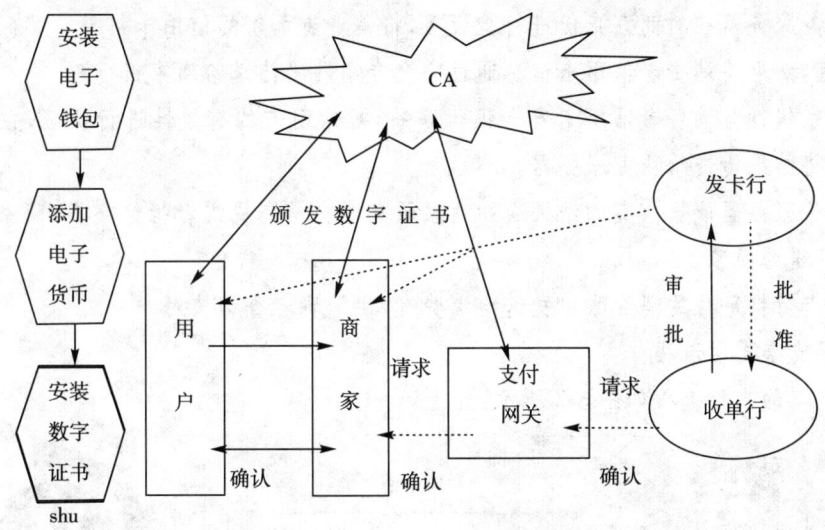

图 3-5 电子钱包交易流程

3. 简单加密信用卡支付流程

简单加密支付系统模型也被称为非 SET 支付模型,一般采用 S-HTTP、SSL 协议作为系统的安全方案。简单加密信用卡支付流程如图 3-6 所示:

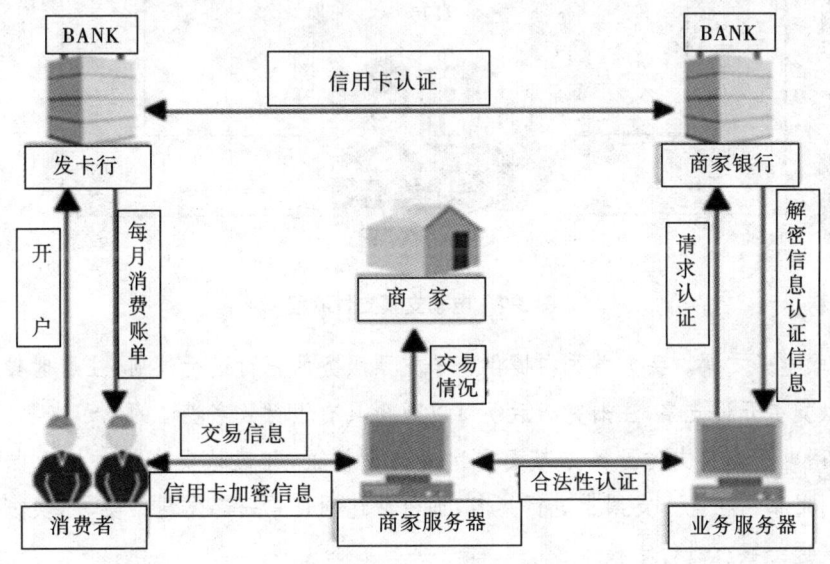

图 3-6 简单加密信用卡支付流程

(1)消费者在发卡行申请开立信用卡,并获得信用卡账号。

(2)消费者通过在线商家订货后,将加密后的信用卡信息和交易信息传送给商家服务器。

(3)商家服务器对接收到信息进行有效性和完整性认证后,将加密的信用卡信息传送给业务服务器进行合法性验证。在此过程中,商家服务器无法看到消费者的信用卡信息。

(4)业务服务器在对商家身份进行验证后,将消费者加密的信用卡信息转移到安全的地方进行解密,然后将消费者信用卡信息通过安全专用网络传送给商家银行。

(5)商家银行与消费者信用卡发卡银行联系,对信用卡的有效性进行认证,在得到发卡行核实后,将结果传送给业务服务器。

(6)业务服务器依据核实的结果通知商家服务器交易完成或者拒绝交易,商家服务器将交易情况发送给商家。

(7)发卡行将每月的消费账单发送给消费者,供消费者查询核对。

4.电子支票支付流程

电子支票的支付流程如图3-7所示:

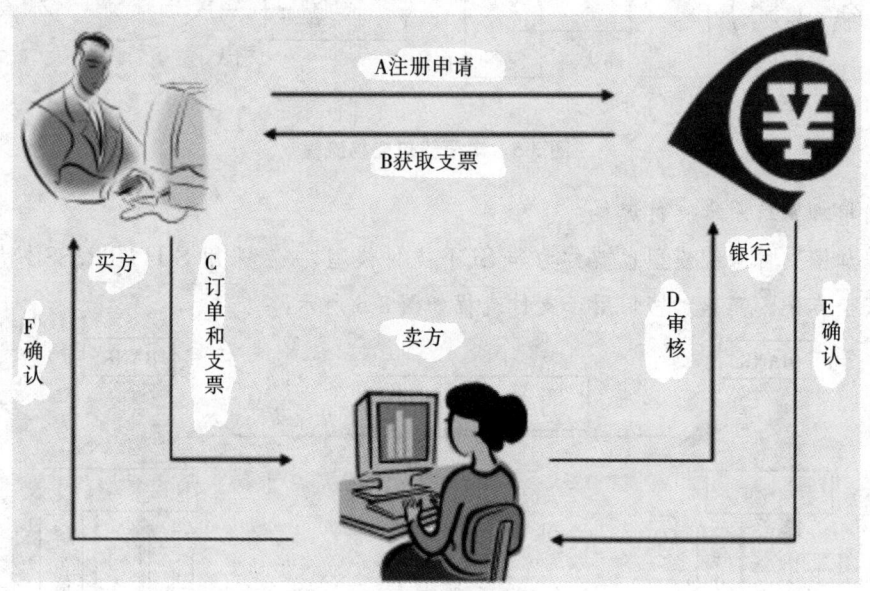

图3-7 电子支票支付流程

(1)获取电子支票。买方首先在提供电子支票服务的银行进行注册,注册时输入其银行账户信息以支持开设支票,注册完毕后便可以获得具有银行数字签名的电子支票。

(2)利用电子支票支付。买方与卖方达成交易协议,并确认卖方愿意接受电子支票付款。买方利用私钥在电子支票上进行签名,加密后连同订单一起发送给卖方,卖方接受到电子支票后发送给银行进行审核。

(3)审核确认。银行对卖方发送的电子支票进行有效性、真实性审核,确认电子支票有效真实后,将确认信息发送给卖方;卖方收到银行的确认信息后,向买方发送订单确认信息,并向买方发送货物或提供服务。

(4)转账结算。银行对支票进行结算,将相应的资金从买方账户转账到卖方账户。

任务三　网上银行

一、网上银行的概念

1. 网上银行的概念

目前网上银行尚未形成统一规范定义。不同的组织机构对网上银行有不同的定义,许多金融机构对网上银行进行一些初步描述,归纳起来可概括为:借助计算机技术、通信技术、信息安全技术等相关技术,利用互联网在线向用户提供各类金融服务的新型银行形式。网上银行拓展了传统银行的业务功能,实现了银行与客户之间友好、方便、快捷、安全、实时的在线连接,可向客户提供全方位的银行业务服务。

2. 网上银行的分类

(1) 按照服务对象分类

网上银行按照服务对象分类可以分为个人网上银行和企业网上银行两种:

① 个人网上银行。个人网上银行以个人客户为服务对象,适用于个人或者家庭的日常消费、储蓄、转账和理财业务。客户可以通过网上银行,完成对账户资金的实时查询、转账、理财投资和网上支付等业务。个人网上银行的出现,标志着银行的业务已经延伸到个人客户的家庭电脑和移动终端。

中国农业银行个人网上银行为广大个人客户提供了多种网上自助金融服务,包括网上缴费支付、信用卡等业务。中国农业银行个人网上银行页面如图3-8所示。

图3-8　中国农业银行个人网上银行界面

② 企业网上银行。企业网上银行以各类企事业单位或政府机构为服务对象,使用于企事业单位的资金管理、交易结算、工资发放等业务。企事业单位可以通过企业网上银行实时

了解企业财务的运营状况,及时在组织内部实现资金调拨,轻松处理大额交易的结算和员工工资发放等业务,同时可办理信用证相关业务。

例如中国农业银行企业网上银行为企业客户提供了多种网上自助金融服务,包括账户查询、贷款业务等。中国农业银行企业网上银行页面如图3-9所示。

图3-9　中国农业银行企业网上银行

(2)按照组成架构分类

网上银行按照组成架构划分,可以分为纯网上银行和以利用网络拓展传统银行业务为基础的网上银行。

①纯网上银行。纯网上银行也称为虚拟银行,它完全建立在互联网基础之上,除了后台处理中心外,并没有任何物理上实体的营业部、分支机构和营业网点,所有的相关业务全部利用互联网完成。美国的安全第一网络银行就属于纯网上银行,它完全通过互联网向用户提供全球性的金融服务。

②以通过互联网拓展传统银行业务为基础的网上银行。此类网上银行指的是传统银行利用运用公共互联网服务,利用网络开设新的网上服务平台,开展传统的银行业务服务,将传统银行业务延伸到互联网上,与纯网上银行不同的是此类网上银行属于实体与虚拟相结合的网上银行,而非完全电子化和网络化的网上银行。我国网上银行多属于此类网上银行。

③依附其他金融机构的网上银行

依附于其他金融机构的网上银行,主要是由保险公司或证券公司等非银行的金融机构经营的网上银行,其事的业务主要是吸收存款和发放个人贷款。网上银行依托于母体(保险公司、证券公司等),可以起到互补的作用。

二、网上银行的优势

与传统银行相比,网上银行在以下五个方面具有明显的优势:

1. 降低银行运营成本

网上银行由于利用互联网开展金融业务,利用虚拟的网上银行平台代替了原有的实体经营网点,减少了银行开设实体经营网点的数量,节省了人力成本,大幅度降低了银行的运营成本。据统计,传统银行的经营成本占到了经营收入的60%甚至更高,而网上银行的经营成本只相当于经营收入的20%。

2. 降低客户的交易成本

企业和个人用户如果在银行实体经营网点办理业务,既费时又费力,而通过网上银行可足不出户全天候获得在线服务,操作简单、快捷,不仅提高了工作的效率,而且大幅度降低了交易成本。

3. 提高企业资金的管理效率

企业通过网上银行进行资金管理,缩短了资金的在途时间,加快资金流转的速度,提高了企业资金的管理效率。

4. 突破了时空的限制

网上银行通过互联网能够把业务覆盖到全球的各个角落,并提供24小时全天候不间断服务,客户只需要一台连接到互联网的终端,便可以办理相关业务,使得客户再处理业务时不再受到时间和空间的限制,并能够获得更加快捷、方便、安全的服务。

5. 实现银行机构的网络化

网上银行通过互联网平台提供服务,能够突破营业网点对银行业务扩张的制约。由于网上银行越来越受到用户的青睐,银行也将发展的重点从如何扩大分支机构和营业网点转向扩展网络金融服务。网上银行促使传统银行所使用的票据和凭证实现全面的电子化,所有银行的业务文件和办公文件全部转化为电子化的文件。

三、网上银行的业务功能

伴随着金融信息化水平不断提高,网上银行能够提供的业务功能也不断丰富、完善,从功能细分的角度来看,网上银行的业务功能一般包括以下9种:

1. 信息服务功能

信息服务功能是网上银行最基本、最初级的业务功能,网上银行利用自建平台对用户提供免费的信息服务,包括:利率查询、汇率查询、业务介绍、特约商户分布情况介绍等等。

2. 决策咨询功能

网上银行通过E-mail和电子公告板向客户提供业务咨询及服务投诉,并在此基础上建立市场动态分析反馈系统。

3. 账务查询功能

客户通过网上银行可以不受时空的限制，在线查询账户状态、账户余额、历史交易记录等信息。

4. 申请与挂失功能

客户可通过网上银行在线申请账户、信用卡、电子现金、企业报表申领、贷款服务等，大大节约了时间、简化了手续，为用户带来极大的便利。

5. 网上支付与转账功能

客户可以通过网上银行对自己名下的账户进行在线自助服务，将账户内的资金进行一定范围内的转移或进行在线支付。

6. 代理缴费功能

目前银行与多家公用事业单位建立了代扣服务，并把这一服务延伸到网上银行，使得客户可以直接通过网上银行的在线缴费功能完成水费、电费、电话费、有线电视费等经常性发生的费用的缴纳，这不仅给客户的日常生活带来了极大的便利，也节约了银行柜台的营业成本，是网上银行服务优势的典型表现。

7. 金融创新服务

网上银行可以利用互联网平台的特点，针对不同类型、不同需求的客户提供更多个性化的定制服务，比如为集团客户提供各下属子公司的资金信息、实现集团内资金的调拨，而这些都是传统银行在当下业务模式中难以实现的功能。

8. 信息增值服务

在提供金融信息的基础上，网上银行可以通过资金托管、账户托管、委托理财等形式，为客户的资金使用和增值提供专业化的理财建议和顾问方案。

9. 信用担保服务

网上银行通过向客户提供信用证明、信用担保等，为客户之间的商品交易提供中介服务，在目前我国信用机制建设尚不完善的实际情况下，信用担保功能可以积极促进用户间贸易的正常开展，建立健全了企业和个人用户的信用机制，进一步实现社会资源的共享，提高信息增值服务。

四、网络银行的支付流程

使用网上银行进行网上支付一般包括 4 个主要阶段：

准备阶段，包括开通网上银行并安装客户端软件、数字证书等；

购买阶段，买方确认订单并选择网上银行类型进行支付，系统自动转向相应网络银行支付页面；

支付阶段，买方输入银行账号和密码，验证数字证书，提交支付指令；

银行结算结算兑付阶段，交易双方开户银行在审核、确认和验证无误后完成资金的划出与划入，并发出相应通知。

这里以企业银行为例,简要说明准备阶段网上银行的申请流程:

开账户:请携带企业的"营业执照"和"机构代码证"正本以及复印件(加盖公章),并带齐企业公章、银行预留印鉴章(财务章、私章),到就近的银行网点办理开户手续;

申请网上银行:企业的委托经办员携本人、企业法人、网上银行操作员(网上银行录入员和网上银行审核员)的身份证明原件及复印件;向银行索取相关文件,包括申请表、服务协议等,填妥后交给开户行的柜台人员;(申请时客户要根据自身的特点和需求选择适用的网上银行版本);

开通服务客户确定适用的版本及拟开通的业务,签署相关协议后,银行为客户开立网上银行及建立企业网银操作员;

个性配置:对各种已开办的业务进行管理权限的设定,包括:

(1)账户权限设置:设置网银账户的交易权限,如是否允许转账、单笔支付限额等;

(2)操作员管理:为企业客户增加、修改、删除操作员及操作员登录密码重置;

(3)审核流程管理:设置包括行内转账、跨行转账、企业内部转账等业务的审核流程。

审核:银行审核员对上述设置进行审核。

企业操作员登录网银办理具体业务:企业网上银行申请流程如图所示 3-10。

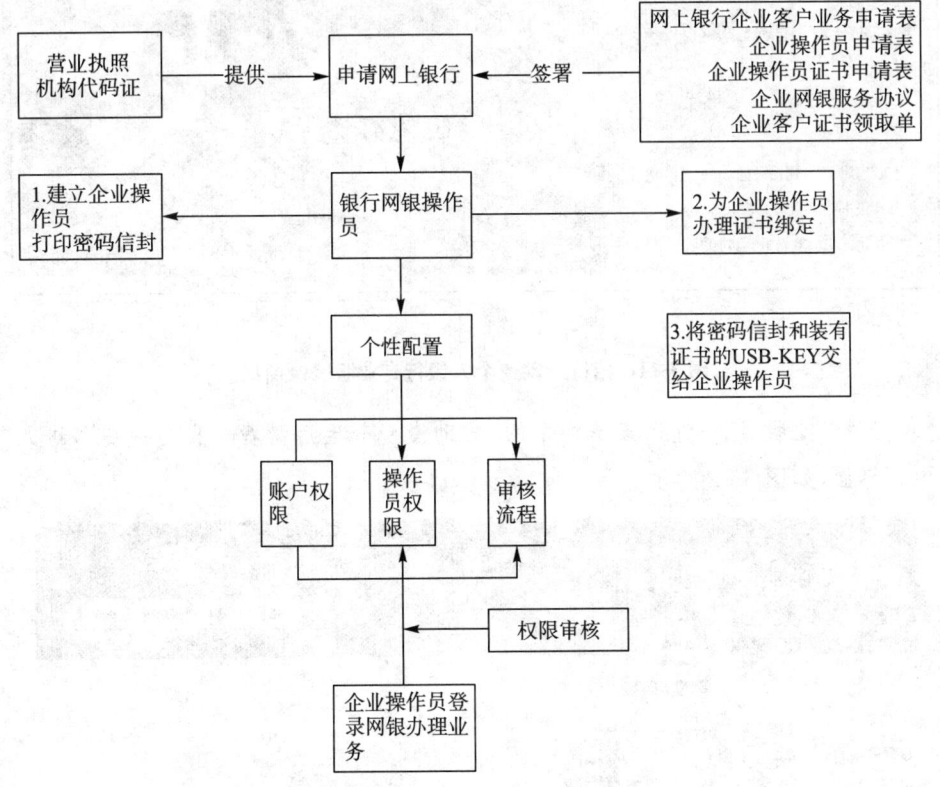

图 3-10 企业网上银行申请流程图

◈ 能力训练

掌握 XML、J2EE 基本概念

用户办理网上银行后,可以通过自助缴费功能在线完成全方位的日常缴费活动,包括缴费手机费、电费、水费、有线电视费等,给人们的日常生活带来了极大的便利。本节以招商银行专业版为例,介绍网上银行自助缴费的操作的流程。

双击桌面"招商银行专业版"快捷方式,打开招商银行专业版登陆窗口,如图 3-11 所示,输入密码单击"登录"按钮。

图 3-11 招行一网通个人银行专业版登录窗口

进入招商专业版界面,选择菜单栏中的"自助缴费—生活缴费—我要缴费",进入"选择缴费项目"界面,如图 3-12 所示。

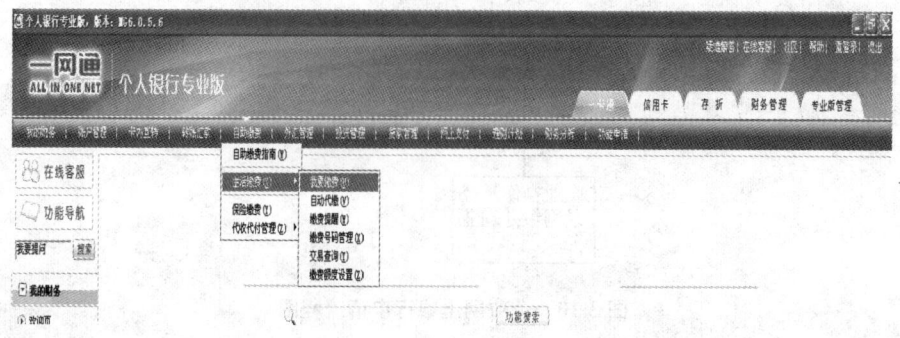

图 3-12 选择缴费项目界面

在"选择缴费项目"界面,选择"手机话费",进入"手机话费缴费"界面,如图3-13所示。

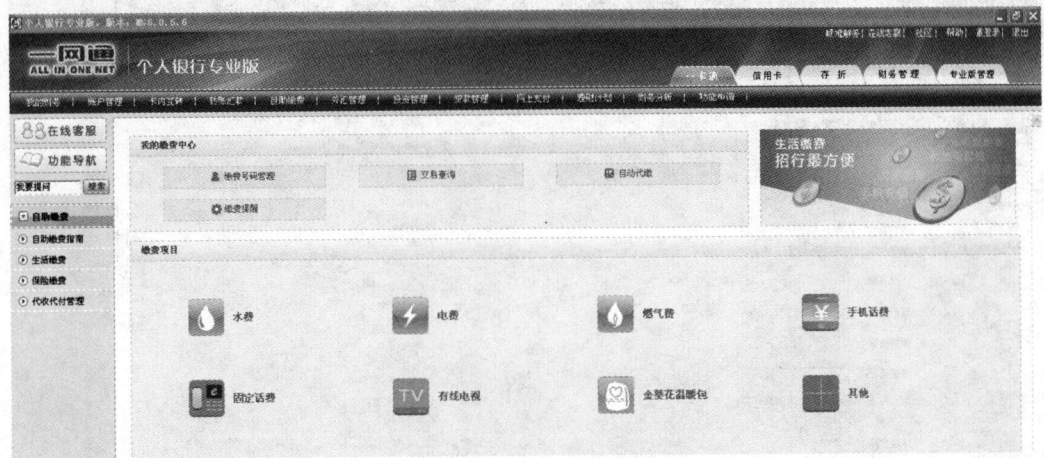

图 3-13　选择缴费项目界面

在手机话费缴费界面,如图3—14,输入需要缴费的手机号码,点击"欠费查询"按钮,进入"填写缴费信息"界面。

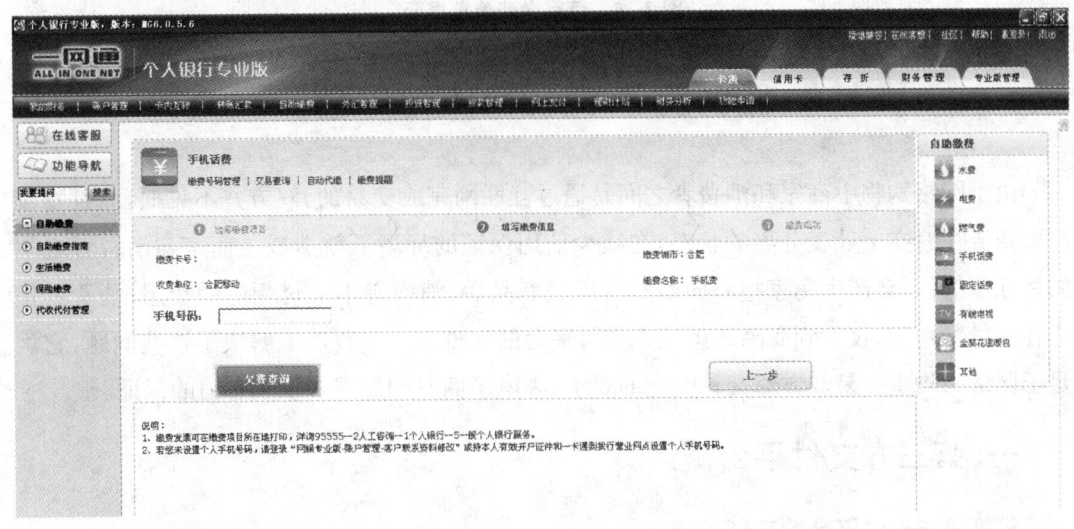

图 3-14　手机话费缴纳界面

在"填写缴费想信息"界面,如图3-15所示,用户首先确认需要缴费的手机号码、用户等缴费信息,在"缴费金额"一栏中输入需要缴纳话费的金额,在"取款密码"一栏中输入关联银行卡的取款密码,单击下方的"确定"按钮,即可完成缴费。

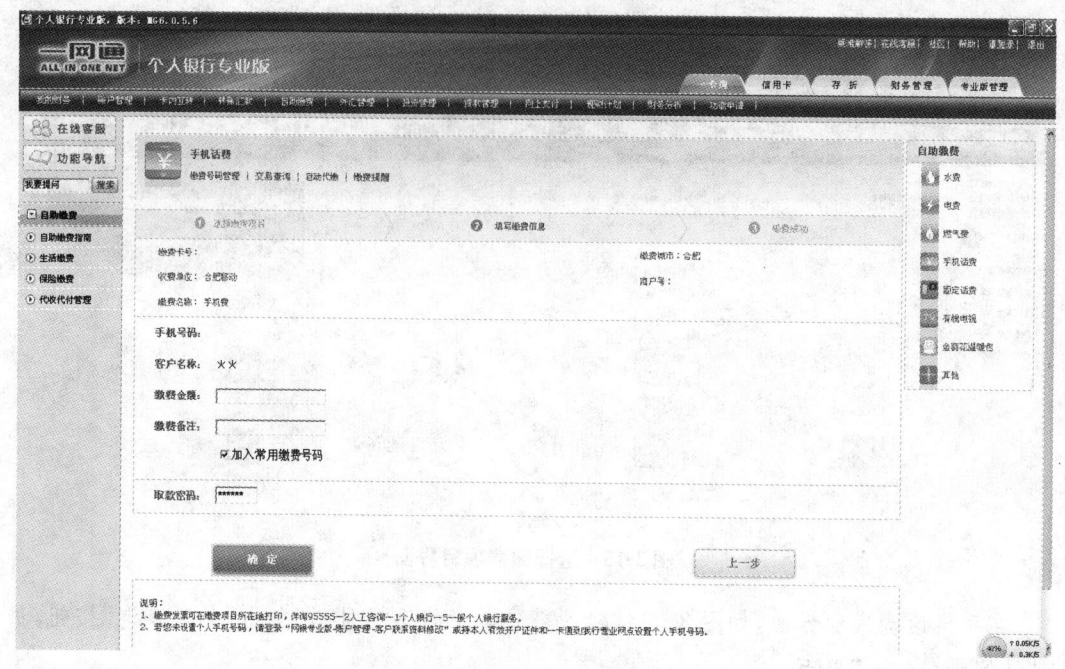

图 3-15　填写缴费信息界面

任务四　第三方支付平台

由于网络购物中商家和消费者之间是通过互联网完成交易的,双方并不见面,而且物流与资金流在时空上处于分离的状态,在缺少信用保证的环境下就造成了商家与消费者之间的相互不信任,会产生商家担心向消费者提供商品后,消费者不支付相应的费用;消费者担心在支付费用后,收不到商品。第三方支付平台的出现在一定程度上解决了这些问题,它满足了网络购物中交易双方对交易安全的要求,为电子商务的发展提供了有力的保证。

一、第三方支付平台概述

1. 第三方支付平台的定义

第三方支付平台是指受到买方、卖方和银行等金融机构认可,采用与各大银行签约方式,具备一定资金实力和信誉保障的第三方独立机构提供的在线支付支持平台。第三方支付平台主要面向开展电子商务的企业提供相应的基础和应用支撑,并不直接从事具体的电子商务活动,它独立于银行、商家和消费者,从事职能清晰的支付中介业务。它一方面连接银行,提供资金结算、客户服务、差错处理等一系列服务;另一方面连接商户和消费者,使客户支付交易能顺利接入。由于拥有款项收付的便利性、功能的可拓展性、信用中介的信誉保证等优势,第三支付平台较好地解决了长期困扰电子商务的诚信、物流、现金流问题,因而在电子商务中发挥着重要作用。

交易双方通过第三方支付平台实现了对交易的信息流、物流和资金流的有效监管,商家能够实时查询交易、物流和资金的状态;消费者也能够实时查询交易动态信息、物流状态,在验收货物后再进行付款。

2. 第三方支付平台的特点

第三方支付平台作为一个介于交易双方之间的支付工具,主要具有以下特点:

(1)第三方支付平台是一个独立于交易双方的独立机构,它并不直接参与交易过程,其主要作用是为网络交易的支付环节提供保障服务。

(2)第三方支付平台的支付手段灵活多样,用户可以通过网络、电话、手机短信、移动终端等多种支付方式进行支付活动。

(3)第三方支付平台不仅可以实现资金的划转,同时也可以对交易双方的交易行为进行约束和监督,当交易出现纠纷的时候,第三方支付平台可以对交易行为进行调查,判定违规方和违规行为并采取相应的处理措施,对交易双方均起到一定的约束和监督作用。

(4)相对于传统的SSL、SET等支付协议,通过第三方支付平台进行支付操作更加简单易于接受。

(5)第三方支付平台作为交易中介,可以促成网上商家与银行之间的合作。对于网上商家而言,第三方支付平台可以有效地降低商家的运营成本;对于银行而言,利用第三方支付平台提供的服务,可以帮助银行节省网关开发和维护的成本。

3. 第三方支付平台分类

第三方支付平台主要分为以下几类。

第一类是纯第三方支付平台,比如首信易支付、联动优势。

第二类是依附于大型的购物网站第三方支付平台,如支付宝依附于淘宝和天猫商城、财付通依附于拍拍网。

第三类是银行背景的支付平台,比如中国银联、中国邮政支付平台。

4. 第三方支付平台的运营模式

(1)支付网关模式。支付网关模式指的是第三方支付平台在交易过程中仅作为支付通道,将消费者发出的支付指令传送给银行,银行完成支付转账后再将信息传递给第三方支付平台,平台再将此信息发送给商户并与商户进行账户结算。在支付网关模式下,第三方支付平台并没有实际的参与到银行的支付与结算过程,仅仅作为信息传输的通道,传递支付指令,此类模式的第三方支付平台的典型代表是首信易支付。

(2)交易平台型账户支付模式。交易平台型账户支付模式指的是第三方支付平台具有相对应的交易平台,在该模式中,消费者和商家首先在交易平台达成交易协议并进行支付时,由消费者首先将支付的款项划转到其在第三方支付平台的账户中,待商家将商品发货给消费者,消费者在收货后向第三方支付平台发出支付指令,再由第三方平台将消费者事先划入的支付款项划转到商家的账户中。

在这种模式下,第三方支付平台的实质是作为信用中介,在消费者发出支付指令前,由第三方支付平台暂时保管交易的支付款项,此类模式的第三方平台的典型代表是支付宝。

(3)无交易平台型账户支付模式。无交易平台型账户支付模式指的是第三方支付平台并没有相对应的交易平台,该模式下消费者和商家均在第三方支付平台内拥有各自的账号,第三方支付平台按照付款方的支付指令将支付的款项从付款方的账户划拨到收款方的账户中,并以电子货币为支付媒介完成在线支付。在这种模式下,支付交易只在系统平台内循环,其典型代表是快钱。

5. 第三方平台的支付流程

第三方支付平台的交易具体流程如图 3-16 所示:

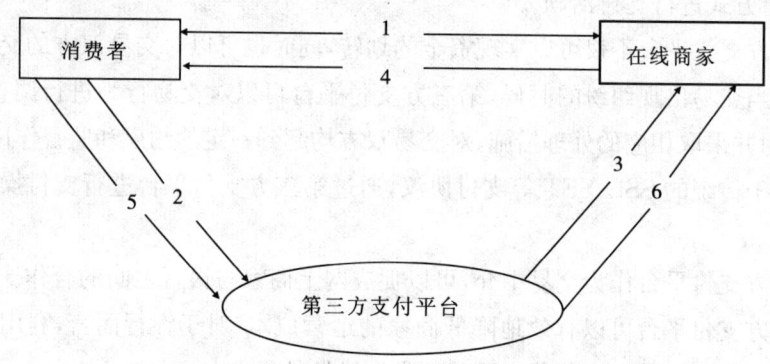

图 3-16　第三方支付平台的支付流程

(1)消费者在线选购商品,与在线商家就交易达成一致,生成订单。

(2)消费者通过在第三方平台拥有的支付账户或者是与该支付账户绑定的银行卡将支付款项划拨到第三方支付平台的账户,由第三方平台暂为保管。

(3)第三方平台告知在线商家消费者已经将支付款项划拨到第三方平台,请求商家尽快向消费者发货。

(4)商家按照订单的细则,向消费者发货。

(5)消费者接收到商品后验证无误,向第三方支付平台确认收货,并发出支付指令。

(6)第三方平台将支付款项划拨到商家的账户,完成整个支付过程。

二、典型的第三方支付平台

1. 支付宝

支付宝是由阿里巴巴创建,于 2003 年 10 月在阿里巴巴旗下的淘宝网上正式运营。自创立之日起,支付宝的宗旨就是为中国电子商务提供各种安全、快捷、方便的在线支付解决方案,为各类用户提供具有个性化的在线支付服务。目前,除了淘宝网和阿里巴巴外,国内支持支付宝的商家已经超过 20 万家,涵盖了虚拟游戏、数码通讯、商业服务、旅游出行等多个社会行业,同时与国内各大商业银行及金融机构建立了良好、长久和稳定的合作关系。经过多年的发展,支付宝的用户已经覆盖了整个 C2C、B2B 和 B2C 领域,并延伸到人们日常生活缴费。

2. 财付通

财付通是腾讯公司 2005 年 9 月正式推出的专业在线支付平台,致力于为互联网用户和企业提供安全、便捷、专业的在线支付服务。财付通构建全新的综合支付平台,业务覆盖 B2B、B2C、C2C 各领域,提供卓越的网上支付及清算服务。

3. 首信易

首信易支付于 1999 年 3 月由首都电子商城正式推出,是国内第一家实现跨地域、跨银行提供多种银行卡在线交易的中立第三方网络支付平台。作为国内具有国家资质认证、政府背景的中立第三方网络支付平台拥有雄厚的资金实力、技术实力和卓越的信誉保证。同时,首信易也是国内唯一一家通过 ISO9001:2000 质量管理体系认证的支付平台,并是国内唯一一家被邀请参与支持 2008 年北京奥运会的支付平台。首信易支持的业务主要涉及 B2C、B2B、G2C、G2B 等多种网络支付业务,支持以银行卡、智能卡和电子充值计费系统在社区、互联网、银行柜台、ATM、移动终端、电话等多种终端进行电子支付,广泛应用于电子商务、电子政务领域的支付、计费、结算等应用系统。作为在支付过程中提供各项服务的中立第三方平台,首信易凭借自身独特的二次结算模式、便捷、安全、开放的优势和"科技为先、诚信为本"的宗旨,在竞争日趋激烈的支付业务领域始终处于行业领跑者的地位。

4. 快钱

快钱公司是国内领先的无交易平台型第三方支付平台,其宗旨是为各类企事业单位和个人用户提供安全、快捷和保密的综合性电子支付服务。快钱是国内第一家提供基于电子邮件和手机号码的网络收付款服务的平台,其业务的核心内容在于提供在线资金划转,并不断向其他服务领域扩展和更新,所涉及的业务内容不仅包括人民币服务还包含外卡支付、神州行支付、费用代收代缴服务、VPOS 服务、集团账户管理服务等,支持互联网、移动终端、电话和 POS 等多种终端工具,能够满足不同类型企业和个人用户的不同支付需要,其产品的多样性和客户的丰富性在各类第三方平台中首屈一指。

5. 易宝

易宝支付由北京通融通信息技术有限公司于 2003 年 8 月推出的第三方支付平台。易宝支付平台即运营之日起,就致力于成为国际一流的电子支付应用和服务提供商,其业务重点关注于金融增值服务领域,为各类企业和个人用户提供多样化、安全、快捷、经济的支付服务。易宝支付凭借其强大的技术实力,在国内率先推出"绿色支付、快乐生活"的理念,向商家提供商家管理系统,帮助商家无需投入任何开发成本,实现零门槛的自助式接入,其操作流程简单易行,并可享受易宝支付所提供的多种增值服务和互动营销推广。同时,易宝支付并不仅仅满足于网络支付,经过多年的积累和创新,易宝支付将互联网、手机终端和固定电话同时整合在一个平台上,在推出短信支付、手机充值等服务后,在全国首推电话支付业务,实现了离线支付和在线支付的整合,为传统行业构建了电子支付的平台。

6. ChinaPay

ChinaPay(银联电子支付服务有限公司)是中国银联控股的银行卡专业化服务公司,拥有面向全国的统一支付平台,主要从事以互联网等新兴渠道为基础的网上支付、企业 B2B 账户支付、电话支付、网上跨行转账、网上基金交易、企业公对私资金代付、自助终端支付等银行卡网上支付及增值业务。

7. 联动优势

联动优势科技有限公司于 2003 年 8 月由中国移动和中国银联发起成立,是国内最大的移动综合支付、智能金融信息、移动化本地多应用及移动电子商务服务提供商。

联动优势运用其独创的商业模式开展移动支付业务,大力整合行业资源,建立行业客户群体,以安全、可靠、规模化的"移动支付""银信通"平台为基础,力争与中国移动、中国银联、各大银行建设一个完整的移动电子商务业务平台。

8. 银联云闪付二维码

中国银联联合 40 余家商业银行共同宣布推出银联云闪付二维码产品,持卡人通过银行 APP 可实现银联云闪付扫码支付。相较于其他二维码支付方式,银联云闪付二维码产品具备三个主要特色:

一是安全性更高,采用支付标记化(Token)技术,安全级别较高,保障消费者资金安全;安全性或许是中国银联夺取移动支付市场的重要法宝。

二是服务更完备,配备完善的风险补偿机制保障使用无忧。

三是境内境外通用,银联国际正积极推动中国香港特别行政区、新加坡、泰国、印尼、韩国、澳洲等多个境内持卡人经常出行地区的二维码业务,计划率先在中国香港特别行政区、新加坡支持云闪付二维码业务受理。

◆ 能力训练

使用第三方支付平台进行网上支付

以支付宝为例,请结合以下材料,系统掌握第三方支付平台进行网上支付的流程和步骤。

1. 登录支付宝,在"交易管理"界面如图 3-17 所示,选择"交易管理—进行中的交易—可操作执行—付款",进入付款页面。

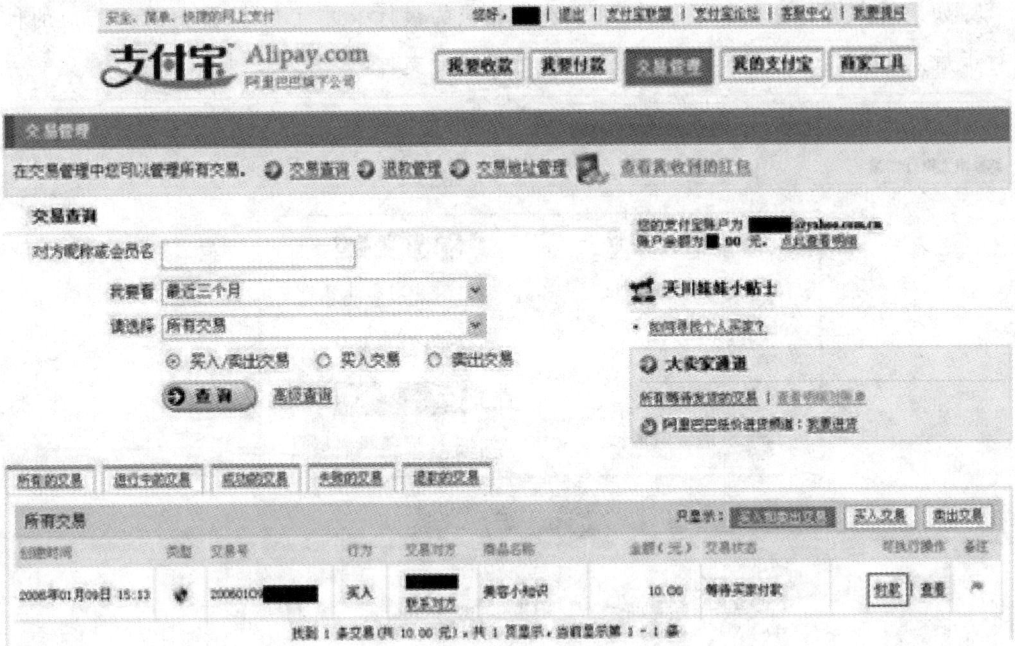

图 3-17　支付宝交易管理界面

2. 在付款页面,如果用户的支付宝余额足以支付货款,可以直接利用支付宝进行支付,用户直接输入支付宝的支付密码,即可完成支付操作,如图 3-18 所示。

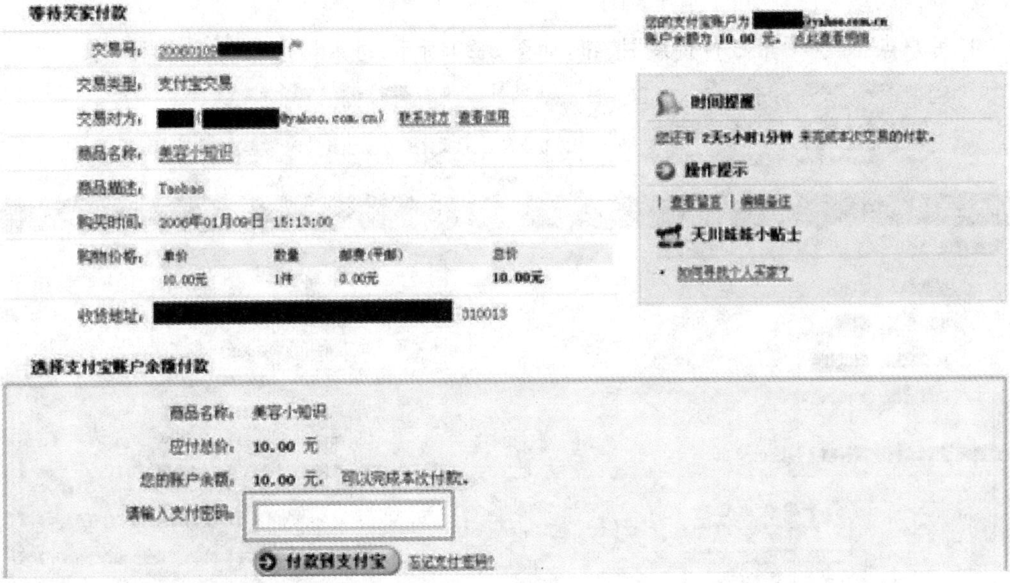

图 3-18　支付宝付款界面

3. 如果用户的支付宝余额不足,可以选择相应的银行卡进行支付,用户选择相应的付款银行卡后点击"付款到支付宝"按钮,使用银行卡进行支付,如图 3-19 所示

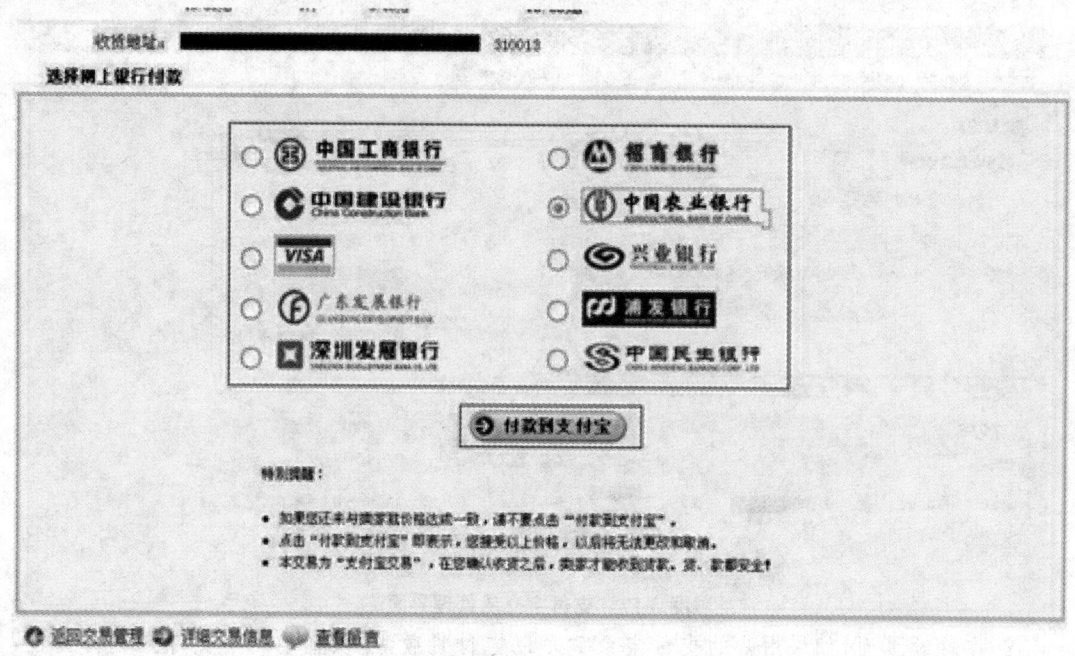

图 3-19　付款到支付宝界面

4. 用户点击"去网上银行付款"按钮,如图 3-20 所示,进入网上银行付款界面。

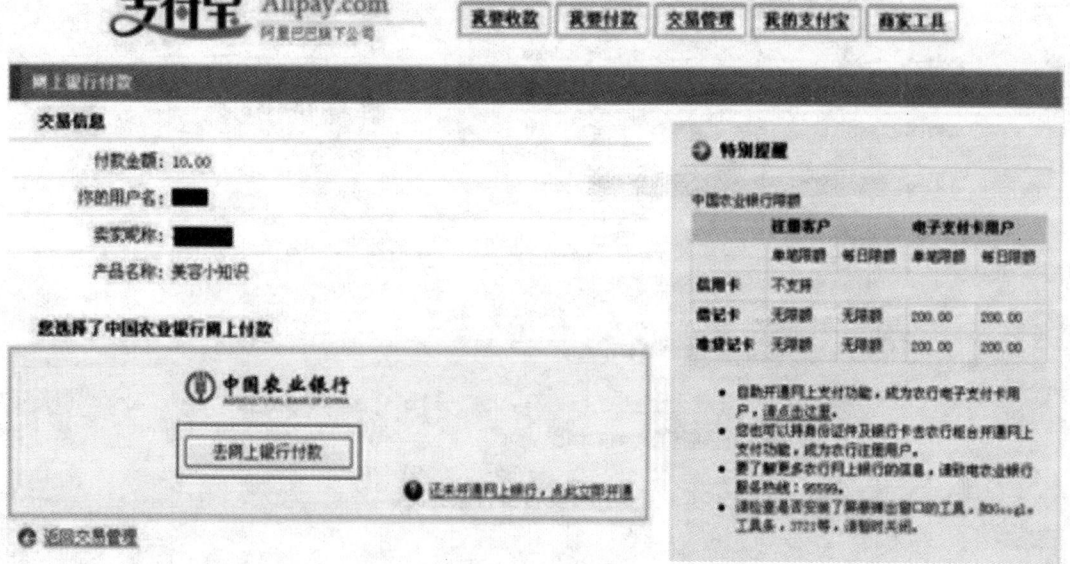

图 3-20　支付宝网上银行付款界面

5.在界面中选择"证书客户支付"或"电子支付卡客户支付",然后点击"确认付款"按钮,如图 3-21 所示。

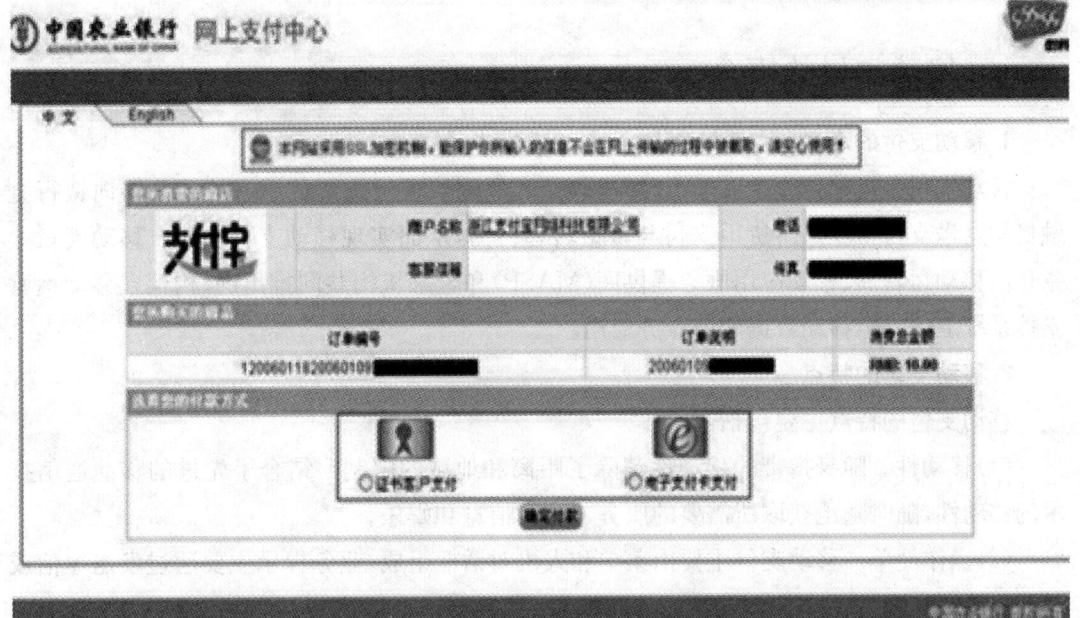

图 3-21　中国农业银行网上银行付款界面

6.在网上银行支付界面,用户输入电子支付卡卡号、银行卡支付密码和验证码,点击"确认付款"按钮,即可完成支付,如图 3-22 所示。

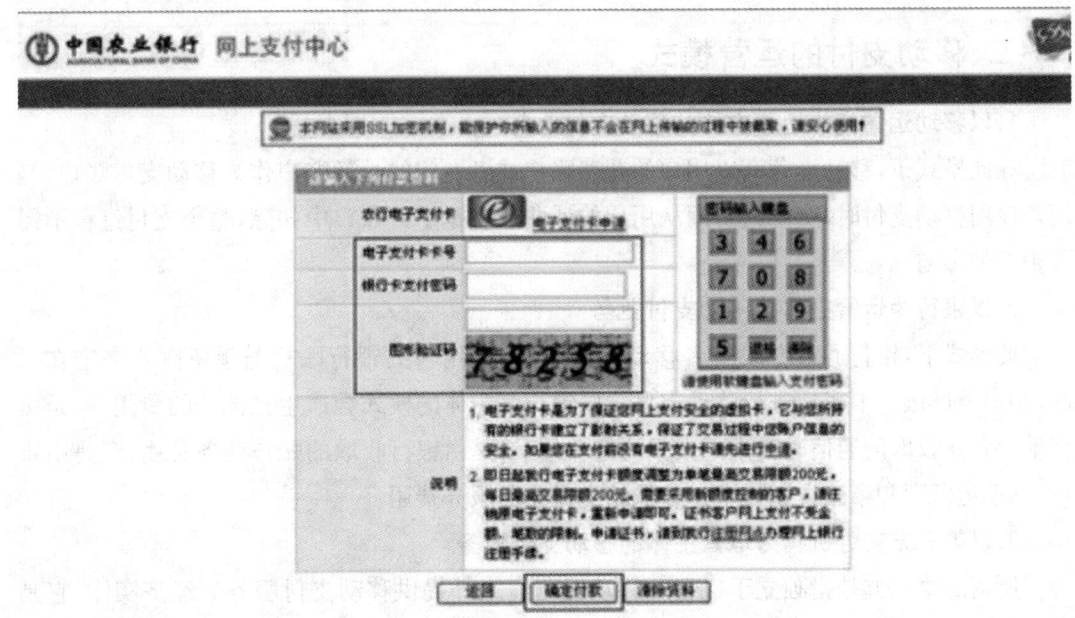

图 3-22　填写支付信息

任务五　移动支付

一、移动支付的概念

1. 移动支付的定义

移动支付是指单位或个人通过移动设备、互联网或者近距离传感直接或间接向银行金融机构发送支付指令产生货币支付与资金转移行为，从而实现移动支付功能。移动支付业务是由移动运营商、移动应用服务提供商(MASP)和金融机构共同推出的、构建在移动运营支撑系统上的一个移动数据增值业务应用。

2. 移动支付的特点

移动支付的特点主要包括：

(1)移动性。随身携带的移动性消除了距离和地域的限制。结合了先进的移动通信技术的移动性，随时随地获取所需要的服务、应用、信息和娱乐。

(2)操作简单。移动支付主要由菜单和人机对话框组成，业务提示主要通过发送短信或拨打电话来实现。

(3)及时性。不受到地域的限制，信息获取更为及时，用户可随时对账户进行查询、转账或进行购物消费。

(4)兼容性较好。由于移动运营商相对数量较少，所使用的通信标准也相同，很容易解决兼容性问题。

二、移动支付的运营模式

1. 以移动运营商为运营主体的移动支付业务

在此模式下，移动运营商以用户的花费账户或者专门的小额账户作为移动支付账户，当用户使用移动支付时，交易的费用从用户的话费或者是小额账户中扣除，整个支付过程不需要银行的参与。

2. 以银行为运营主体的移动支付业务

此模式下，银行通过专线或者移动通讯网络，将用户的银行账户与手机账户绑定在一起，用户通过银行卡账户进行移动支付。以银行为主体的模式会产生三部分的费用：一是由移动运营商收取的通信时产生的数据流量费用；二是由银行收取的账户业务费用；三是由银行、移动运营商和第三方支付平台收取的支付业务服务费用。

3. 以第三方支付机构为运营主体的移动支付业务

所谓的第三方是指独立于银行和移动运营商之外提供移动支付服务的经济实体，它是连接移动运营商、银行和商家之间的纽带，处于产业链的核心位置。该模式主要产生两部分费用：一是第三方支付机构向商户收取的支付佣金，并与移动运营商和银行进行分成；二是移动运营商向用户收取通信使用的费用。

4. 以银行与移动运营商合作为联合运营主体的移动支付业务

这种模式结合了银行与移动运营商两者的优势资源,移动运营商与银行关注各自的核心产品和服务,比较容易形成一种战略联盟关系,便于双方合作控制整条产业链;移动运营商需要与多家银行合作建立联盟关系;在信息安全、产品研发、资源共享等方面移动运营商与银行的合作更加紧密。

5. 以传统电子商务企业为运营主体的移动支付业务

以传统电子商务企业为运营主体实际上是将传统电子商务移动化,用户通过移动终端登录电子商务网站进行购买和支付行为。

在移动支付业务中,移动运营商、银行、第三方支付机构、传统电子商务企业拥有各自的资源优势,只有彼此合理分工、紧密合作,建立科学合理的移动支付业务的运作模式,才能推动移动支付业务的健康发展,实现各环节的共赢。

三、移动支付方式

1. 短信支付

手机短信支付移动支付的最早应用,将用户手机 SIM 卡与用户本人的银行卡账号建立一种一一对应的关系,用户通过发送短信的方式在系统短信指令的引导下完成交易支付请求。

2. 绑定银行卡支付

例如微信支付功能通过绑定银行卡方式完成支付。用户通过设置支付密码即可完成便捷的微信支付。

3. 客户端虚拟账户支付

如淘宝的手机支付宝,用户在注册后将银行账户资金转入虚拟账户并可选择在线支付或二维码等支付方式。财付通和快钱等第三方支付在手机端都采取类似方式。

4. NFC 手机钱包

通过在手机中植入 NFC 芯片或在手机外增加 NFC 贴片等方式,将手机变成真正的钱包。在付钱时,需要商户提供相应的接收器,"刷一下"用户用手机,便捷付款,整个过程很像是在刷公交卡。

5. 扫码支付

在该支付方案下,商家可把账号、商品价格等交易信息汇编成一个二维码,并印刷在各种报纸、杂志、广告、图书等载体上发布。用户通过手机客户端扫二维码,便可实现与商家支付宝、微信账户的支付结算。商家根据支付交易信息中的用户收货、联系资料,就可以进行商品配送,完成交易。

6. 语音支付

电视广告中已经嵌入了特定的语音命令,而手机上则安装相应的支付应用。当你在看电视时,把支付应用打开,它就能接收和识别广告里嵌入的语音波段,并主动询问用户是否需要购买此商品并完成付款。

7. 图像识别支付

这种支付堪称信用卡版的"名片全能王",它使用手机摄像头来读取信用卡信息,包括信用卡号码和到期日。

8. 超声波识别支付

这个功能是一种"近场"的识别,但它利用的是超声波,让手机通过麦克风和扬声器就能完成一次近场"相认",而不必依赖专用的芯片,用户体验就和所有"刷手机"付款的方式一致。

9. 条码支付

这个支付方式更像是"条码收款"。通过安装支付客户端,你的第三方支付账户可以生成为一个条形码,而收银员用条码枪在用户的手机上一扫,用户点下同意支付的按键,即完成付款。

10. 指纹支付

指纹支付即指纹消费,是采用目前已成熟的指纹系统进行消费认证,即顾客使用指纹注册成为指纹消费折扣联盟平台会员,通过指纹识别即可完成消费支付。

◆ 能力训练

商家支付方式设置

在线商家可以通过商家后台管理系统来对可接受的支付方式进行设置,请根据以下材料掌握商家如何进行支付方式的设置。本节以 shopex 网上商店系统为例,介绍商家如何利用后台管理系统设置支付方式,主要设置流程如下:

(1)在设置界面依次点击"商店配置—支付方式",进入支付管理界面如图 3-23 所示。商家后台管理员可以看到已经系统内置的一些常用的支付方式,针对已有的支付方式,商家后台管理员可通过配置账号就可以直接使用了。

(2)如果已有的支付方式不能满足商家的需要,可以选择"添加支付按钮",打开"添加支付方式"界面,如图 3-23 所示。在下拉菜单中选择所需要新增的支付方式,选择合适的接口、排序,并添加相应的说明后,点击"保存"按钮即可完成新支付方式的添加。

(3)如果商家后台管理员要删除某种支付方式,只需要在"支付方式"界面,选中需要删除的支付方式后,点击"删除"按钮即可。

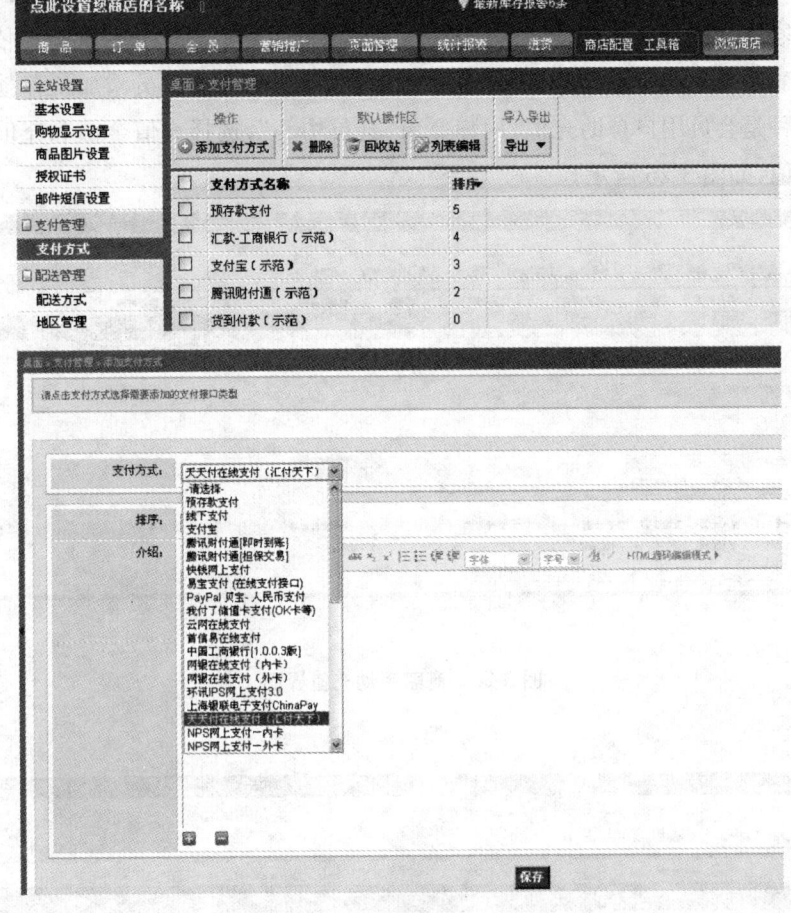

图 3-23 添加支付方式界面

(4)如果商家要对付款方式进行重新编辑,只需要点击支付列表中相应的付款方式,便可以直接修改,如图 3-24 所示。

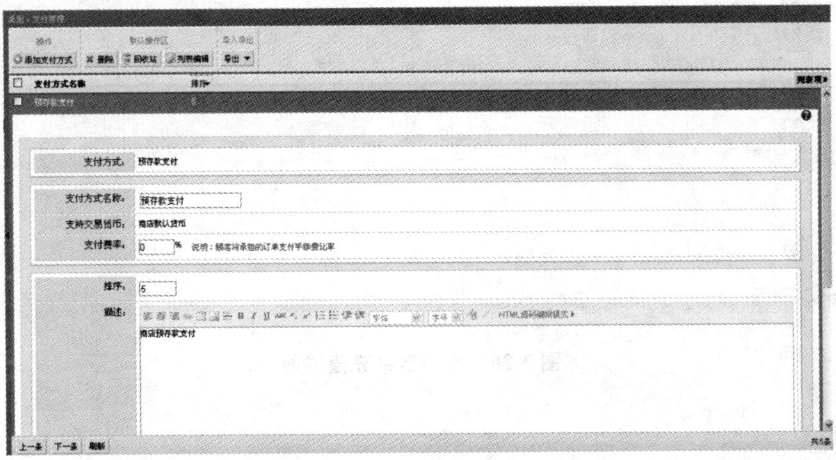

图 3-24 编辑支付方式

(5)在预存款支付情况下,会员用户一般通过两种方式为自己的账户增加预付款,一种是汇款给商家,经商家确认后为该会员的账户手动添加金额。商家后台管理员依次点击"会员－会员列表",进入"会员管理"界面,选中指定会员,手动为该会员添加预存款,如图3-25所示。另一种是会员用户自助充值,用户登录"会员中心",选择充值金额和充值方式,即可进行在线充值,如图3-26所示。

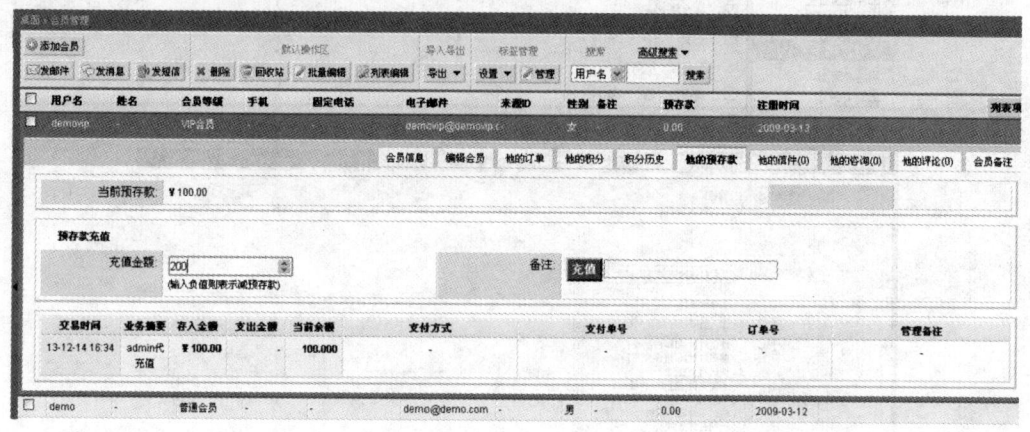

图3-26 商家手动充值界面

图3-26 客户自助充值界面

课后思考

一、请思考下述案例属于哪一种支付模式,支付流程包括哪些主要环节?

案例 3-2　贝宝在线支付

PayPal(中国大陆称"贝宝"),由 Peter Thiel 及 Max Levchin 于 1998 年 12 月在美国加利福尼亚州圣荷西市创建的一家因特网服务商,为使用电子邮件作为身份标识的用户之间进行在线资金转移提供服务,避免了传统的邮寄支票或者汇款的方法。2002 年,国际电子商务巨头 ebay 收购了 PayPal,借助 ebay 网上拍卖交易,尤其是 C2C 交易的特点在美国和欧洲等国家和地区不断快速发展,并一跃成为目前全球最大的网上支付公司。

总的来说,PayPal 的基本模式是一种"电子邮件支付"方式,其本质是一种基于该支付平台的虚拟银行账户的记账和转账工具,资金在付款人银行账户、PayPal 平台账户和收款人账户之间进行转移划拨的,而电子邮件主要起到传递信息的作用,其运转离不开银行账户、电子资金转账以及信用卡等传统支付工具的大力支持。PayPal 模式的特点在于,网络交易中的收款人只要告知付款人自身的电子邮件地址,也就是 PayPal 平台上的用户名,那么付款人即可通过 PayPal 完成支付。PayPal 用户发出的金额和收到的金额首先体现在其在 PayPal 账户中资金的增减,用户通过 PayPal 账户的指令支付,体现或者变为自身银行账户的存款,在需要的时候也可以发出指令,使得 PayPal 寄出相应的支票,或者通过转账将资金划拨到用户指定的银行账户中。交易中的付款人和收款人可以在两个不同的银行开户,甚至是两个国家和地区的银行开户,但是只要他们是 PayPal 的注册用户,就可以减少跨行之间、跨国和跨地区之间的转账的繁琐流程。可见,PayPal 提供的支付方式与传统的依赖于金融系统的交易和转账模式有很大的区别。

(资料来源:http://www.chinadmd.com/file/3sw6rzri6ir6iuae3prtccsz_1.html)

请思考上述案例属于哪一种支付模式,支付流程包括哪些主要环节?

案例 3-3　2016 年电子支付市场分析

中国互联网络信息中心第 39 次《中国互联网络发展状况统计报告》对互联网电子支付情况进行了分析:

截至 2016 年 12 月,我国使用电子支付的用户规模达到 4.75 亿,较 2015 年 12 月,网上支付用户增加 5831 万人,年增长率为 14.0%,我国网民使用网上支付的比例从 60.5% 提升至 64.9%。其中,手机支付用户规模增长迅速,达到 4.69 亿,年增长率为 31.2%,网民手机网上支付的使用比例由 57.7% 提升至 67.5%。

图 3-27 2012—2016 年网上支付用户规模及使用率

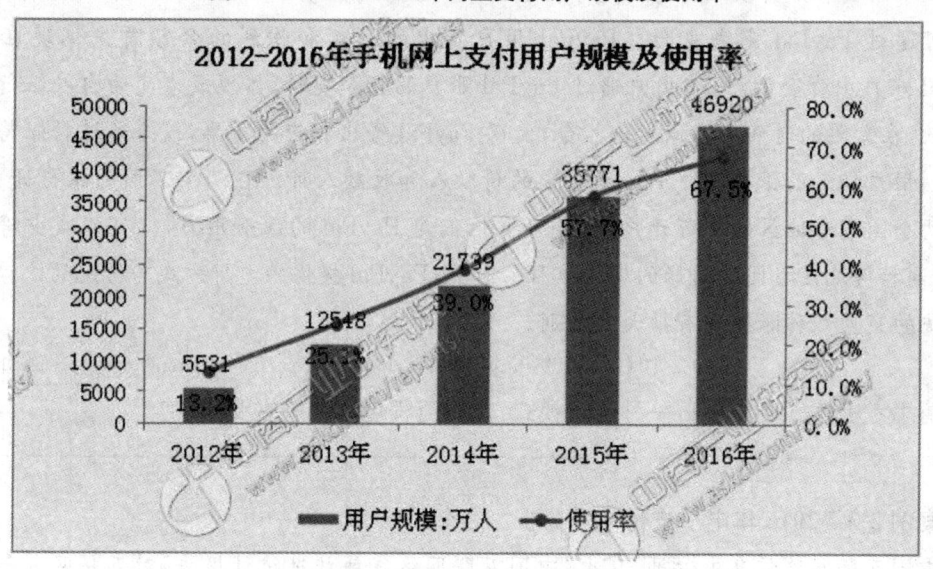

图 3-28 2012—2016 年手机网上支付用户规模及使用率

(数据来源:中商产业研究院整理)

线上支付领域,各网络支付企业不断深入与各级政府、公共服务机构以及社区的合作,涉及民生类的缴费环节陆续打通,全方位的民生服务网上缴费体系基本搭建,并加速推广。水电费、煤气费、物业费、网费、有线电视费等常规生活类缴费在纳入网上缴费体系的同时,加入诸如自助提醒等功能,使得缴费更加智能;就医挂号、交通违章、校园类缴费等社会公共服务实现网上缴费,极大提升公共服务机构效率,切实解决大众现场缴费不便的问题。

线下支付领域,经过网络支付企业大力的市场培育,支付场景极大丰富,消费者在饭馆、超市、便利店等线下实体店使用移动网络支付工具习惯初步养成,并快速向低线城市渗透,出门"无钱包"时代悄然开启。网络支付给用户带来购物环节的便捷,对于商家而言降低收单成本、解决现金管理带来的不便,使线下网络支付应用得到迅速蔓延。本次调查数据显示,网民在线下实体店购物时使用手机支付结算的比例已达50.3%,并且线下支付应用拥有较强的下潜力度,四、五线城市分别到达43.5%和38.0%,农村地区使用率已达31.7%。

(资料来源:中商情报网 http://www.askci.com/news/hlw/20170216/16003790734.shtml)

根据以上案例思考回答下列问题:
1. 分析电子支付(案例用"网上支付")与电子商务发展的关系。
2. 分析电子支付的现状和发展趋势。

◇ 项目实操

[实操项目1]电子支付系统分析

分析电子支付系统的功能与组成

[实操项目情景设计]

案例3-4 中国电子口岸网上支付系统

网上支付系统作为中国电子口岸的配套服务项目,与中国电子口岸其它业务系统以及银行内部已有的业务系统相连接,改变传统的税费支付方式,为用户提供准确、方便、快捷的网上缴纳税费服务。采用网上支付的用户,通过中国电子口岸网上支付系统查询到税费通知后,可在网上发布支付指令,银行接到支付指令后,可直接从用户在银行开设的预储账号中划转税费,划转成功后,用户可直接办理相关通关手续。网上支付业务的推出将缩短通关时间,提高通关效率,降低贸易成本。网上税费支付系统具有高强度的身份认证功能,有效地防止篡改和抵赖,保证支付交易的完整性,体现交易双方明确的意愿、承诺和责任,并提供充分的存证审核功能。

(资料来源:中国电子口岸,http://www.customs.gov.cn/tabid/44449/Default.aspx)

[实操任务]
1. 试分析案例中所述电子支付系统主要具有哪些功能?
2. 试分析案例中所述电子支付系统主要有哪些部分组成?

[实操项目2]电子支付工具的识别

识别电子支付所使用的工具

[实操项目情景设计]

案例3-5 Cyber Cash公司的支付工具

Cyber Cash公司可提供多种互联网结算方式。Cyber Cash公司通过他自己的Cyber Coin来提供小额支付服务,消费者可把自己的Cyber Coin放在Cyber Cash钱包里。商家可用 Cyber Coin 来处理 25 美分到 10 美元之间的小额支付。有偿提供信息的商家可用这种小额支付方式来收取低额付款；软件分销商可通过收取大量的 Cyber Coin 来销售软件。

（资料来源：电子商务案例分析，http://www.admin5.com/article/20061113/1919.shtml）

[实操任务]

1. 常见的电子支付工具有哪些？
2. Cyber Cash 公司提供的支付服务借助哪一种电子支付工具？

[实操项目 3]第三方支付平台的应用

使用第三方支付平台进行交易支付

[实操项目情景设计]

案例 3-6　财付通支付

小伟在 QQ 旗下的拍拍网上拍下了一双商务皮鞋，准备利用拍拍网附属的支付工具——财务通进行支付，但是小伟发现自己并没有财务通的账号，而学医的小伟对如何申请财付通账号和网上支付知之甚少，再支付的过程中碰到了许多问题难以解决，于是小伟找到在同一所高校学习电子商务专业的同学阿涛，请阿涛帮他解决在支付过程中碰到的问题。

[实操任务]

1. 假设你是阿涛，请你利用所学的知识帮助小伟申请财付通账号并进行在线支付。
2. 运用网络工具，查找财付通支付工具的知识，并比较财付通和支付宝的共同点和区别。

[实操项目 4]网上银行转账

使用网上银行进行在线转账

[实操项目情景设计]

案例 3-7　中国工商银行网上银行在线转账

老王的儿子在外地读大学，老王每个月都到家附近的中国工商银行营业厅将生活费打到儿子的银行卡账户。几个月后，老王引起了柜台工作人员小丽的注意，经过仔细的询问和了解，小丽建议老王开通中国工商网上银行，在线给儿子转账，但是老王对网上银行并不熟悉，于是小丽开始耐心地教老王如何开通网上银行并进行在线转账。

[实操任务]

1. 假设你是小丽，请你帮助老王开通网上银行并完成在线异地转账。
2. 了解中国工商银行网上银行的业务功能，并和招商银行网上银行进行比较。

[实操项目 5]电子商务平台中商家系统支付方式设置

商家系统支付方式设置

[实操项目情景设计]

案例 3-8　京东商城的商家系统支付方式设置

宋辉在"京东商城"在线购买了一款充电器,在使用银行卡在线支付时,他发现了一个"奇怪"的现象,那就是在他在使用中国建设银行储值卡进行支付时,商家的名称为"京东商城",如图 3-29 所示;而在使用中国银行储值卡进行支付时,显示的商家名称为"快钱",如图 3-30 所示。出现这样的现象让不熟悉商家支付方式设置的宋辉心生疑虑,他担心自己的钱不能划拨到"京东商城"的账户,给自己造成资金损失,于是放弃了这次交易。

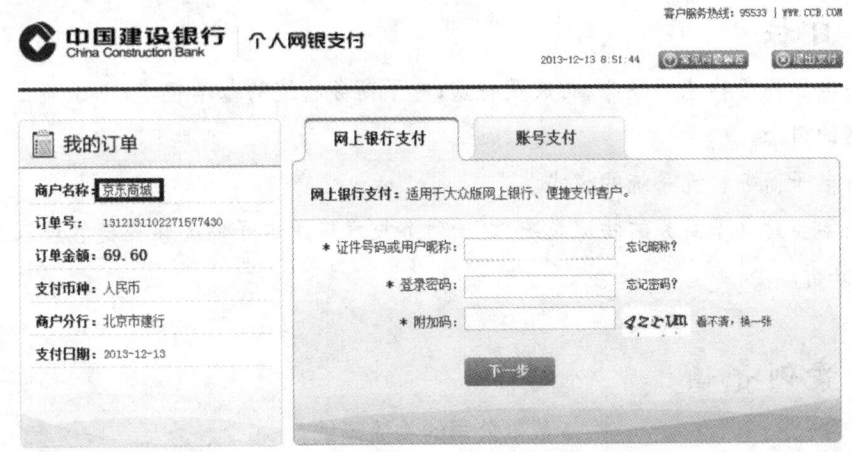

图 3-29　京东商城建设银行网上银行支付窗口

图 3-30　京东商城中国银行网上银行支付窗口

[实操任务]

1. 利用所学知识和网络工具,从支付方式设置的角度解释出现上述现象的可能原因。

项目四
电子商务物流管理

◇ 学习目标

理解：电子商务物流的概念、构成及特点；电子商务物流的基本技术；电子商务供应链管理；物联网的概念。

掌握：电子商务物流系统的模式。

应用：学会对电子商务的物流系统、电子商务技术应用电子商务供应链管理以及物联网应用进行分析。

◇ 项目案例导读

戴尔公司的物流系统

过去20多年，戴尔电脑公司（以下简称"戴尔"）所采用的商业模式是世界上最好的商业模式之一。其销售额每年以近40%的速度增长，是该行业平均增长率的2倍。"戴尔"取得的成绩用其总裁迈克尔·戴尔的话就是归功于物流电子商务的巧妙运用。

"戴尔"模式从本质上讲是在传统的商业模式上加入了电子商务的信息（如图4-1所示）。戴尔公司依据信息流程的规律重建其商务结构，从而大大简化了商务流程。其凭借电子商务的即时性和高效率，公司在短短几年里，发展成为全球计算机领域的著名销售公司。

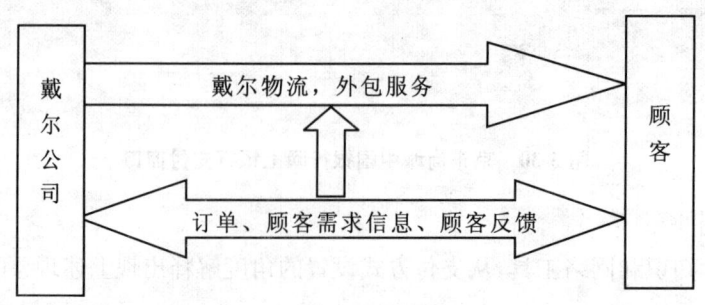

图4-1 戴尔系统

在日常的经营中，"戴尔"仅保持2个星期的库存（行业标准超过60天），其存货1年可周转30次以上。基于这些数字，"戴尔"的毛利率和资本回报率也是相当高的（分别是21%和106%）。这些都是"戴尔"实施电子商务化后取得的物流效果。以下是它的电子商务化物流运作的流程：

(1) 订单处理。"戴尔"要接受消费者的订单,消费者可以拨打800免费电话,也可以通过"戴尔"的网上商店进行订货。"戴尔"首先检查订单项目是否填写齐全,然后检查订单的付款条件,并按付款条件将订单分类。采用信用卡支付方式的订单将被优先满足,其他付款方式则要更长时间得到付款确认。只有确认支付完款项的订单才会立即自动发出。零部件的订货将转入生产数据库中,订单也随即转到生产部门进行下一步作业。用户订货后,可以对产品的生产过程、发货日期甚至运输公司的发货状况等进行跟踪。

(2) 预生产。"戴尔"在正式开始生产之前,需要等待零部件到货,这就叫"预生产"。预生产的时间因消费者所订的系统不同而不同,主要取决于供应商的仓库中是否有现成的零部件。

(资料来源:戴尔公司网站 http://www.dell.com.cn)

阅读本章项目知识,思考以下问题:
1. "戴尔"电子商务物流系统是什么模式?
2. 试分析"戴尔"模式的优缺点。
3. 结合本章内容的学习,试提出"戴尔"电子商务物流系统的优化设计方案。

知识支撑

任务一 电子商务物流系统

一、电子商务物流系统的概念

电子商务物流系统是指在实现电子商务特定过程的时间和空间范围内,由所需位移的商品(或服务)、包装设备、装卸搬运机械、运输工具、仓储设施、人员和通讯联系设施等若干相互制约的动态要素所构成的、具有特定功能的有机整体。

电子商务物流系统与传统的物流系统并无本质区别,不同之处在于电子商务物流系统强调电子化、机械化、自动化工具的应用以及准确、及时的物流信息对物流过程的监督,强调物流的速度、物流系统信息的通畅和整个物流系统的合理化。随着电子商务交易过程中物流通畅的信息流,把运输、仓储、配送等业务活动联系起来,使之协调一致,这是提高电子商务物流系统整体运作效率的必要途径。电子商务物流系统既是电子商务系统中的一个子系统,也是社会经济大系统的一个子系统。

二、电子商务物流系统的构成

电子商务物流系统与一般的物流系统一样,具有输入、转换和输出三大功能。通过输入和输出使物流系统和电子商务系统及社会环境进行交换。输入包括人、财、物和信息,输出包括效益、服务环境的影响及信息等,实现输入到输出转换的则是电子商务网络的各项管理活动、技术措施和信息处理等。以下通过电子商务物流系统中物流和信息流的流动来说明电子商务物流系统的构成(如图 4-2 所示)。

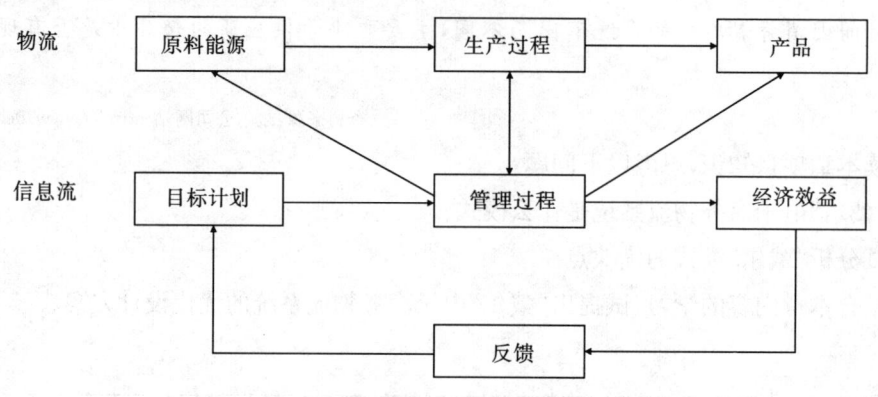

图 4-2 电子商务物流系统

三、电子商务物流系统的特点

电子商务物流系统是为电子商务的客户提供服务的系统。它是对整个物流系统实行统一信息管理和调度,按照用户订货要求,在物流基地进行理货工作,并将配好的货物送交收货人的一种物流方式。这要求物流系统提高服务质量、降低物流成本及优化资源配置。为此,电子商务物流系统需具备以下特点:

1. 信息化

在电子商务时代,物流信息化是电子商务的必然要求。物流信息化表现为:物流信息的商品化,物流信息搜集的数据库化和代码化,物流信息处理的电子化、计算机化,物流信息传递的标准化、实时化及物流信息存储的数字化等。因此,条码技术、数据库技术、电子订货系统、电子数据交换、快速反应及有效的客户反馈等先进技术与管理策略在物流中得到了普遍的应用。

2. 自动化

自动化的基础是信息化,自动化的核心是机电一体化,自动化的外在表现是无人化,自动化的效果是省力省时。另外,自动化还可以扩大物流作业能力,提高劳动生产率以及减少物流作业的差错等。物流自动化的设施非常多,如条形码、语音、射频自动识别系统、自动分拣系统、自动存取系统、自动导向车及货物自动跟踪系统等。

3. 网络化

物流领域网络化的基础也是信息化。这里指的网络化有两层含义,一是物流配送系统的计算机通信网络,包括物流配送中心与供应商或制造商的联系要通过计算机网络,与下游顾客之间的联系也要通过计算机网络,如物流配送中心向供应商提出订单过程,就可以用计算机通信方式,借助增值网上的电子订货系统(EOS)和电子数据交换技术(EDI)来自动实现,物流配送中心通过计算机网络收集下游客户订货的过程也可以自动完成;二是组织的网络化,即组织要建立内部网。

4. 智能化

这是物流自动化、信息化的一种高层次应用,物流作业过程大量的运筹和决策,如库存的确定、运输(搬运)路径的选择、自动导向车运行轨迹和作业控制、自动分拣机运行、物流配送中心经营管理的决策支持等问题都需要借助大量的运筹才能解决。在物流自动化进程中,物流智能化是不可回避的技术难题。目前,专家系统、机器人等相关技术在国际上已有较成熟的研究成果。为了提高物流现代化的水平,物流的智能化已成为电子商务环境下物流发展的一个新趋势。

5. 柔性化

柔性化本来是为实现"以顾客为中心"理念而在生产领域提出的。但要真正做到柔性化,即真正能根据消费者需求的变化来灵活调节生产工艺,没有配套的柔性化的物流系统是不可能的。20世纪90年代,国际生产领域纷纷推出弹性制造系统、计算机集成制造系统、制造资源系统、企业资源计划以及供应链管理的概念和技术,这些概念和技术的实质是要将生产、流通进行集成,根据需求端的要求组织生产、安排物流活动。因此,柔性化的物流正是适应生产、流通与消费的需求而发展起来的一种新型物流模式。它要求物流配送中心要根据消费需求,具备"多品种、小批量、多批次、短周期"的特色,灵活组织和实施物流作业。

另外,物流设施的现代化、商品包装的标准化,物流的社会化和共同化也都是电子商务物流模式的新特点。

四、电子商务物流系统运作模式

物流模式,又称"物流管理模式",是指从一定的观念出发,根据现实的需要构建相应的物流管理系统,形成有目的、有方向的物流网络。目前,对于从事电子商务的企业选择物流模式的角度,可供选择的物流模式主要有企业自建物流模式、第三方物流模式、物流企业联盟模式和物流一体化模式。

1. 自建物流模式

自建物流模式是指以物流系统为核心的,由生产企业经由物流企业、销售企业直至消费者的供应链的整体化和系统化模式。一些大型企业不仅拥有庞大的销售网络,还有覆盖整个销售区域的物流配送网,这些企业从事物流活动不需要新增物流配送投资,因此,完全有能力利用现有的物流网络和设施完成本企业的物流配送业务。

2. 第三方物流模式

第三方物流模式是指由供需双方之外的第三方去完成物流服务的物流运作方式。第三方是指提供物流交易双方的部分或全部物流功能的外部服务提供者,是企业专业化的物流企业。企业无需拥有自己的任何物流实体,将商品采购、储存和配送都交由第三方完成。第三方物流是现代物流服务发展的必然趋势和物流专业化的重要形式。

3. 物流企业联盟模式

物流企业联盟模式是指两个或两个以上的经济组织为实现特定的物流目标而采取的长期联合与合作,其目的是实现联盟参与方的"共赢"。物流联盟具有相互依赖、核心专业化、强调合作的特点,它是一种介于自营和外包之间的物流模式,可以降低前两种模式的风险。

4. 物流一体化模式

物流一体化模式目的是使产品在供应链内迅速有效地移动,使各参与方企业都能获益,使整个社会获得明显的经济效益。物流一体化是在第三方物流的基础上发展起来的多边共赢的供应链物流模式。在这种模式下,物流企业通过与生产企业建立广泛的代理关系,与销售企业形成较为稳定的契约关系,从而将生产企业的商品或信息进行统一组合处理后,按订单要求配送到店铺。

如表4-1所示,可以看到以上4种电子商务物流模式的比较。

表4-1 电子商务物流模式的比较

模式 优劣势	自建物流模式	第三方物流模式	物流企业联盟模式	物流一体化模式
优势	电子商务企业对物流有较强的控制能力;物流部门与其他职能部门易于协调;企业容易保持物流供应链的稳定	电子商务企业可以将资源集中于自己的核心业务,降低经营成本,提高客户服务水平	可以降低经营风险和不确定性,减少投资,从联盟企业获得物流管理经验和物流技术	可以共享资源,提高整个供应链的竞争力,经济效益明显
劣势	物流基础设施需要较大的资金投入;需要电子商务企业自身有较强的物流管理能力	我国第三方物流尚处发展阶段,受第三方物流企业物流管理水平、服务能力的制约	选择和更换物流企业比较困难	要求第三方物流需要较高的物流管理水平

五、电子商务物流系统的合理化途径

物流系统作为电子商务运作的基础,它的改善可以带来巨大的经济效益。物流系统的合理化对于电子商务至关重要,必将成为电子商务企业最重要的竞争领域。如果建立的物流系统不合理,则有可能由于相互抵消而导致企业走入恶性循环。对电子商务企业来说,应着力于以下5个方面的工作。

1. 仓储合理化

电子商务企业的流动资金大多被库存商品所占用,降低库存可以减少占用的流动资金,加快资金周转速度。

(1)实行 ABC 管理。ABC 分类管理方法将库存物资按重要程度分为特别重要的库存(A 类)、一般重要的库存(B 类)和不重要的库存(C 类)3 个等级。然后,针对不同等级分别进行管理和控制。ABC 分类管理法有 2 个步骤:一是分类;二是管理。

(2)应用预测技术。销售额和出货量需要正确的估计或预测,这是库存管理的关键。由于库存量和缺货率彼此相互制约,所以,要在预测的基础上,制定正确的库存方针,使库存量和缺货率协调,取得最好的效果。

(3)科学的库存管理控制。库存管理机制是指使用相关方法、手段、技术、管理及操作方法进行库存控制,严格控制物资规划、订货、进货、入库、储存直至最后出库。只有这样,才能达到合理控制库存的目的。库存控制应综合考虑各种因素,要满足以下 3 个方面的要求:第一,降低采购费和购入价格等综合成本;第二,减少流动资金,降低盘点资产;第三,提高服务水平,建立完善的反馈机制,防止缺货。

2. 运输合理化

运输是物流系统的重要组成部分,这是由电子商务自身跨区域等特点决定的,因此,电子商务企业的运输合理化具有重要的意义。合理化的途径主要有以下几个方面:

(1)运输网络的合理配置。应该区别储存型仓库和流通型仓库,合理配置配送中心,中心的设置应该有利于货物直送比率的提高。

(2)选择最佳的运输方式。首先要决定使用水运、铁路、汽车或航空。如果使用汽车,就要考虑车型,考虑是使用自有车辆还是委托运输公司。

(3)提高运送效率。努力提高车辆的运行率和装载率,减少空车行驶,缩短等待时间或者装载时间,增加有效的工作时间,降低燃料消耗。

(4)推进共同运输。提倡部门、集体、行业间的合作,以及批发、零售、配送中心之间的配合,提高运输工作的效率,降低运输成本。

3. 配送合理化

配送是物流系统中的重要环节之一。实践中常用的合理配送途径如下:

(1)推行具有一定综合程度的专业化配送。通过采用专业设备、设施及操作程序,取得较好的配送效果,并降低配送过分综合化的复杂程度及难度。

(2)推行共同配送。通过共同配送,可以以最近的路程、最低的配送成本完成配送。

(3)推行准时配送系统。准时配送是配送合理化的重要内容。只有做到了配送准时,企业才可以放心地实施低库存或零库存,可以有效地安排接货的人力和物力,以追求最高效率的工作。另外,保证供应能力也取决于准时供应。

(4)推行即时配送。即时配送可以体现电子商务企业的竞争优势,它是电子商务企业快速反应能力的具体化,是物力系统能力的体现。即时配送成本较高,但它是整个配送合理化的重要环节;此外,在 B2B 业务中,即时配送也是企业实行零库存的重要手段。

4. 物流成本合理化

(1)物流成本预测和计划。成本预测是对物流成本指标和计划指标进行测算平衡,以引导成本计划的制定。物流成本计划是成本控制的主要依据。

(2)物流成本计算。在计划开始执行后,对产生的生产消耗进行归纳,并以适当方法进行计算。

(3)物流成本控制。采取各种方法严格控制和管理日常的物流成本支出,使物流成本降到最低限度,以达到预期的物流成本目标。

(4)物流成本分析。对计算结果进行分析,检查和考核成本计划的完成情况,找出影响成本升降的主、客观因素,总结经验,发现问题。

(5)物流成本信息反馈。收集有关数据和资料并提供给决策部门,使其掌握情况并加强成本控制,保证既定目标的实现。

(6)物流成本决策。根据物流成本信息反馈的结果,采取以最少消耗获得最大效果的最优方案,并指导今后的工作,更好地进入物流成本管理的下一个循环过程。

5. 建立健全物流信息系统

信息系统水平是物流现代化的标志,为有效地对物流系统进行管理和控制,必须建立完善的信息系统。电子商务物流信息系统建设一般要具备以下几方面内容:

(1)即时有效的物流管理系统。它需要提供即时准确的物流信息,充分满足物流系统各项作业需求,并能整合相关的硬件与软件系统,提供格式化的表单。从进货入库到出库运送的各个作业环节,均能做到灵活管理与控制。

(2)运输规划与安排系统。鉴于电子商务跨地区的特点,物流系统的运输规划及安排就显得非常重要。在运输作业及管理需求上,它要能提供全面性的运输作业信息管理,能够有效地处理运(配)送时间、运(配)送路线、人员薪资和运货账款、相关设备及客户订单等管理事项。同时,该系统也能提供整体运输作业中全程的管理功能(包括装卸和车辆专用场管理及回程载运管理等)。

(3)订货管理系统。订货管理是一套完整的账务处理系统,它能处理物流中心每项货品的销售过程,控制每项货品的明确资料。该过程包括从电子商务客户下达订单开始到开立账单,信息进入仓储管理系统进行配送止。

(4)物流运作决策支持系统。物流运作决策支持系统的设计是针对进一步提高物流作业水平的一套决策支持系统。这个系统通过界面连接物流管理系统,成为一个高层管理者实现管理控制的工具。它能协助管理人员,在复杂的物流作业决策上,迅速而有效地作出正确的决定。

◆ 能力训练

电子商务物流系统的分析与设计

1. 电子商务物流系统设计的要求及内容

(1) 电子商务物流系统设计的要求。

①以最经济的方式将规定数量的货物按照规定的时间、规定的要求送达指定的目的地。

②合理配置物流节点,维持适当的库存。

③实现装卸、保管、包装等物流作业的最优效率和效益。

④在不影响物流各功能发挥的前提下,尽可能降低各种物流成本支出。

⑤实现物流与信息流的有机结合,保证物流全过程的信息顺畅。

(2) 物流系统规划设计的内容。

①开放性。物流系统的资源配置需要在全社会范围内寻找。

②要素集成化。物流要素集成化是指通过一定的制度安排,对物流系统功能、资源、信息、网络等要素进行统一规划、管理、评价,通过要素间的协调和配合,使所有要素集聚成整体运作,从而实现物流系统要素间的联系,达到物流系统整体优化的目的。

③网络化。网络化是指将物流经营管理、物流业务、物流资源和物流信息等要素,按照网络的方式在一定市场区域进行规划、设计、实施,以实现物流系统快速反应和最优总成本等要求的过程。

④可调整性。能够及时应对市场需求的变化及经济发展的变化。

2. 电子商务物流系统设计步骤

(1) 确定电子商务物流系统设计的目标。

①服务目标。物流系统具有"桥梁、纽带"作用,它具体连接着生产与再生产、生产与消费,要求有很强的服务性(物流系统采取送货、配送等形式,就是其服务性的体现)。

②快速、及时目标。及时性不但是服务性的延伸,也是流通对物流提出的要求。快速、及时既是一个传统目标,又是一个现代目标。在物流领域采取的直达物流就是这一目标的体现。

③节约目标。节约是经济领域的重要规律,在物流领域中通过节省流通时间来降低投入,是提高相对产出的重要手段。

④规模化目标。在物流领域以分散或集中等不同方式建立物流系统,提高物流集约化的程度,就是优化规模目标的体现。

⑤库存调节目标。在物流领域中正确确定库存方式、库存数量、库存结构、库存分布就是这一目标的体现。

(2) 围绕系统目标,收集相关资料。物流系统收集相关资料主要是考虑客户服务目标、设施选址、运输网络、库存管理和配送管理等。通常的调研方式有实地调查、实验、观察、记录等。

(3)拟订方案,建立模型。物流系统规划总体模型是对物流规划工作过程的总体描述。一般先使用分析模型找出说明系统功能的主要因素及相互关系。然后,通过不同模型来确认这些因素的相互关系和相差程度(以及总目标、分目标的达成途径及其约束条件)。在此基础上,采用系统工程方法进行研究,把问题、目标层次化,分析确定最佳发展模式。

(4)对电子商务物流系统进行分析、评价。

①对电子商务物流系统进行分析。系统分析以系统整体效益为目标,以寻求解决特定问题的最优策略为重点,运用定性和定量分析方法,为决策者作出正确、有利的价值判断提供依据。物流系统构成因素复杂,不同的系统对象其系统目的、系统组成和系统外部环境也不同,因此,具体的分析方法也应有所不同。

②对电子商务物流系统进行评价。系统评价是对设计出来的可供选择的方案,用技术、环境和经济的观点进行综合评价,审查系统设计的合理性与实现系统设计的风险性,从而选择适当的、可能实现的方案。评价的指标应当包括政策指标、技术指标、经济指标、社会指标和进度指标等。

(5)修正方案,优化系统。总体规划要运用多目标、多方案、多途径的方法,求得整体最优化,并注意各子系统的互相协调和综合平衡。在诊断、分析过程中,部门与总体无明确的先后关系,通常是部门诊断在前,总体诊断在部门诊断和模型分析的基础上进行。总体诊断完成后,部门应通过总体分析的结果,修正部门的诊断分析。在规划设计过程中,部门规划与总体规划应同时进行,总体与部门在不断互相反馈过程中形成总体优化、部门协调的规划方案。

(6)电子商务物流系统的实施与评估。方案确定后,要做好方案的组织实施工作。一般应形成较系统的规划文本,制作相关图表,制定实施计划和方案实施的保障措施。在方案实施前,要对方案的规划指标进行分解,使之分解成为各部门的目标和各发展阶段的目标。在方案组织实施过程中,要注意选择技术实力较强的服务提供商进行开发设计电子商务物流系统,可通过招标方式选择电子商务物流系统的服务提供商。

开发设计出来的电子商务物流系统,需要进行测试和综合评价,才能正式上线运行。测试环节,企业各部门负责人都应参与。综合评价环节,可通过设立多个评价指标进行量化比较,分析各方面期望效能以及可能带来的不良后果,形成综合评价结果。通过测试和综合评价,提出修改和完善电子商务物流系统的意见,以保障电子商务物流系统的正式上线运行能满足企业的实际物流业务需求。

任务二　电子商务物流技术

一、电子商务物流技术的含义

物流技术是指物流活动中所采用的自然科学与社会科学方面的理论、方法以及所用设施、设备、装置与工艺的总称。物流技术概括为硬技术和软技术两个方面。物流硬技术是指组织物资实物流动所涉及的各种机械设备、运输工具、站场设施及服务于物流的电子计算机、通信网络设备等方面的技术。物流软技术是指组成高效率的物流系统而使用的系统工程技术、价值工程技术、配送技术等。

电子商务物流技术是指与电子商务物流要素活动有关的所有专业技术的总称,可以包括各种操作方法、管理技能等(如流通加工技术、物品包装技术、物品标识技术、物品实时跟踪技术等);物流技术还包括物流规划、物流评价、物流设计、物流策略等。当计算机网络技术的应用普及后,物流技术综合了许多现代技术,如条码、电子数据交换、射频技术、地理信息、全球定位系统等。

二、电子商务物流技术的构成和种类

电子商务物流技术以不同的标准划分,其构成和种类也不同。一般来说,电子商务物流技术的构成和种类主要有以下几个方面:

1. 按范围划分,电子商务物流技术有狭义和广义之分

狭义的电子商务物流技术主要是指电子商务物流活动过程中有关的物流技术(如货物实体在运动过程中的一些物流技术、有关物流信息运动的一些物流技术等)。广义的电子商务物流技术不仅包括电子商务物流活动过程中的有关物流技术,也包括其构成之外的一些物流技术以及物流技术的发展规律等,如物流规划技术、物流效率分析与评价技术等。

2. 按内容划分,电子商务物流技术可划分为实物作业技术和电子商务技术

实物作业技术主要包括包装技术、运输技术、储存保管技术、装卸搬运技术、流通加工技术等;电子商务技术主要包括条码、电子数据交换、射频技术、地理信息系统、全球定位系统等。

3. 按领域划分,电子商务物流技术可划分为物流硬技术和物流软技术

物流硬技术是指企业实现电子商务物流过程所需要的各种材料、物流机械和设施,如各种包装材料、运输工具、仓储设施,以及服务于物流的电子计算机、通信设施等方面的技术;物流软技术是指企业为实现高效率的电子商务物流所需要的计划、分析、评价等方面的技术和管理方法等,如物流设施的合理使用和调配、运输路径选择等技术。

目前,我国不仅要重视物流硬技术的建设,更要重视物流软技术的建设,通过物流软技术的建设,更好地发挥物流硬技术的作用,提高电子商务物流的效率。

此外，按物流的实物作业过程划分，电子商务物流技术可划分为包装技术、运输技术、储存保管技术、装卸搬运技术、流通加工技术、配送技术等。

包装是为在流通过程中保护产品，方便储运，促进销售，按一定的技术方法所用的容器、材料和辅助物等的总体名称。包装技术主要包括防震保护技术、防破损保护技术、防锈包装技术、防霉腐包装技术、防虫包装技术、危险品包装技术、特种包装技术（充气包装、真空包装、收缩包装、拉伸包装、脱氧包装）等。

运输技术包括车辆技术和运输管理技术。在车辆技术方面，载货汽车的发展方向是大型化、专用化和集装化。在运输管理技术方面，随着计算机技术以及光导纤维通讯技术等的采用，运输管理向自动化管理系统发展（如 GPS 车辆跟踪定位系统、CVPS 车辆运行线路安排系统等），使运输管理自动化、科学化。

储存保管技术包括防霉技术、害虫防治技术、安全贮藏保管技术等。

装卸搬运技术包括叉车技术、托盘技术、连续输送机械技术等。

流通加工是物品从生产地到使用地的过程中，根据需要施加包装、分割、计量、分拣、刷标志、拴标签、组装等简单作业的总称。流通加工技术主要体现在包装、分割、计量、分拣、刷标志、拴标签、组装等方面。

配送技术主要包括：数据导入、条码编制、配送体系、配送数量、品种控制、退货处理、仓储运输等。此外，物流配送技术还包括数据录入技术、条码编排制作技术、配送体系设计、配送数量和品种控制、退货处理技术以及仓储运输技术等。目前，应用于配送的先进技术有：电子票签拣货技术、自动识别技术、EDI 技术、GIS 技术、电子商务下的配送技术等。其中，电子商务下的配送技术又包括交叉配送技术、准时制配送、ABC 配送、配送管理信息系统、JIT 技术和 GPS 等。今后配送技术还会向虚拟技术、无线网络技术、电子网络技术以及 BI 等方向发展。

◆ 能力训练

电子商务技术在物流中应用

1. 条码技术及应用

（1）条码技术概念与作用。条码技术（Bar Code）是在计算机的应用实践中产生和发展起来的一种自动识别技术。它是为实现对信息的自动扫描而设计的。它是实现快速、准确而可靠地采集数据的有效手段。条码技术的应用解决了数据录入和数据采集的"瓶颈"问题，为供应链管理提供了有力的技术支持。

条码技术为用户提供了一种对物流中的物品进行标识和描述的方法，借助自动识别技术、POS 系统、EDI 等现代技术手段，企业可以随时了解有关产品在供应链上的位置，并即时作出反应。当今在欧美等发达国家兴起的 ECR、QR、ACEP 等供应链管理策略，都离不开条码技术的应用。条码是实现 POS 系统、EDI、电子商务、供应链管理的技术基础，是物流管理现代化、提高企业管理水平和增强企业竞争能力的重要技术手段。

条码技术是实现自动化管理的有力武器（有利于进货、销售、仓储管理一体化）；是实现 EDI、节约资源的基础；是及时沟通产、供、销的纽带和桥梁；是提高市场竞争力的工具。条码技术可以节省消费者的购物时间，扩大商品销售额。物流条码的采用使在国际范围内建立了可靠的代码标识体系，为贸易环节建立了通用语言，为 EDI 和电子商务奠定了基础。

(2) 条码技术的内容及分类。条码技术包括条码的编码技术、条码标识符号的设计、快速识别技术和计算机管理技术，它是实现计算机管理和电子数据交换必不可少的前端采集技术。

条码标识简称条码，物流条码是物流过程中用以标识具体实物的一种代码，它是由一组黑白相间的条、空组成的图形，利用识读设备可以实现自动识别、自动数据采集。条码隐含着数字、字母、标志、符号等信息，主要用以表示商品的名称、产地、种类等，是全世界通用的商品代码的表示方法。

根据编码方式的不同，条码可以分为一维条码(1D Barcode)和二维条码(2D Barcode)二维码两大类。

① 一维条码是由一组规则排列的条、空以及对应的字符组成的标记，用以表示一定的字符、数字及符号组成的信息，只是在一个方向（一般是水平方向）表达信息，而在垂直方向则不表达任何信息，其一定的高度通常是为了便于阅读器的对准。一维条码包括 UPC 商品条码、EAN 商品条码、Code 条码、交叉 25 码、Code128 条码、EAN－128 码、Codabar（库德巴码）等。

其中，EAN 商品条码亦称通用商品条形码，由国际物品编码协会制定，是目前国际上使用最广泛的一种商品条形码。EAN－13 通用商品条形码一般由前缀部分、制造厂商代码、商品代码和校验码组成。商品条形码中的前缀码是用来标识国家或地区的代码，是由国际物品编码协会统一决定的，我国为 690、691、692、693、694，471 代表我国台湾地区，489 代表香港特区，958 代表澳门特区；制造厂商代码是由各个国家或地区的物品编码组织决定的，我国由国家物品编码中心统一分配并统一注册，一厂一码；商品代码是用来表示制造厂商的商品，由厂商根据规定自己确定，可识别十万种商品；校验码是由最后 1 位数字组成，用以校验前面条码的正误。

一维条形码的应用可以提高信息录入的速度，减少差错率，但保密性能不高、损污后可读性差。

② 二维条码是用某种特定的、按一定的规律在平面（二维方向上）分布的黑白相间的几何图形记录数据符号信息的一种条码技术，是在水平和垂直方向的二维空间存储信息的条码。二维码作为一种全新的信息存储、传递和识别技术，除了具有一维条码的优点外，还具有信息密度高、可靠性高、抗损性强、容错功能强、成本低、持久耐用等特点，自诞生之日起就

得到了世界上许多国家的关注。美国、德国、日本等国家,不仅已将二维码技术应用于公安、外交、军事等部门对各类证件的管理,而且也将二维码应用于海关、税务等部门对各类报表和票据的管理,商业、交通运输等部门对商品及货物运输的管理、邮政部门对邮政包裹的管理、工业生产领域对工业生产线的自动化管理。

目前二维条码主要有 PDF417 码、Code49 码、Code16K 码、QR 码、Data Matrix 码、Code One 码、Maxi Code。PDF 417(Portable File 为"便携式数剧文件")二维码是美国 Symbol 公司于 1991 年正式推出的。因为组成条码的每一个条码字符由 4 个条和 4 个空共计 17 个模块构成,故称为 PDF 417 码。PDF 417 码是目前应用最为广泛的二维码,具有高密度、高信息含量的便携式数剧文件,具有大容量、高可靠性信息自动存储、携带并可用机器自动识读的理想代码。

(3)物流条码的标准体系的内容。主要包括码制标准和应用标准。

①码制标准。主要有通用商品条码(EAN－13)GBIT12904－91、交叉二五条码 GB/T16829－97 和贸易单元 128 条码(EAN,UCC－128)GB/T15429－94 等。

这 3 种条码是物流条码中常用的码制,它们的具体应用在实际中又有所不同。一般说来,通用商品条码用在单个大件商品的包装箱上;交叉二五条码可用于定量储运单元的包装箱,ITF-14 和 ITF-6 附加代码共同使用也可以用于变量储运单元;贸易单元 128 条码的使用是物流条码实施的关键,它能够标识贸易单元的信息,如产品批号、数量、规格、生产日期、有效期、交货地等。

②应用标准。物流条码体系的应用标准主要包括位置码、储运单元条码和条码应用标识。《EAN 位置码》主要提供了国际共同认可的标识团体和位置的标准,也正在逐新用于标识交货地点和起运地点,成为 EDI 实施的关键。

《储运单元条码》国家标准起到了对货物储运过程中物流条码的规范作用及实际应用中具有标识货运单元的功能,是物流条码标准体系中一个重要的应用标准。

《条码应用标识》是商品统一条码有益和必要的补充,填补了其他 EAN/UCC 标准遗留的空白,它将物流和信息流有机地结合起来,成为连接条码与 EDI 的纽带。

(4)条码技术的应用。

①在仓储配送业中的应用。仓储配送是产品流通的重要环节。美国最大的百货公司沃尔玛在全美有 25 个规模很大的配送中心,一个配送中心要为 100 多家零售店服务,日处理量约为 20 多万个纸箱。每个配送中心分三个区域:收货区、拣货区、发货区。在收货区,一般用叉车卸货。先把货堆放到暂存区,工人用手持式扫描器分别识别运单上和货物上的条码,确认匹配无误才能进一步处理,有的要入库,有的则要直接送到发货区,称作直通作业以节省时间和空间;在拣货区,计算机在夜班打印出隔天需要向零售店发运的纸箱的条码标签,而白天,拣货员拿一叠标签打开一只只空箱,在空箱上贴上条码标签,然后用手持式扫描器识读。根据标签上的信息,计算机随即发出拣货指令,在货架的每个货位上都有指示灯,表示那里需要拣货以及拣货的数量,当拣货员完成该货位的拣货作业后,按一下"完成"按

钮,计算机就可以更新其数据库;装满货品的纸箱经封箱后运到自动分拣机,在全方位扫描器识别纸箱上的条码后,计算机指令拨叉机构把纸箱拨入相应的装车线,以便集中装车运往指定的零售店。

②在货物运输中的应用。物流是生产和消费之间联系的纽带,如何实现以最小的成本获得最大的经济效益是商家普遍关心的问题。物流条码的出现实现了商品在从生产厂家到运输交换过程中数据的共享,使得信息的传递变得更加方便快捷,实现了货物与信息的同步传输。随着条码技术的不断发展,条码在包裹、货物运输上扮演了越来越重要的角色,特别是采用一维条码和二维条码 PDF417 相结合的标签,来实现货物运输中的全过程跟踪和信息传递,消除了数据的重复录入,加快了货物运输的数据处理速度,降低了对计算机网络的依赖程度,从而实现了物流管理和信息流管理的完美结合。条码的防伪性也使得整个物流系统变得安全,提高了经济效益。

在物流领域引入二维码技术,为解决目前物流领域存在的泄露个人隐私、派件繁琐等问题提供了一种新思路。采用将客户信息进行加密后生成二维码的方式,可以有效防止他人获取客户信息,快递员配合使用的快递派送系统,可以提高派送效率。二维码的使用能够在一定程度上弥补我国物流行业传统管理方式中的一些不足,提高物流管理信息化水平,促进"智慧物流"的发展。

2. 射频技术及应用

(1)射频技术简介。射频技术(Radio Frequency,RF)的基本原理是电磁理论。射频技术的优点不局限于视线(识别距离比光学系统远),射频识别卡具有读写能力,可携带大量数据,难以伪造且具有智能性。

射频识别系统的传送距离受多种因素制约(如传送频率、天线设计等)。对于应用RF识别的特定情况应考虑传送距离、工作频率、标签的数据容量、货物尺寸、重量、定位、响应速度及选择能力等。RF适用于物料跟踪、运载工具和货架识别等要求非接触数据采集和交换的场合,由于RF标签具有可读写能力,对于需要频繁改变数据内容的场合尤为适用。

(2)射频技术在物流中的应用。射频技术在物流中的应用主要表现在:首先,射频技术可用于物流过程中货物的库存管理;其次,射频技术可用于物流过程中货物的运输管理;最后,射频技术可用于物流过程中货物的分拣管理。

无论货物是在订购中,还是在运输途中,通过射频技术以及由其所组成的系统,各级物流管理人员和作业人员都可以实时掌握所有的信息,避免货物的重复运输。该系统的运输管理功能就是靠贴在集装箱和装备上的射频识别标签实现的。RF接收转发装置通常安装在运输线的一些检查点上,以及仓库、车站、码头、机场等关键地点上。接收装置收到RF标签信息后,连同接收地的位置信息上传至通信卫星,再由卫星传送给运输调度中心,送入中心信息数据库中。对于库存管理来说,也可以通过射频技术以及由其所组成的系统,及时地掌握和了解各种货物的库存数量,通过网络系统传输给管理中心,以便及时地进行决策。可见,射频技术不但可大大提高物流的效率,也可大大地降低物流的作业成本。

3. GIS 技术及应用

(1)地理信息系统简介。地理信息系统(Geographical Information System,GIS)是20世纪60年代的地理学研究新成果,是多种学科交叉的产物,它以地理空间数据为基础,采用地理模型分析方法,适时地提供多种空间的、动态的地理信息,是一种为地理研究和地理决策服务的计算机技术系统。

GIS 的基本功能是将表格型数据(无论它来自数据库、电子表格文件还是直接在程序中输入)转换为地理图形显示,然后对显示结果浏览、操作和分析。其显示范围可以从洲际地图到非常详细的街区地图,显示对象包括人口、销售情况、运输线路以及其他内容。

GIS 主要由4部分组成:计算机硬件系统、软件系统、空间地理数据库、GIS 系统维护及使用人员。

(2)地理信息系统在物流中的应用。

①地理信息系统是把计算机技术、地理信息和数据库技术紧密结合起来的新型技术,其特征非常适合仓库建设规划,从而使仓库建设规划走向规范化和科学化,也使仓库建设经费得到最合理的使用。仓库地理信息系统作为仓库管理信息系统的一个子系统,用地理坐标、图标的方式可以更直观地反映仓库的基本情况(如仓库建筑情况、仓库附近公路和铁路情况、仓库物资储备情况等)。它是仓库管理信息系统的一个重要分支和补充。

②地理信息系统在铁路运输中的应用。铁路运输地理信息系统便于销售、市场、服务和管理人员查看客运站、货运站、货运代办点、客运代办点之间的相对地理位置,以及运输专用线和铁路干线之间的相对地理位置。不同颜色和填充模式区分各种表达信息,使用户便于识别销售区域、影响范围、最大客户、主要竞争对象、人口状况及分布、工农业统计值等。据此可寻找增加运输收入的潜在地区,从而扩大延伸服务。通过这种可视方式,可以更好地制定市场营销和服务策略,有效地分配市场资源。

③车辆监控系统。车辆监控系统是集全球定位系统、地理信息系统和现代通信技术于一体的高科技系统。其主要功能是对移动车辆进行实时动态的跟踪,利用无线技术将目标位置和其他信息传送至主控中心,在控制中心进行地图匹配显示监控和查询,从而科学地进行调度和管理,提高运营效率。移动车辆如果遇到麻烦或者其安全受到侵害,可以向控制中心发送报警信息,及时得到附近报案部门的支援,因此,车辆监控系统还能够提供车辆安全服务,其应用相当广泛。

④在物流分析方面的应用。地理信息系统在物流分析方面的应用,是指利用地理信息系统强大的地理数据功能来完善物流分析技术。国外公司已经开发利用地理信息系统为物流提供专门分析的工具软件。完整的地理信息系统物流分析软件集成了车辆路线模型、最短路径模型、网络物流模型、分配集合模型和设施定位模型等。

其一,车辆路线模型。它用于解决一个起点、多个终点的货物运输中如何降低物流作业费用,并保证服务质量的问题,包括决定使用多少辆车、每辆车的路线等。

其二,网络物流模型。它用于解决寻求最有效的分配货物路径问题,即物流网点布局问题。

其三,分配集合模型。它是根据各个要素的相似点把同一层上的所有或部分要素分为几个组,主要用以解决和确定服务范围、销售市场范围等问题。如某一公司要设立X个分销点,要求这些分销点要覆盖某一地区,而且要使每个分销点的顾客数目大致相等。

其四,设施定位模型。用于确定一个或多个物流设施的位置。在物流系统中,物流中心、仓库和运输线共同组成了物流网络,物流中心和仓库处于网络的节点上,节点决定着线路。

4. GPS技术及应用

(1)全球定位系统简介。全球定位系统(Global Positioning System,GPS)具有在海、陆、空进行全方位实时三维导航与定位能力。GPS系统由21颗工作卫星和3颗在轨备用卫星组成。24颗卫星均匀分布在6个轨道平面内,轨道倾角为55度,各个轨道平面之间相距60度,即轨道的升交点赤经各相差60度。每个轨道平面内各颗卫星之间的升交角距相差90度,一轨道平面上的卫星比西边相邻轨道平面上的相应卫星超前30度。这种结构与设备配置使GPS具有全天候、高精度、自动化、高效益等显著特点,能在全球绝大多数地方进行全天候、高精度、连续实时的导航定位测量。

(2)全球定位系统在物流领域的应用。GPS在物流领域可应用于汽车自定位、跟踪调度以及铁路运输等方面的管理,也可用于军事物流。

首先,在汽车自定位、跟踪调度方面的应用。利用GPS的计算机管理信息系统,可以通过GPS和计算机网络实时收集全路汽车所运货物的动态信息,可实现汽车、货物追踪管理,并及时进行汽车的调度管理。随着技术的进步、应用需求的增加,GPS以全天候、高精度、自动化、高效率等显著特点及其所独具的定位导航、授时核频精密测量等多方面的强大功能,应用于汽车自定位、跟踪调度领域,使GPS成为继蜂窝移动通信和互联网之后的全球第三个IT经济增长点。因此,车辆导航将成为未来全球定位系统应用的主要领域之一。

其次,在铁路运输方面的管理。利用GPS的计算机管理信息系统,可以通过GPS和计算机网络实时收集全路列车、机车、车辆、集装箱及所运货物的动态信息,可实现列车、货物追踪管理。只要知道货车的车种、车型、车号,就可以立即从铁路网上流动着的几十万辆货车中找到该货车,还能得知,这辆货车现在何处运行或停在何处,以及所有的车载货物发货信息。铁路部门运用这项技术可大大提高其路网及其运营的透明度,为货主提供更高质量的服务。

最后,用于军事物流。全球定位系统首先是因为军事目的而建立的,在军事物流中,如后勤装备的保障等方面,应用相当普遍。通过GPS技术及系统,可以准确地掌握和了解各地驻扎的军队数量和要求,无论是在战时还是在平时,都能及时地进行准确的后勤补给。

任务三　电子商务供应链管理

一、供应链与供应链管理

供应链是一种业务流程模型，它是指从原材料和零部件供应商、产品的制造商、分销商和零售商到最终用户的一个环环相扣的链条。供应链通过计划、获得、储存、分销、服务等一系列活动在顾客与供应商之间形成衔接，以使企业满足顾客的需求。

供应链管理是对整个供应链系统中各参与企业、部门之间的物流、信息流与资金流进行计划、协调、控制和优化的各种活动和过程。其目的是将顾客所需的正确的产品(Right Product)，能够在正确的时间(Right Time)，按照正确的数量(Right Quantity)、正确的质量(Right Quality)和正确的状态(Right Status)送到正确的地点(Right Place)，即"6R"，并使总成本最小。其中，物流是从供应商到顾客手中的实物流动；信息流包括产品需求、订单传递、交货状态及库存信息；资金流包括信用条件、支付方式以及委托与所有权契约等。它从整体的观点出发，寻求建立供、产、销企业间的战略伙伴关系，最大限度地减少内耗与浪费，实现供应链整体效率的最优化。

二、供应链管理的内容

供应链管理主要涉及4个主要领域：供应(Supply)、生产计划(Schedule Plan)、物流(Logistics)、需求(Demand)。供应链管理是以同步化、集成化生产计划为指导，以各种技术为支持，尤其以互联网、内部网为依托，围绕供应、生产作业、物流(主要指制造过程中的物流)、满足需求来实施的。供应链管理主要包括计划、合作、控制从供应商到用户的物料(零部件和成品等)和信息。供应链管理的目标在于提高用户服务水平和降低总的交易成本，并且寻求2个目标之间的平衡。在以上4个领域的基础上，供应链管理可细分为职能领域和辅助领域。职能领域主要包括产品工程、产品技术保证、采购、生产控制、库存控制、仓储管理、分销管理等。而辅助领域主要包括客户服务、制造、设计工程、会计核算、人力资源、市场营销等。

三、电子商务供应链集成的优势

基于电子商务的供应链管理是电子商务与供应链管理的有机结合，它以顾客为中心，集成整个供应链过程，充分利用外部资源，作出快速敏捷反应，极大地降低库存水平。电子商务和供应链管理集成具有以下优势：

1. 有利于建立新型的客户关系

电子商务使供应链管理者通过与它的客户和供应商之间构筑信息流和知识流来建立新型的客户关系，基于电子商务的供应链管理直接沟通了供应链中企业与客户间的联系，从而有利于满足客户的各种需求,留住现有客户。

2.有利于保持现有业务增长

通过实施基于电子商务的供应链管理,可以实现供应链系统内的各相关企业对产品和业务进行电子化、网络化的管理。供应链中各企业通过电子商务手段实现有组织、有计划的统一管理,减少流通环节,降低成本,提高效率,使供应链管理达到更高的水平。

3.有利于开拓新的客户和新的业务

实施基于电子商务的供应链管理,不仅可以实现企业的业务重组、提高整个供应链效率、留住现有客户,而且由于能够提供更多的功能、业务,必然会吸引新的客户加入供应链,同时也带来新的业务。

4.有利于分享需要的信息

基于电子商务的供应链交易涉及信息流、产品流和资金流。供应链中的企业借助电子商务手段可以在互联网上实现部分或全部的供应链交易,从而有利于各企业掌握跨越整个供应链的各种有用信息,及时了解顾客的需求以及供应商的供货情况。

5.具有大规模定制能力

大规模定制要求低成本、快速、高效地提供各种定制化产品或服务。基于电子商务的供应链管理对成功实施大规模定制起着重要作用。

◆ 能力训练

在供应链管理中运用电子商务技术

1.电子商务在供应链管理中的应用

电子商务技术的发展,可以有效地实现供应链各项功能的集成。电子商务在供应链管理中的应用主要包括:

(1)采购过程的协调。企业通过外部网浏览供应商的产品目录,根据需求签发订单,并通过 EDI 发送。供应商接到订单后,合同审核人员通过内部网查看库存情况、生产计划情况和销售商的信誉度来确定是否接受订单,并与供应商通过网络进行信息交换、协商合同条件、签订合同。

(2)物料计划人员与储运公司的业务协调。通过内部网,物料计划人员可以查看仓库的情况,即时安排物料的运输。库存管理人员根据原材料供应情况和产品销售情况即时更新数据库,以便有关人员查询。

(3)销售过程的协调。销售机构可以通过互联网进行产品宣传,与客户进行交流,并将信息反馈给生产计划部门,以帮助计划部门制定合理的生产计划。

(4)公司日常活动以及员工的交流。通过内部网,公司中的各个部门可以进行即时信息交换,节省时间和费用。

(5)提供客户服务。应用电子商务系统,可以方便地通知并要求解决所发生的任何服务问题,接受客户投诉,并向客户提供技术服务以及可互发紧急通知等。缩短对客户服务的响应时间,改善与客户间的双向通信流,吸引更多的客户加入供应链中。

(6)进行电子支付。通过电子商务系统,与网上银行紧密相连,并用电子支付方式替代原来的支票支付方式,用信用卡支付方式替代原来的现金支付方式。这样既可以降低结算费用,又可以加速货款回笼,提高资金使用效率。同时,利用安全电子交易协议,可以保证交易过程的安全,消除对网上交易的顾虑。

2. 电子商务技术在供应链管理中的具体运用

(1)EDI需求预测。EDI是一种在合作伙伴企业之间交互信息的有效技术手段。它是在供应链中连接节点企业的商业应用系统的媒介。供应链环境中不确定的是最终消费者的需求,必须对最终消费者的需求作出合理的预测。虽然预测的方法有上百种,但通过EDI预测,可以最有效地减少供应链系统的冗余性,这种冗余可能导致时间的浪费和成本的增加。利用预测信息,用户和供货商可以一起努力缩短订单周期(循环时间)。

(2)财务技术手段。

①EFT(Electronic Funds Transfer)。财务电子商务广泛应用于业务及其财务机构之间,用户可以通过汇款通知系统结账,而不是通过支票。汇款通知数据包括银行账号、发票号、价格折扣和付款额,用户的财务机构用EFT系统将付款确认信息传送给供货商,并进行收款结账,供货商则根据付款信息更改应收账款等资料。

②Lockboxes。另一种广泛应用的财务电子商务是Lockboxes,用户将支票或电子付款单传送到供货商的Lockboxes,供货商的财务机构会处理这一付款单,将付款单的账号进行保存,同时从用户的财务机构扣除此款,财务机构通过EDI-Lockboxes将付款单信息传送给用户和供货商。

③ECR(Evaluated Cash Receipt)。ECR是一种有效减少发票的技术。用户可以在接收到产品或服务后自动地以共同商定的单位价格付款给供货商。可以通过ECR改善现金流管理和减少纸面工作。

(3)非技术型企业的电子商务。大企业不希望同时拥有具有相同功能的多个系统,而是希望通过电子商务实现商业交流的标准化,因而,忽略了商业伙伴的电子商务能力。没有电子商务系统的小企业则采用E-mail或传真实现电子商务功能。

①E-mail。企业内部的E-mail系统通过互联网与其他企业的E-mail系统连接在一起,互联网E-mail可以发送文本、图像,如CAD和Word处理的文件。

②电子会议。在世界不同地点的人可以通过互联网举行实时的电子会议,可以通过IRC(Internet Relay Chat)系统实现基于文本的讨论,MUD(Multi-User Dimension)可以用于讨论文本、高精度图像和声音(通过WWW客户服务器系统)。

③电子市场营销(电子广告)。企业可以通过互联网在网络上发布产品和服务的促销广

告,高精度图像、文本、声音的超文本文件等可以建立在 WWW 服务器上并连接到互联网上。

④电子用户支持系统(Electronic Customer Support)。许多企业都把常见问题解答(FAQ)挂在网络上,而当用户要求得到更多的信息时,用户可以把问题或需求通过 E-mail 发给企业的用户支持领域(Customer Support Area)。

⑤用户网上订购。在浏览企业的广告之后,用户可以通过网络进行订购。在 WWW 服务器上,用户只要输入信用卡账号、名字、地址和电话号码等信息就可以直接实现网上购物,而订购信息通过网络传递到供货商服务器上,确认信息并通过 E-mail 返回给用户,同时货运通知或服务信息也将随后通过网络传递给用户。

(4)共享数据库技术。战略合作伙伴若需要相互之间的某些快速更新的资料,则它们将共享部分数据库。合作伙伴可通过一定的技术手段在一定的约束条件下相互共享特定的数据库。如有邮购业务的企业,就与其供货商共享运输计划数据库,JIT 装配制造商将与它们的主要供货商共享生产作业计划和库存资料。

课后思考

案例 4-1　中国智能物流骨干网——菜鸟网络科技有限公司

2013 年 5 月 28 日,阿里巴巴集团、银泰集团联合复星集团、富春集团、顺丰集团、三通一达(申通、圆通、中通、韵达),以及相关金融机构共同宣布,"中国智能物流骨干网"(简称 CSN)项目正式启动,合作各方共同组建的"菜鸟网络科技有限公司"正式成立。"菜鸟"小名字大志向,其目标是通过 5~8 年的努力打造一个开放的社会化物流大平台,在全国任意一个地区做到 24 小时送达。

菜鸟网络专注打造的中国智能物流骨干网将通过自建、共建、合作、改造等多种模式,在全国范围内形成一套开放的社会化仓储设施网络。同时,利用先进的互联网技术,建立开放、透明、共享的数据应用平台,为电子商务企业、物流公司、仓储企业、第三方物流服务商、供应链服务商等各类企业提供优质服务,支持物流行业向高附加值领域发展和升级。最终促使建立社会化资源高效协同机制,提升中国社会化物流服务品质。

据了解,菜鸟网络的注册资金为 50 亿元,前 3 期投资将合计 3000 亿元。建立智能物流骨干网的一个重要基础是仓储干线建设。因此,菜鸟在这一方面也做足了工夫。菜鸟网络 CEO 沈国军介绍,同时启动的拿地建仓项目已包括北京、天津、广州、武汉、金华、海宁等城市。金华的金义都市新区,则有望成为阿里物流的第一个创业基地。沈国军表示,"包括中西部地区在内,我们会在全国 8 个重要城市,按照'8 大军区'的思路布局去建立主干网络"。

菜鸟的用地需求,将带动物流地产的升温。同时,将创造更多的就业机会,根据菜鸟网络的预计,发展初期将至少支持 1000 万家新型企业发展和创造 1000 万个就业岗位。而依照马云的设想,如果智能骨干网成熟运作后,则我国占 GDP 总值 18% 的物流费用将降至欧美发达国家12%,国家经济效益将得到整体提升。

(资料来源:百度百科 http://baike.baidu.com/)

请根据以上案例,分析菜鸟公司未来将面临的机遇与挑战。

任务四 物联网

一、物联网的概念

物联网是新一代信息技术的重要组成部分,也是"信息化"时代的重要发展阶段。其英文名称是:"Internet of things(IOT)"。物联网就是物物相连的互联网。包含两层意思:物联网的核心和基础仍然是互联网,是在互联网基础上的延伸和扩展的网络;其用户端延伸和扩展到了任何物品与物品之间,进行信息交换和通信,也就是物物相息。其被称为继计算机、互联网之后世界信息产业发展的第三次浪潮。

物联网技术发展日新月异,其概念也随着人类物联网技术发展和应用创新的突破而发展变化。物联网是微电子学科、计算机学科、通信学科、电子技术学科交叉融合的一个大概念。不同领域的学者对物联网的概念描述侧重不同的方面,下面给出几个具有代表性的物联网定义。

(1)IBM首席执行官彭明盛提出:物联网是指运用新一代的技术将传感器嵌入到全球的电网、铁路、公路、桥梁、建筑、供水系统等各种物体中,通过互连所形成的网络。

(2)温家宝总理在2010年政府工作报告提出:物联网指通过信息传感设备,按照约定的协议,把任何物品与互联网连接起来,进行信息交换和通信,以实现智能化识别、定位、跟踪、监控和管理的一种网络。它是在互联网基础上延伸和扩展的网络。

(3)郑欣在其博士论文中提出:物联网是通过射频识别、红外感应器、全球定位系统等传感设备,基于社会、经济领域的实际管理和应用需求,按约定的相关协议,把需要联网的物品与网络连接起来,进行信息交换和通讯,以实现智能化识别、定位、跟踪、监控和管理的一种网络。

综上所述,物联网是指通过信息传感设备如:射频识别(RFID)、红外感应器、全球定位系统、激光扫描器等,在一定的需求下,按照约定的协议,把任何物品与互联网相连,实现人与物、物与物的信息交换和通信,以实现智能化感知、定位、追踪、管理的一种巨大网络。

二、物联网关键技术

物联网技术使得物体间形成更加广泛的互联,随时随地提供智能服务,实现更大规模的网络覆盖和系统集成。对于物联网的产业链,具体可细分为标识、感知、信息传送和数据处理这四个环节,其中包括的核心技术主要有射频识别技术,传感技术,嵌入式系统技术、无线通信和电源管理技术、云计算等。

1. RFID 技术

RFID(射频识别)技术是一种无接触的自动识别技术,利用射频信号及其空间耦合传输特性,实现对静态或移动待识别物体的自动识别,用于对采集点的信息进行"标准化"标识。鉴于 RFID 技术可实现无接触的自动识别,全天候、识别穿透能力强、无接触磨损,可同时实现对多个物品的自动识别等诸多特点,将这一技术应用到物联网领域,使其与互联网、通信技术相结合,可实现全球范围内物品的跟踪与信息的共享,在物联网"识别"信息和近程通讯的层面中,起着至关重要的作用。另一方面,产品电子代码(EPC)采用 RFID 电子标签技术作为载体,大大推动了物联网发展和应用。

2. 传感器技术

传感器可以采集大量信息,它是许多装备和信息系统必备的信息摄取器件。若无传感器对最初信息的检测、交替和捕获,所有控制与测试都不能实现。即使是最先进的计算机,若是没有信息和可靠数据,都不能有效地发挥传感器本身作用。传感器技术的突破和发展有三个方面:网络化、感知信息、智能化。传感器技术则是以传感器为核心论述其内涵、外延的技术;也是一门涉及测量技术、功能材料、微电子技术、精密与细微加工技术、信息处理技术和计算机技术等相互结合形成的密集型综合技术。

3. 嵌入式系统技术

嵌入式系统技术是综合了计算机软硬件、传感器技术、集成电路技术、电子应用技术为一体的复杂技术。经过几十年的演变,以嵌入式系统为特征的智能终端产品随处可见;小到人们身边的 MP3,大到航天航空的卫星系统。嵌入式系统正在改变着人们的生活,推动着工业生产以及国防工业的发展。如果把物联网用人体做一个简单比喻,传感器相当于人的眼睛、鼻子、皮肤等感官,网络就是神经系统用来传递信息,嵌入式系统则是人的大脑,在接收到信息后要进行分类处理。这个例子很形象的描述了传感器、嵌入式系统在物联网中的位置与作用。

4. 无线通信、电源管理技术

物联网通信技术按照传输距离的大小可分为短距离通信技术和广域网通信技术。短距离通信技术代表有 Zigbee、Wi-Fi、Bluetooth、Z-wave 等。长距离通信技术包括运营商的 2G/3G/4G 技术,以及近几年才兴起的 LPWAN(低功耗广域物联网)技术。在消费级或商业级的物联网设备中,电源管理通常是一个非常重要的技术,电源管理 IC 技术趋势根据不同的终端应用而有所不同,IOT 电源管理的发展趋势受 IOT 终端设备的影响,每种 IOT 设备的电源管理发展趋势都与具体的应用相关。随着应用处理器电源架构变得越来越复杂,电源管理必须更加精细,才能优化系统性能。

5. 云计算

云计算是把一些相关网络技术和电脑融合在一起的产物。它是利用分布式计算机计算出的信息和运行数据中心改成与互联网相近,使资源能够运用到有用的技术上,对存储系统和电脑做必要的咨询。目的是把各种消费进行低成本处理并融合为功能完整的实体,还可以运用 MSP、SAAS 等模式分布并计算到终端用户。云计算是以加强改善其处理能力为重点,用户终端的负担也相应降低,I/O 设备也能够简化,还可以对它的计算功能进行合理的享受并运用。例如百度等搜索功能就是它的应用之一。

三、物联网在电子商务物流的应用

通过物联网技术的介入,整体的物流过程将越来越完善,在仓储、运输、配送等各个环节方面的问题也将极大改善,向着更高的智能化方向发展。

1. 智能仓储

仓储是电子商务物流当中一个非常重要的环节,将 RFID、EPC 和人工智能等技术应用到仓储管理中,形成智能仓储系统。智能仓储系统的特点是实现了自动化,利用自动化搬运设备和计算机的配合使用达到按需存取的目的。可以有效地解决仓储管理中的问题,可以实现批量识别,大大减少了工作量;可以让产品的整个物流、信息进行相应的统一和协调,让产品或者商品可以在标识和途径等方面有路可寻,让企业对整个商品的物流流程进行统一的规划和管理,减少企业仓库中商品的剩余数量,对商品企业仓库进行细致的优化,提高商品的流动频率,提高物流效率。

2. 智能运输

物联网技术的发展为智能运输提供了更确切的感知。在通信、信息、网络等的基础上,将物联网技术应用到运输环节,建立一个高效、智能的运输系统,通过对物联网技术的使用,通过 RFID、GPS 等技术对运输商品的车辆进行追踪和定位,对货物实行实时监控。随时掌握货物在途状态,驾驶物流车辆的人员及时获得当前的交通信息,选择最优的驾驶路线,优化配送路径,缩短货物送达时间,降低货物运输成本。此外,在运输过程中,运输车辆实时跟踪,可以随时掌握货物在途状态和行驶位置,还可以保障运输车辆行驶的安全性。智能运输系统的实现,使运输过程透明化,在保证了安全的同时,也避免某些投机分子利用运输过程做出各种违法活动,方便了对货物的监管。

3. 智能配送

将 RFID 和智能技术等物联网技术应用到配送环节,实现智能配送,能够更好地提高配送速度快和准确率。通过智能配送系统的信息交互,可以很快地分拣出各个地区的货物,并且及时分配好车辆进行配送。为保障配送过程各个环节中货物的安全,将 RFID、GPRS、GPS 等技术,便于管理部门在管控中心对在线配送车辆的全程可视化监管,配送管理系统能够对车载在途中进行监控和管理,实时了解车载运行状态和位置。此外,通过这种实时监控的行为,也大大降低了人工成本,实现了全自动化配送工作。可以让用户在货物运输过程中,能够实时获取物流信息,依靠物联网相关技术,电子商务各方参与者可以对产品、订单信息进行实时的跟进、监测,防止产品丢失、偷盗等各种意外事故的发生,同时也可以预防产品出现错投、乱投等现象。

从"中国制造2025"到"互联网+",都离不开物联网的支撑。物联网已被国务院列为我国重点规划的战略性新兴产业之一,在国家政策带动下,我国物联网领域在技术标准研究、应用示范和推进、产业培育和发展等领域取得了十足的进步。随着物联网应用示范项目的大力开展、国家战略的推进,以及云计算、大数据等技术和市场的驱动,我国物联网市场的需求不断被激发,物联网产业呈现出蓬勃生机。

◆ 项目实操

[实操项目1]电子商务物流体系

电子商务物流体系图的绘制。

[实操项目情景设计]

案例4-2　京东商城"青龙"物流配送系统

京东商城宣布完成物流配送系统大升级,代号为"青龙"的京东全新物流配送系统全面完成。

据了解,从2012年4月"青龙"物流系统在武汉预发布成功后,华中、华南、东北、西南和华东地区陆续进行升级。而现在,京东华北区物流中心"青龙"系统的成功上线以及物流配送服务的正式开放,标志着"青龙"工程的顺利完工。

据京东商城有关负责人介绍,此番升级的物流配送系统通过构建高效的信息管理系统、提升海量信息处理能力,有效地提升了配送人员的工作效率。而且,升级后的物流系统不仅支持京东自营配送站和自提点的配送业务,还支持对外承接物流配送业务,有效扩大了京东现有物流平台的服务类型和范围。

除此之外,该物流配送系统也实现了上门取件、上门换新等逆向功能。不仅为消费者提供上门退换货服务,还可为第三方商家提供5小时上门取件、货到付款等服务。

青龙系统还具备支持未来京东快递开展二三线城市的自营站点与合作站点的建设能力,届时更多的非一线城市网购消费者也将享受到"211限时达"服务。

(资料来源:http://money.163.com/13/0109/06/8KOPA0HP002526O3.html)

[实操任务]

1.根据上述案例,并登录京东商城(www.jd.com),详细了解京东商城的配送方式和体系,画出京东商城的电子商务物流体系示意图,并说说它的操作流程。

2.运用网络工具查找一些公司的物流体系结构相关信息,用所学知识进行分析,并写出分析报告。

[**实操项目 2**] 电子商务物流技术

电子商务物流技术应用方案设计。

[**实操项目情景设计**]

案例 4-3　某市烟草公司物流作业管理

某市烟草公司物流配送中心于 2008 年 5 月完成全面的搬迁并投入运行。项目总投资 1.1 亿元（含工程建设 0.9 亿元，设备设施 0.2 亿元），物流园区总占地面积 110 亩，总建筑面积为 12500m^2，联合工房建筑面积为 8796m^2。设计规模可达年配送能力 30 万箱，库容量 1.5 万箱，日分拣配送能力 1200 箱，为该市 17000 多户零售商提供卷烟配送服务，服务覆盖 8 个区县、面积为 7402km^2。

物流配送中心投入运营后，由于现存的所有软件系统是不同时期、不同软件开发单位在不同阶段实施的，所以没有进行全盘规划和系统整合，一系列瓶颈问题开始不断暴露出来。突出表现在：

(1) 物流作业全程信息流程设计不合理。各系统的独立运作使全程信息流程无法有效连接，信息被割裂，不能顺畅运行，使作业环节之间缺乏联系。在原有的数字化仓储管理软件中，只能实现仓储区的仓储管理，不能对整个联合工房的备货区、补货区、分拣区和发货区进行仓储管理。因此，造成只能采用当日分拣总量一次性出库到分拣区的做法，使出库作业、订单处理时间较长。

(2) 原有信息系统未能实现物流作业场地、设备、人员等资源的调度，信息关注对象为卷烟货物，难以适应对场地利用率、设备利用率、人员劳动效率进行分析等精细化管理的要求，无法采用弹性调度对场地、设备、人员等资源的高效利用，也无法实现区域物流协作。

(3) 原有信息系统只注重物流作业结果导购（ptisys.com），而不关注物流作业的全过程管理及监控。无法获取物流作业各环节的实时信息及实现可视化、透明化的管理。因此，难以推动物流作业过程的精细化管理。尤其体现在不能获取配送车辆的实时运行状态及配送过程的全程监控，进而也无法实现车辆资源的动态调度。只能按行政区划来划分配送区域，采用固定的配送线路和装载方案。在配送过程中也由于货物送达地较多，所以造成送货员送货出现错误、极少部分送货员利用自身掌握的市场信息优势进行串货的现象。同时，专卖人员在检查市场的过程中也存在一定困难。

（资料来源：国脉物联网 http://case.im2m.com.cn/）

[**实操任务**]

1. 针对上述案例物流作业管理过程中存在的问题，设计出应用现代电子商务物流技术的解决方案。

2. 运用网络工具查找一些电子商务物流技术应用的相关信息。用所学知识进行分析，并写出分析报告。

[实操项目 3]电子商务供应链管理

分析如何进行电子商务供应链管理。

[实操项目情景设计]

案例 4-4　Q 公司的 E 化供应链管理

Q 公司是我国具有自主品牌的著名汽车制造商,2006 年销售量突破 30 万辆,进入汽车市场的四强。

2001 年,随着产量与销量的迅猛增长,Q 公司面临着新的挑战:是在原有的简单信息化技术支持下增加人手、厂房,扩大再生产,增加现有效益呢?还是进行变革,打造一个以网络信息化为基础的低成本、高效率、高附加值的模式呢? Q 公司在吸取了先进企业的经验和教训后选择了实施电子商务战略。其目标就是要通过网络和信息技术的应用,整合供、产、销、运,提高企业的生产能力和经营效率,降低经营成本,提升客户服务能力,增强企业市场适应能力和竞争能力。

Q 公司的供应链是以 Q 公司为核心的一个网链结构。为实现供应链集成化管理,Q 公司首先于 2002 年 10 月起实施了 ERP 应用,并相继实施了供应链管理系统(SCM)、物流管理系统(LMS)和分销商信息系统(DCS)。2004 年,Q 公司建立起企业统一信息门户网站(EPS),将 SCM、LMS、DCS 与 ERP 系统集成,实现了物流、信息流、资金流的集成管理,逐步建立了以 SAP 公司的 mysap.com 为基础平台的电子商务应用系统。

Q 公司实施的 SCM 并不仅仅局限于企业内部职能部门之间的协调以及企业供应商之间的信息数据交换,而是将供应链提升到参与各方的协同,包括战略规划与风险分享。为了实现与供应链成员之间的信息共享与协同作业,EPS 系统提供了如下 2 个栏目:

一是电子看板。目的是将 mySAP 中物料需求信息及时传递给供应商和第三方物流公司,要求供应商据此实施 JIT 送货。该功能参考了 Q 公司的传统经验,重新定义格式和处理方式,既有效地降低了库存,同时又避免了因为频繁送货而增加成本。

二是电子公告。Q 公司根据不同的生产节点向不同的供应商分时发布公告信息(如 96 小时、24 小时、7 小时等)或向指定供应商发布信息,支持一对一或一对多的信息发布;同时,供应商也可以通过该电子公告栏向 Q 公司反馈各类信息系统提供的待办事项、预警、E-mail 等,支持双方协同处理相关工作。

在需求预测上,Q 公司向分销商提出了周计划策略,而对零部件供应,则采用排序供货策略,即由供应商直接将物料送入生产车间,送上生产流水线。

电子商务的实施为 Q 公司带来了明显的好处:2005 年,库存占用资金比率降低了 10%;管理及销售费用降低了 3%;采购资金占用率降低了 10%;应收账款减少了 3%;提高了生产计划的准确性及实效性,减少在线占用资金 3%;生产效率提高了 5%,销售额上涨了 100%。

(资料来源:刘业政,何建民.电子商务概论(第二版).北京:高等教育出版社,2012.)

[**实操任务**]

1. 根据上述案例,绘制 Q 公司的供应链成员关系图,并进行相应描述。

2. 运用网络工具查找一些企业电子商务供应链管理的相关信息。用所学知识进行分析,并写出分析报告。

项目五
网络营销管理

◇ **学习目标**

理解：电子商务网络营销的概念、构成及特点；网络营销的基本技术。
掌握：电子商务网络营销的模式、方法。
应用：网络营销策划的步骤、要求与细节，学会网络营销及客户关系管理。

◇ **项目案例导读**

戴尔成功的营销策略

戴尔电脑有限公司是电脑行业中的佼佼者。从 2001 年以来，戴尔公司一直是全球市场占有率最高的厂商之一。合适的营销观念和策略是戴尔成功的重要因素之一。戴尔的首席执行官 Michel Dell 的理念非常简单：按照客户的需要和要求去制造产品；绕开中间环节，直接向最终用户，既减少了产品成本，又能直接有效和明确的了解他们的需要，继而迅速做出反应。

戴尔通过首创的直销模式，与大型跨国公司和企业、政府部门、教育机构、中小型企业和个人消费者建立直接的联系。根据不同的需求。客户可以选择任何一种方式非常方便地同戴尔进行沟通。以网络沟通渠道为例，戴尔开发了一整套的网上营业工具，用于客户方便地在网上购买戴尔产品。同时，戴尔售后服务和技术服务办到了网上，缩短了对客户需求的反应时间，吸引了更多的客户，还极大地降低了成本。为此，戴尔也获得了极大的收益，公司营业收入的 40% 来源于网上交易。

案例分析：戴尔成功的营销策略包含哪些主要内容？

以消费者需求为中心是现代营销观念的核心。戴尔的成功在于及时地将现代的营销观念运用于经营实践中，并通过网络营销完美地实现了营销战略的升级。

首先，戴尔改变了传统的营销观念，将"能生产什么就卖什么"改变为"顾客需要什么就生产什么"。

其次，戴尔建立了高效、低成本的网上销售渠道。

这种直销的网上销售模式强化了和客户之间的关系，更直接地得到了客户的反馈信息。为戴尔提供更好的服务建立了基础。可以这么说：网络营销捍卫了戴尔这么多年出色经营业绩和它在计算机硬件领域重量级地位。

(资料来源:宋文官.网络营销及案例分析.北京:高等教育出版社,2005.)

◆知识支撑

任务一　网络营销概述

一、理解网络营销

1. 网络营销的概念及理解

网络营销也叫"网络市场营销"(Cyber－Marketing、Internet Marketing、E- Marketing、Network Marketing),广义地说,凡是以互联网为主要手段进行的,为达到一定营销目标的营销活动,都可称为"网络营销"。网络营销是企业整体营销战略的一个组成部分,是为实现企业总体经营目标所进行的,以互联网为基本手段,营造网上经营环境,实施各种营销策略的各种活动。据此定义,网络营销的核心内容就是"营造网上经营环境"。

所谓"网上经营环境",是指企业内部和外部与开展网上经营活动相关的环境,包括企业网站、顾客、网络服务商、合作伙伴、供应商、销售商等网络环境。网络营销的开展就是对企业网上经营环境的营造过程。对于网络营销的外部环境,需要充分的了解、学习、适应并合理选择、利用宏观网络营销资源,尽可能达成与环境的协调,营造和谐的外部环境;网络营销的内部环境,则在很大程度上是企业可以自己掌握和控制的。各种可以影响网络营销效果的因素都可以通过自己的努力得以改善,努力创造并充分利用有价值的网络营销资源,只有这样才能真正让网络营销发挥其应有的作用。

随着科学技术特别是传播和通信技术的不断发展,网络营销的内涵也在不断地更新和发展。因此不要把网络营销的概念僵化理解,与企业活动有关的任何网络行为都可认为具有网格营销的价值。

2. 网络营销的诞生及发展

网络营销是随着互联网进入商业应用而逐渐诞生的。电子邮件虽然早在1971年就已经诞生,但在互联网普及应用之前,并没有被应用于营销领域。1994年被认为是网络营销发展的重要一年,网络广告诞生的同时,这一年基于互联网的知名搜索引擎Yahoo!、Webcrawler、Infoseek、Lycos等也相继诞生,可以认为网络营销诞生于1994年。

案例学习5-1　最早将新闻组应用于网络营销的"绿卡抽奖"广告信

微软的中文新闻组中对新闻组作了这样的一个定义:讨论组(亦称"新闻组")是因特网

上的一个区域,人们在这里通过张贴和读取有关自己和社区中其他人共同感兴趣的主题的消息来进行交流。互联网发展初期,上网费用较为昂贵,新闻组是人们互相交流的主要方式之一。

很早就有人看到了以新闻组作为网络营销场所的契机。美国的亚利桑那州就有两位从事移民签证咨询服务的律师夫妻决定从这个新生事物上赚一笔。于是他们于1994年4月12日把一封"绿卡抽奖"的广告信发到每一个他们可以发现的新闻组。他们的"邮件炸弹"让许多服务商的服务一时处于瘫痪状态,引起了轩然大波。这对律师夫妻从网上赚钱后半年多时间,网络广告才正式诞生,此后15个月,全球著名的亚马逊网上商店才成立。据这两位律师在其后所著的《网络赚钱术》(How to Make a Fortune on the Internet Superhighway)中说,他们只花费了20美元的上网通信费,就吸引来2.5万个客户,赚了十万美元。他们认为,通过互联网进行E-mail营销是前所未有、几乎无需任何成本的营销方式。当然,他们并没有考虑他人的感受,也没有计算他人因此而遭受的损失。

尽管这种未经许可的电子邮件不是我们所允许的、正规的网络营销,但正是由此事件,人们开始思考网络营销,"律师事件"成功的运作正是网络营销思想萌芽。

1994年10月27日出现的第一则网络广告,标志网络营销诞生。

随着企业网站数量和上网人数的增加,各种网络营销工具、方法相即出现,网络营销飞速发展。

3. 网络营销的主要优势和特点

随着技术的发展,互联网将企业、团体、组织以及个人跨时空地联结在一起,使他们之间信息的交换变得"无障碍"。互联网具有营销所要求的某些特性,使网络营销呈现出以下特点:

(1)不受时空限制。通过互联网能超越时空约束进行信息交换,企业能有更多时间在更大空间中营销,全时段、全方位向客户提供全球营销服务,尽可能多的拥有客户资源。

(2)网络营销交互性强。交互性是互联网最大的优势,其通过各种在线互动方式,拉近用户、企业间的距离。

(3)成本低、速度快、更改灵活。网络营销能克服传统营销的缺点,做到成本低、速度快、更改灵活,使经营决策的转换能及时实施和推广。

(4)网络营销具有可重复性和可检索性。网络营销可以将文字、声音、画面完美地结合在一起,供用户主动检索、重复观看。

(5)网络营销是多维营销。纸质媒体是二维的,网络营销则是多维的。它能将文字、图像和声音有机组合在一起,传递多感官的信息,让顾客身临其境般感受商品或服务。

(6)网络营销更具有针对性。通过提供众多的免费服务,网站一般都能建立完整的用户数据库,包括用户的地域分布、年龄、性别、收入、职业、婚姻状况、爱好等。这些资料可帮助企业分析市场与受众,根据目标受众的特点,有针对性地进行网络营销。

(7)网络营销具有人性化。在互联网上进行的促销活动具有一对一和循序渐进式特点。这是一种低成本、人性化的促销方式,可以避免传统推销活动中强势推销的不足,交互式沟通还可以与消费者建立起一种长期、互信任的良好合作关系。

(8)网络营销的技术性对其发展有重要影响。建立在以高技术作为支撑的互联网络基础上的网络营销,要求企业在实施时必须有一定的技术投入和技术支持。

4. 网络营销的主要职能

网络营销可以对企业经营的各个方面起到重要作用,形成一套完整的职能体系。网络营销职能体系的主要组成可归纳为以下几个方面。

(1)网站建设。没有专业化企业网站为基础,网络营销方法效果受很大限制。企业网站建设应以网络营销策略为导向,为有效开展网络营销提供支持。

(2)品牌文化。网络营销的重要任务之一就是在互联网上推广企业产品。知名企业的网下品牌在网上得以延伸,一般企业则可通过互联网快速树立品牌文化,提升企业整体形象。

(3)网站推广。网站所有功能的发挥都要一定的访问量为基础,网站推广是网络营销的核心工作。

(4)信息发布。无论哪种网络营销方式,都是将一定的信息传递给目标人群。

(5)线下销售促进。大部分网络营销方法都与直接或间接促进销售有关。但促进销售并不限于促进网上销售,在很多情况下对于促进网下销售也十分有价值。

(6)网上销售。网上销售是企业销售渠道在网上的延伸,网上销售渠道建设不限于网站本身,还包括建立在电子商务平台上的网上商店,以及与其他电子商务网站不同形式的合作等。

(7)顾客服务。互联网提供了更加方便的,在线顾客服务手段。

(8)顾客关系维护。良好的顾客关系是网络营销取得成绩的必要条件。通过网站的交互性,在开展顾客服务的同时,也增进了企业与顾客之间的关系,实现顾客关系的维护。

(9)网上调研。相对传统市场调研,网上调研具有高效率、低成本、调查范围广、信息精确度高等特点。因此,网上调研成为网络营销的主要职能之一。

(10)数据统计分析。对企业网站流量、用户数据跟踪记录、媒体数据跟踪分析等,汇集各种数据,并通过数据综合,了解和评价企业营销效果,规划企业下一步的营销策略和发展战略。

网络营销的各项主要职能之间并非相互独立,而是相互联系、相互促进的,网络营销的最终效果是各项职能共同作用的结果。图5-1描述了网络营销10项职能之间的整体效益最大化。

开展网络营销的意义就在于通过各种网络营销方法,充分发挥各种职能,让网上经营的整体效益最大化。

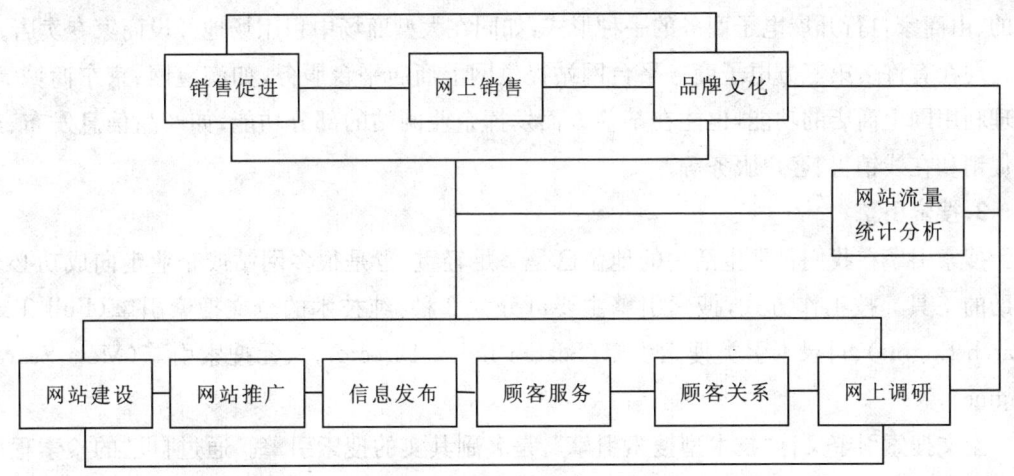

图 5-1 网络营销职能关系图

二、网络营销的常用工具

网络营销信息传递需要借助于种种有效的网络营销工具。随着互联网技术和应用的不断发展,适用于网络营销的基本工具也不断推陈出新,使网络营销工具有一定的阶段性。认识、了解网络工具的特征和在网络营销中的作用,是有效运用这些工具为企业经营服务的基础。

1. 企业网站

网站建设与网络营销是密不可分的,企业网站是网络营销策略的组成部分,企业网站建设本身以及网站运营对网络营销策略和网络营销效果都产生直接的影响。根据其侧重点不同,可将企业网站分为6种类型。

(1) 信息型:网站以信息发布为主,提供有关产品、招聘机会、投资关系及用户服务的信息。

(2) 广告型:企业在网站上做广告,宣传企业产品或品牌形象。

(3) 信息订阅型:企业不仅提供大量信息,还进行一定的营销活动,并提供信息订阅的功能(按信息的需求不同,有收费和免费两种形式)。

(4) 在线销售型:网站通过精心编制的图片和文字来描述他们所提供的产品,并开展促销活动。同时,提供"网上购物车"系统以及在线交易系统,实现在线销售功能。

(5) 技术支持型:许多企业都利用互联网这一有效沟通渠道提供技术支持和售后服务。

(6) 综合型:大型企业的网站往往兼有以上各种形式,具有综合性作用。

从企业营销策略来看,企业网站是一个开展网络营销的综合性工具。这就决定了网站在企业网络营销中不是孤立的,不仅与其他营销方法有直接关系,也是开展网络营销的基础。

2. 网上商店

所谓"网上商店"(或称为网络商店、网上开店、网店),是指建立在第三方电子商务平台上的、由商家自行开展电子商务的一种形式,如同在大型商场中租用场地开设商家专卖店。

现在有许多第三方电子商务平台网站提供网上商店平台服务,如淘宝网、京东商城等。合理利用网上商店的功能,也能在某些方面发挥企业网站的部分功能,如产品信息发布、产品促销和在线销售、客户服务等。

3. 搜索引擎

搜索引擎在我们日常生活中的地位已是举足轻重,也是很多网站或企业走向成功必须借助的工具。按工作方式,搜索引擎主要可分为 3 种:纯技术的全文搜索引擎(Full Text Search Engine)、目录索引类搜索引擎(Search Index/Directory)、元搜索引擎(Meta Search Engine)。

全文搜索引擎又称"技术型搜索引擎",是名副其实的搜索引擎。通过自己的检索程序(Indexer),从互联网上提取、存储各网站的信息(以网页文字为主),并建立索引数据库供用户查询,检索与用户查询条件匹配的相关记录,然后按一定的排列顺序将结果返回给用户,代表有 Google、百度。

分类目录搜索引擎严格意义上算不上是真正的搜索引擎,仅仅是按目录分类的网站链接列表而已。Yahoo!、搜狐、新浪都属于这一类。

元搜索引擎接受用户查询请求后,同时在其他多个搜索引擎上搜索,并将结果返回给用户。由于没有自己的索引数据库,所以在信息来源和技术方面都受限制,搜索结果并不理想。

4. 电子邮件

电子邮件(Electronic Mail,简称 E-mail,)是一种用电子手段提供信息交换的通信方式,是因特网应用最广的服务之一。通过电子邮件系统,用户可以用非常低廉的成本,非常快速,与世界上任何一个角落的网络用户联系。这些电子邮件可以是文字、图像、声音等各种形式。同时,用户可以得到大量免费的新闻、专题邮件,并轻松实现信息收集。

在网络营销中,电子邮件是品牌、网站和产品推广的重要途径,也是提供顾客服务,维系顾客关系的重要手段,更是市场调研和收集信息的重要方法。

5. 博客(BLOG)

"博客"(Blog)通常称为"网络日志",全名为(Web Blog),解释为网络出版(Web Publishing)、发表和张贴文章。

博客作为一种新的表达传递的方式,它传递的不仅是某种情绪,还包括大量的智慧、意见和思想。博客的出现和繁荣,真正凸现网络的知识价值,标志着互联网发展开始步入更高的阶段,而利用博客进行营销,也正是知识营销的具体应用。

微博是博客的一种形式,即可定义为形式简洁,内容简短的博客,它的出现符合青年人快而个性的生活状态。网络大 V(圈粉很多的微博博主)则通常是网络营销的助力者。

6. RSS

RSS 是 2004 年最热门的互联网词汇之一,严格地说它是一种技术应用,即在线共享内容的一种简易方式(也叫聚合内容,Really Simple Syndication)。RSS搭建了信息迅速传播的一个技术平台,使得每个人都成为潜在的信息提供者。类似于企业在网站上提供一个分类细置,具有简要内容介绍的信息目录,用户根据需要选择相应内容详细阅读。目前RSS的应用模式已进入移动网络,如微信的公众号订阅。

7. SNS

SNS(Social Network Services),是社会性网络服务,它依据六度理论,以认识朋友的朋友为基础,无限扩张自己的人脉,旨在帮助人们建立社会性网络的互联网应用服务,包括社交网站和社会性网络软件SNS(Social Network Software),一个采用分布式技术构建的下一代基于个人的网络基础软件。它即是一种理念,也是一种技术,目前各种流行的社会性网络应用都基于SNS。

8. WIKI

Wiki一词来源于夏威夷语的"wee kee",原本是"快点"的意思。在这里Wiki指的是一种网上共同协作的超文本系统,可由多人共同对网站内容进行维护和更新。用户可通过网页浏览器对Wiki文本进行浏览、创建、更改,并不需要懂得HTLM代码,只要简单了解少量的Wiki的语法的约定。Wiki系统创造者的Ward Cunningham,共同为Wiki下了定义:一群相互连接并可自由扩展的网页、一套用来储存与修改信息的超文字系统,所有的网页储存在一套数据库中,任何人透过具有表单功能的浏览器用户程序,皆可轻易加以编辑。与其他超文本系统相比,Wiki有使用方便及开放的特点,所以Wiki系统可以在一个社群内共同收集、创作某领域的知识,发布大家都关心和感兴趣的话题。典型的应用如:百度百科。

9. 网络社区

网络社区是指包括论坛、贴吧、公告栏、群组讨论、在线聊天、交友、个人空间、无线增值服务等形式在内的网上交流空间,是网上特有的一种虚拟社会。主要通过把具有共同兴趣的访问者集中到一个虚拟空间,达到成员相互沟通的目的。网络社区是用户常用的服务之一,由于有众多用户的参与,其已不仅仅具备交流的功能,实际上是一种网络营销场所。论坛、聊天室、QQ或微信群都是网络社区中主要的表现形式,在网络营销中有着独到的应用。

10. 网络视频/网络游戏

随着互联网的高速发展和普及应用,用户已经不再满足于只在网络上阅读文字和图片。于是,一种新的视频点播技术(流直播)得到大力发展,用户可以直接在网络上实现"即点即播"看视频内容。这种受到网民青睐的新媒体自然成为网络广告偏爱的新载体。同样备受追捧的娱乐工具、网络游戏也是目前网络广告,尤其是植入广告的主要载体之一。

11. 即时信息

即时信息(Instant messaging,简称IM),是指可以在线实时交流的方式,即通常所说的在线聊天工具。即时信息(IM)在网络营销中的作用主要表现在6个方面:增进顾客关系、在线顾客服务、在线导购、网络广告媒体、病毒性营销传播工具、突破营销时空的限制等。

三、网络营销常用方法

网络营销的各项职能需要借助各种营销工具,通过各种营销手段来实现。同网络营销常用工具一样,网络营销方法也是网络营销的基础知识,需要重点学习和掌握。

1. 搜索引擎营销

这是目前最常用、最为成熟的一种网络营销方法之一。如何充分利用搜索引擎为企业作好网络推广,是每一个企业都应该重视的问题。因此,在主要的搜索引擎(如百度)上注册并获得最理想的排名,是网站设计过程中就要考虑的问题之一。

网站正式发布后尽快提交到主要的搜索引擎,是网络营销的基本任务。并要根据企业需要选择购买关键词、品牌专区等形式,让企业能被更多用户搜索到,且点击进入企业营销信息窗口。

2. 病毒性营销

病毒性营销并非真的以传播病毒的方式开展营销,而是通过用户的口碑宣传网络,让信息像病毒一样传播和扩散,利用快速复制的方式传向数以千计、百万计受众。一个有效的病毒性营销战略归纳为6项基本要素:提供有价值的产品或服务;使传递信息的方式简单易行;信息传递范围很容易从小向大规模扩散;利用公共的积极性和行为;利用现有的通信网络;利用别人的资源。

目前病毒性营销因其效果的迅速和强烈,已受到特别的关注。在网站推广、产品推荐、品牌提升的网络营销实战中,病毒性营销都承担了重要任务。因为网络媒体的丰富,病毒性营销的新模式不断出现,只要具有6项基本要素的对企业经营有作用的信息扩散都可认为具有病毒性营销的效果。

3. 网络广告

在所有与产品推广和提升品牌形象有关的网络营销手段中,网络广告的作用最为直接。标准标志广告(Banner)曾经是网上广告的主流,进入2001年之后,网络广告领域发起了一场轰轰烈烈的创新运动,新的广告形式不断涌现。新型广告由于克服了标准条幅广告承载信息量有限、交互性差等弱点,因此获得了相对较高的点击率。而移动互联时代,网络广告在新媒上以更丰富的形式出现,视频广告成为现阶段网络广告的新宠,特别是微电影、微视频的出现和手机智能应用的丰富让视频网络广告更具有即时性。

4. 信息发布

信息发布既是网络营销的基本职能,又是一种实用的操作手段;既适用于无站点网络营销,又适用于有站点网络营销。

如果有企业站点,最重要的是将有价值的信息及时发布在自己的网站上。研究表明,大多数消费者访问企业的网站是为了查找公司联系信息或产品基本信息,网站提供的有效信息越详细,用户的满意程度越高。在无站点的情况下,只能利用其他网站提供的信息发布机会来发布信息,相对有站点的情况有一定的局限性。在其他网站发布企业信息既有免费方式,也有付费方式,可供发布信息的渠道有供求信息平台、分类广告、黄页服务、网络社区、微信和QQ群等。新闻、供求信息、邮件列表、电子杂志、网络广告等都是网络营销信息发布的主要方式。

5. 许可E-mail营销

E-mail营销已不是现阶段的主要营销,但在客户关系管理、传递企业品牌、发送促销信息等方面还起重要的作用,仍是企业营销策略的重要组成部分。利用Email做营销是必须经过用户许可的,这是保证营销有效的前提。基于用户许可的Email营销可以减少广告对用户的滋扰,增加潜在客户定位的准确度,增强与客户的关系,提高品牌忠诚度等。开展Email营销的基础是拥有潜在用户的Email地址,可以是企业从用户、潜在用户资料中自行收集整理,也可以利用第三方的潜在用户资源。如利用电子邮箱服务商网易的用户资源。

6. 网络会员制营销

网络会员制营销的英文是"Affiliate Program",一个网络会员制营销计划应该包含一个提供这种程序的商业网站和若干个会员网站。商业网站通过各种利益协议和电脑程序与各会员网站联系起来,将商家的分销渠道扩展到地球的各个角落,同时为会员网站提供一种简易的赚钱途径。如百度联盟,Google Adence。

7. 网上商店

从企业整体营销策略和顾客的角度考虑,网上商店的作用主要表现在两个方面:一方面,网上商店为企业扩展网上销售渠道提供了便利的条件;另一方面,建立在知名电子商务平台上的网上商店增加了顾客的信任度。从功能上来说,对不具备电子商务功能的企业网站也是一种有效的补充,对提升企业形象并直接增加销售具有良好效果,尤其是将企业网站与网上商店相结合,效果更为明显。

8. 网上拍卖

网上拍卖是电子商务领域比较成功的一种商业模式。这种方式比较简单,只要在网站进行注册,然后按照提示,很容易就可以发布产品拍卖信息。但在我国,网上商店的交易量远超过网上拍卖。但对特定的产品,它应该是一种很好的营销模式。

无论是否拥有企业网站,都可以利用网上商店与网上拍卖等方式开展网上销售工作,让互联网成为企业新型的销售渠道。

9. 网络事件营销

网络事件营销又可称为"网络新闻营销",是病毒性营销另一全新的表现形式。即企业通过策划、组织和利用具有名人效应、新闻价值以及社会影响的人物或事件,通过网站发布,吸引媒体、社会团体和消费者的兴趣与关注,以求提高企业或产品的知名度、美誉度,树立良好品牌形象,并最终促成产品或服务的销售目的。网络事件营销是近年来国内外十分流行的一种公关传播与市场推广手段,集新闻效应、广告效应、公共关系、形象传播、客户关系于一体,并为新产品推介、品牌展示创造机会,是一种快速提升品牌知名度与美誉度的营销手段。在"人人皆媒体"的时代,媒介传播效率大大提高,内容本身的重要性得以凸显。优质的内容、事件是事件营销的关键。

10. 数据营销

数据营销(Database Marketing Service,DMS)是在 IT、Internet 与 Database 技术发展后逐渐兴起和成熟起来的一种市场营销推广手段,是一种集营销方法、工具、技术的平台,更是企业经营的一种全新价值理念。通过收集和积累与经营相关的信息,尤其是消费者信息,经过处理后能给予顾客更加个性化的服务支持和营销设计,形成"一对一"的顾客关系管理机制。对于数据营销可从以下几个方面理解:

营销数据化:数据流化使得营销行动目标明确、可追踪、可衡量、可优化,从而造就了以数据为核心的营销闭环,即,消费—数据—营销—效果—消费。

社交网络营销价值化:通过大数据抓取用户,让社交平台价值倍增,而大数据营销不仅起到了一个连接社交平台,精准抓取用户的作用,而且通过数据整理提炼大众意见去做产品,完成了社交平台营销中的最基础环节。

广告更具合理性。大数据是通过受众分析,帮助广告主找出目标受众,对广告投放的内容、时间、形式等进行预判与调配,完成广告营销的整个过程。

多屏整合。多屏时代把受众的时间、行为分散到各个屏幕上,未来大数据营销的大趋势便是多屏整合下的数字营销。

智慧的数字生态。大数据实际上是一种"数据生态"的表现,大数据营销的两个核心方向是:TOB 即商业智能化;TOC,即以个人信息为核心生活服务,涉及餐饮、旅游、医疗等诸多领域,将在未来重构民生体验。

四、移动营销

"移动营销"是基于移动互联网的企业营销环境打造,"移动营销"也可以理解成是"网络营销"的技术性延伸。"移动营销"主要模式有:

1. 彩信短信

这一类通常是早期的营销者所做的,在短信业务刚开始兴起时出现的。但随着时代与技术的发展,接收信息用户参与度不高,反馈信息不多,并且容易引起消费者的反感。短信运营商也开始对这些广告信息进行管理,用户也会屏蔽。

2. 移动广告

移动广告是通过移动设备访问移动应用或移动网页时显示的广告,广告形式包括:图片、文字、插播广告、Html 5 链接、视频、重力感应广告等。

3. 终端植入模式

终端植入模式是将营销内容以彩图、视频、游戏、铃声音乐和各种多媒体形式植入到手机终端,如设置成待机屏保、桌面背景、手机开关机画面和来电画面等。

4. 定位广告模式

定位广告是基于 GPS 定位技术所开展的业务,该业务方式为产业链各方成员所看好,因此将其作为一种独立的商业模式,有很好的发展前景。

5. 众筹模式

众筹是通过移动互联网发布筹款项目并募集资金,让目标受众参与到产品和项目中来,成为利益共同体,最大限度实现产品和目标顾客的有效互动。

6. 自媒体营销

以营销者(个体或企业)的微信、QQ空间、播客平台等自我展现的移动媒体平台(自媒体),以聚合听众(粉丝)为主要手段,将每一个听众(粉丝)作为潜在的营销对象,营销者更新自己的自媒体平台向粉丝传播营销信息、产品信息。

7. 虚拟体验营销

随着VR技术的成熟,用户通过手机可以随时享有置身其境的体验,通过虚拟的仿真感受,了解产品和服务。

8. 媒体嫁接

传统媒体也在逐步探索移动端的传播模式。如报纸、传统出版行业+手机订阅,电视+移动终端视频等。

9. 微店营销

"微店"是一个基于移动互联网,将消费者、品牌商和零售商共同连接起来、共同建设和成长的平台。消费者可以通过微店实现精准购物,而商户及店员则可通过微店发布促销信息、商品资讯,对顾客进行一对一的贴心服务。微店自2013年开始兴起,2014年电商导购APP口袋购物推出"微店";腾讯微信公众平台推出"微信小店";京东"拍拍微店"也宣布完成升级测试,并与京东商城系统实现全面打通,开始大规模招商。"微店"如今已经成为一种新型的商业模式。

10. 移动网站式营销

目前,多数企业都在为移动终端开发专用网站。通常,移动终端的网站可分为两类:WAP版网站和触屏版网站。

(1) WAP版网站。因为传统智能手机屏幕较小,且某些智能机不具备多点触控功能,WAP版网站通常较为简洁、简单,并具有适合使用手机键盘操作等特点。但通过高端智能手机访问的用户体验度就会稍差。

(2) 触屏版网站。触屏版网站主要针对高端智能手机(大屏幕触屏手机)或平板电脑,支持苹果、安卓等操作系统、支持所有主流手机浏览器的访问,可给用户呈现华丽的网页视觉效果。随着高端触屏手机的普及,手机触屏版网站成为主流并逐渐取代WAP网站。

11. 公众平台式营销

近年来,借助微信、微博、手机QQ等公众平台进行营销的方式颇受企业青睐,公众平台注册简单、操作便捷、运营成本低、针对性高,互动性强,适合各类企业对目标客户进行精准化营销。

(1) 微信营销。2011年初,腾讯继手机QQ推出一款手机即时通讯工具"微信",同时也提供社交网络服务。用户可以发送语音、文字、图片和视频信息,同时可向关注自己的"好友"分享心情和经历等信息。微信拥有腾讯庞大的用户基数,且其实时性、互动性、用户的有效性、到达率、精准度都十分突出。目前,商家进行微信营销的模式主要包括微稚公众号营销、"朋友圈"营销、微信代理营销等。

(2)手机QQ营销。手机QQ营销的效果不及微信营销,但也是移动电子商务营销的重要方式之一,QQ营销主要通过空间和QQ群。QQ空间的具体操作方法和效果与微信朋友圈大同小异,都是通过晒照片和发布文章的方式进行。而QQ群的营销方式相对于微信群而言则更加具有主观能动性。代理商和商家可以通过搜索相关的QQ群进行产品宣传,也可以为老客户建立档案和用户群,在这些群里可以发布产品的信息和促销活动,还可以招聘校园代理或QQ代理拓宽营销渠道。例如,母婴产品营销,则可以加入一些妈妈群,通过和群成员的互动了解受众群体的消费心理,及时调整营销策略。

12. 移动APP营销

手机APP(Applieation)移动端应用程序。随着智能手机的流行,手机APP一般特指智能终端的第三方应用程序。APP营销即通过APP应用程序进行商业信息的推广和宣传。

APP营销作为新兴的营销手段,与其他手段相比,具有成本低、精准度高、互动性强这些明显的优势,且APP本身还具有很强的实用价值,渗透在用户的学习、工作、生活、娱乐等多个方面,对用户有很高的粘性,而这正是APP作为营销工具的重要特征。此外,作为APP载体的智能手机发展速度不断加快、APP开发量持续上升、用户规模大,也为APP营销提供了有力保障。

目前,主要的APP营销模式有植入广告模式、网站移植模式和用户体验模式。

(1)植入广告模式。植入广告操作简单,是应用最广的模式。该模式以动态广告栏的形式进行广告植入,当用户点击广告栏的时候就会通过链接进入网站,了解产品详情或者是参与企业活动。商家只要将广告投放到那些下载量比较大的应用上就能达到良好的传播效果。

(2)网站移植模式。为适应移动终端的使用特征,各大应用类网站都着手将网站转换成APP,发布到应用商店内供用户下载,这种应用甚至可以在离线模式使用,快速便捷,也为用户的生活提供了便利。该模式被广泛地应用在银行、商场、旅游、餐饮等服务行业。

(3)用户体验模式。企业将产品及企业信息包装成APP,以图片、视频或游戏的形式吸引用户体验,进行互动,让用户直观地了解企业信息,从而达到营销的目的。

◇ **能力训练**

网络营销关键词策划

潜在或目标用户在搜索引擎中找到你的网站时输入的语句即关键词,不仅是搜索引擎优化的核心,也是整个搜索引擎营销的核心,更是网络营销首要考虑的问题。关键词的选择应该在网站设计之前就着手。如果关键词选择不当,后果可能是灾难性的。

1. 关键词的选择

(1)站在客户的角度考虑。潜在客户在搜索你的产品时将使用什么关键词可从众多资源中获得反馈,包括从的客户、供应商、品牌经理和销售人员那里获知其想法。

(2)重点考虑公司和产品名称。

(3)用自己的品牌做关键词。

(4)推广自己创新的关键词。当主营业务的关键词竞争特别激烈的时候,可以尝试创建新的关键词,开创属于自己的蓝海。例如:蒙牛的"特仑苏"在蒙语中是"金牌牛奶"之意,也是蒙牛的一个牛奶品牌。

(5)多方参考。

①搜索引擎的搜索风云榜是关键词选择重要的参考文本。主流搜索引擎的搜索风云榜如下:

http://top.baidu.com/百度搜索风云榜(图5-2)

http://cn.buzz.yahoo.com/bd_index_top.html 雅虎风向标

http://www.google.cn/rebang/home 谷歌热榜

http://www.sogou.com/top/ 搜狗指数

图5-2 百度搜索风云榜

② 对于专业类的网站,可参考行业类网站。

(6)使用地理位置。这对于服务于地方性的企业尤其重要。

(7)刺探竞争者使用的关键词。查看竞争对手关键词的方法:在浏览器中打开目标网页→点击"查看"→点击"源文件"→查看代码<meta name="keywords" content="其中的文字即该网站关键词">

(8)关注搜索引擎的相关搜索(图5-3)。

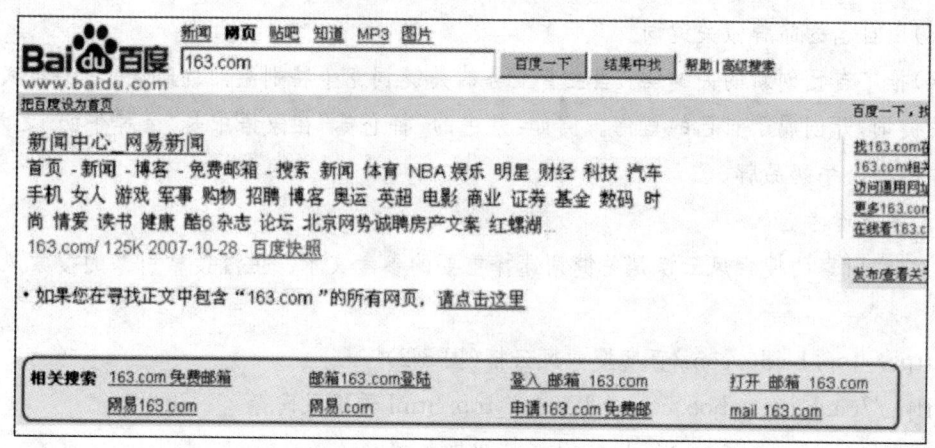

图 5-3　百度相关搜索

(9)在站点的访问日志中发现素材。查看站点的访问日志,这里能找到许多关键词,访问者就是使用这些关键词,通过搜索页面相应链接到达站点的。

(10)草船借箭。人们也会搜索类拟企业的产品,可以借用相关的关键词。

(11)长尾关键词的选择。用户的所有搜索行为中,20%的关键词产生了80%的访问量。但另外20%访问量的关键词转化率可能更高。所以,在关键词分析中,长尾关键词是绝对不能忽略的。

通过百度指数和经验分析,发现机票类站点推广上,选择大量包括国内140多个目的地、国际152个地区、900个目的地的50000多个长尾关键词进行推广,总体流量上跟"特价机票""机票"等核心关键词差不多,但费用大幅度下降,而客户转化率则更高。

(12)将关键词扩展成一系列词组或短语。不要用单一词汇,而是在单一词汇基础上进行扩展,也可借助关键词工具的推荐。

工具推荐:

Google AdWords关键字工具:查询特定关键词的常见查询及扩展匹配 https://adwords.google.com/select/KeywordSandbox

百度关键字工具:查询特定关键词的常见查询、扩展匹配及查询热度 http://www2.baidu.com/inquire/dsquery.php

(13)进行多重排列组合改变短语中的词序,以创建不同的词语组合。包含同义词、替换词、比喻词和常见错拼词。

(14)运用连字符。检查一下关键词表,看看有没有可以加连字符的,或可以去掉连字符的,然后将它们添加到关键词表中。在搜索引擎看来,Email 和 E-mail 是完全不同的两个关键字,搜索引擎把连字符作为一个空格符号处理。

(15)不要用意义太广的关键词。意义太广的关键词,意味着你的网站要跟更多的网站竞争排名,难以胜出。

(16)不用与自己无关的关键词。由于这些所谓"热门"词汇并未在网站内容中出现,因此对排名并无实质帮助,过多的虚假关键词还可能受到降低排名或拉入黑名单的处罚。

(17)控制关键词数量。一页中的核心关键词一般不要超过 5 个,而所有内容都针对这几个核心关键词展开,才能保证关键词密度合理。搜索引擎也会认为该网页主题明确。

2. 关键词密度

关键词字数与该页面总字数的比例称为"关键词密度",这是网站搜索优化最重要的一个因素。应保证一定的关键词密度,但不可过高,一般而言在 3%～5% 比较合适。

3. 关键词分布

关键词分布是指这些关键词在网页上的位置,应遵循以下基本原则:

(1)关键词位置固定。为了确保最基本的关键词密度或内容相关性,关键词应该分布在页面中的固定内容上,页面最上面的关键词布局,应稳定出现。这样的布局至少保证了页面一开始核心关键词就会出现一次。

(2)关键词最好出现在页面的开头或结尾以及连续段落文本的中间。

(3)确保正文最开始的内容中干扰信息和与关键词无关内容减至最少。

(4)金字塔形布局。一个比较合理的关键词分布类似金字塔形:核心关键词位于塔尖,只有一两个,使用首页优化;次一级关键词位于塔身部分,大约几十个,分布在一级栏目首页,意义最相关的两三个关键词放在一起,成为一个一级栏目目标关键词;再次二级则放在二级栏目首页;更多的长尾关键词处于塔底,放在具体产品或文字页面。

(5)每个页面只针对两三个关键词,不能过多。

(6)避免内部竞争。每个页面针对的两三个关键词,不要重复出现在网站的多个页面上。

(7)关键词研究决定内容策划。从关键词布局可以看到,网站要策划、撰写哪些内容,在很大程度上是由关键词研究所决定的,每个板块都针对一组明确的关键词进行内容组织。关键词研究做得越详细,内容策划就越顺利。

任务二　网络营销应用

整合网络营销就是网络营销工作的系统化、体系化。整合网络营销的目标是为企业创造网络品牌价值,为实现企业整体经营目标而服务。本节以不同的网络营销具体职能为线索,介绍整合网络营销的实践应用。

一、信息发布与传递

网络营销具有的强大的信息发布功能,可以把信息发布到全球任何一个地点,信息的扩散范围、停留时间、表现形式、延伸效果、公关能力、穿透能力都是最佳的。尤其通过网络,网上信息发布以后,可以能动地进行跟踪,获得回复,可以进行再交流和再沟通。因此,信息发布的效果明显。

信息发布主要指产品、供求信息或公司新闻的上网发布,包括关键词、信息标题、图片、产品、事件描述等内容。

应该说明的是,我们所学的所有网络营销工具和方法都具有信息发布和传递的作用,我们进行网络营销实践的主要任务之一就是向潜在用户传递尽可能多的有价值的信息,是在其他职能实现的同一过程中实现的。

二、网站推广

网站推广是网络营销的基本职能和主要任务。根据利用的主要推广工具,网站推广的基本方法可归纳为网站建设、搜索引擎推广方法、电子邮件推广方法、资源合作推广方法、信息发布推广方法、病毒性营销推广方法、快捷网址推广方法、网络广告推广方法、综合网站推广方法等。

网站从策划到稳定发展要经历四个基本阶段:网站策划与建设阶段、网站发布初期、网站增长期、网站稳定期。不同发展阶段的网站推广的特点及主要推广任务是不同的。整合考虑各方面因素,制定针对性的网站推广策略,并且对网站推广各个环节、各个阶段的发展状况进行有效的控制和管理,策划网站推广综合方案是必要的。

网络推广计划是完整网络营销策划的组成部分,与完整的网络营销策划相比,网站推广计划比较简单而具体。一般来说,网站推广计划至少应包含下列主要内容:

(1)确定网站推广的阶段目标。如每天独立访问用户数量、相对排名、主要搜索引擎的表现、被链接数量、注册用户数量。

(2)在网站发布运营的不同阶段所采取的网站推广方法。(最好详细列出各个阶段的具体网站推广方法)。

(3)网站推广策略的控制和效果评价。做到及时发现网络营销过程中的问题,保证网络营销活动的顺利进行。

网旅推广应注意以下几点:

(1)网站推广是在网站正式发布之前就已经开始进行的。

(2)网站推广方法具有阶段性的特征。

(3)需要与其他网络营销活动相结合起来进行。

(4)网站进入稳定期之后,推广工作不应停止。

(5)网站推广不能盲目进行,需要进行效果跟踪和控制。

三、客户服务

网络营销客户服务的目的是满足客户的服务需求,客户是否满意是评价服务成败的唯一指标,是维护客户关系的先决条件。常用的在线服务方法有以下几种:

1. 产品说明

企业在详细介绍产品各方面信息时,还需要介绍一些相关的知识,以帮助客户更好使用产品。

2. FAQ

FAQ(Frequently Asked Questions),即常见问题解答。在公司网站中设置常见问题解答栏目或菜单,以客户的角度设置问题、提供答案,形成完整的知识库。

3. 网络社区

网络社区包括论坛、讨论组等,营造网络社区不但可让客户自由参与,还可以吸引更多的潜在客户。

4. 服务查询

包括防伪查询、维护服务网点查询以及相关产品使用和维护的信息查询等。

5. 在线表单

在线表单一般是网站事先设计好的调查表格,可以是调查客户需求,也可以是征求客户意见等。

6. 即时信息服务

以 ICQ、QQ、MSN Messenger 等聊天工具为代表的即时信息(Instant Messaging IM),已经成为最受欢迎的在线服务方式。

7. 客户情感服务

通过生日、节日贺礼、会员关怀等情感服务,增加客户的粘性,而网站、微信、短信、电子邮件等都是客户情感服务的重要工具。

8. 推送服务

推送服务是利用电子杂志、微信订阅等信息订阅方式,推送一些客户感兴趣的信息、有价值的产品推荐或优惠信息,结合大数据的精准分析使得推送的信息会让用户得到了实惠而乐意接受,营销则在融洽的气氛获得成功。

9. 客户体验服务

物联网、智能终端及 VR 技术的成熟让客户体验服务从线下到线上,可实现跨时空的身临其境的客户体验,并与社区网络结合,更增加了体验的从众效应。

10. 网上客户服务中心

在企业营销站点,开设客户服务中心栏目,为客户提供系统、全面的服务。如海尔集团网站的服务中心(图 5-4)。

图 5-4　海尔网站的服务中心主页

四、客户关系管理

客户关系与客户服务是密切不可分的统一体。客户关系的价值在于开发客户,培养客户,提高客户忠诚度,而实现这一价值的基础是有效的客户关系管理。

1. 客户关系管理的内涵

CRM(Customer Relationship Management)就是客户关系管理,即获取、保持和增加可获利客户的过程。CRM 的概念由美国 Gartner 集团率先提出,核心内容主要是通过不断的管理企业销售、营销、客户服务和支持等与客户关系有关的业务流程并提高各个环节的自动化程度,从而缩短销售周期、降低销售成本、扩大销售量、增加收入与盈利、抢占更多市场份额、寻求新的市场机会和销售渠道,最终从根本上提升企业的核心竞争力。它既是一种国际领先的、以"客户价值"为中心的企业管理理论、商业策略和企业运作实践,也是一种以信息技术为手段、有效提高企业收益、客户满意度、雇员生产力的管理软件和技术系统。是利用现代信息技术手段,在企业与顾客之间建立一种数字的、实时的、互动的关系管理系统。

2. 客户关系管理系统介绍

一套完整的 CRM 系统实现营销、销售、服务等业务的自动化,实现客户数据共享,达到提高客户满意度、忠诚度、降低成本、增加收入、开拓市场,帮助企业高层进行生产、营销等决策目的。

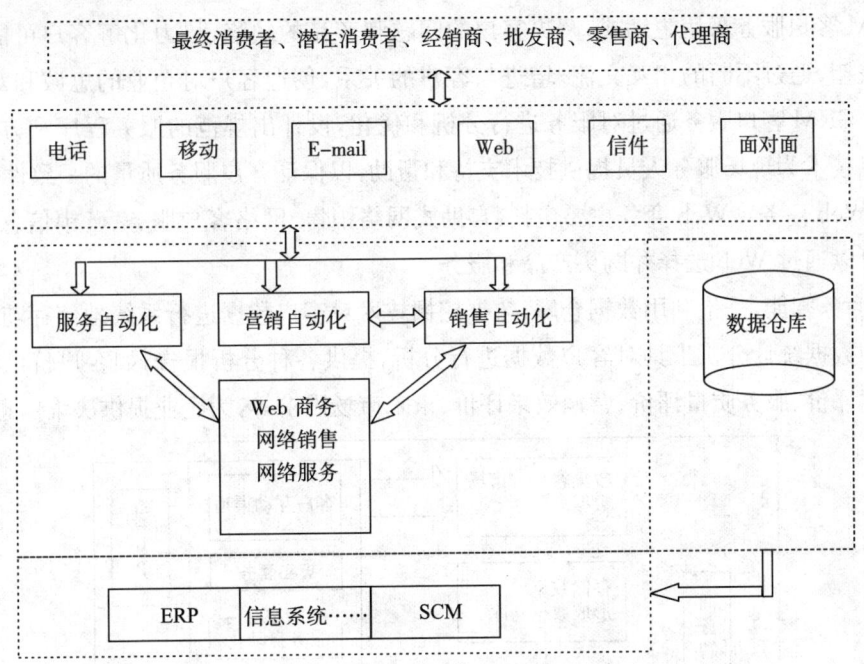

图 5-5 客户关系管理系统 CRM 的结构

(1)客户互动渠道管理。客户互动渠道提供客户与企业交流的窗口,是市场与企业接触的界面。渠道的集成将使企业与客户交流的前台变为一个综合全面的客户关怀中心,使营销、销售、服务等部门实现最新的客户信息数据的共享,并以统一的面孔为客户提供关怀和个性化服务,从而提高服务的效率和质量。

(2)销售自动化管理 SFA(Sales Force Automation),又称为销售力量自动化,是指在各种销售渠道中,运用相应的技术,对销售全过程进行控制和管理,以此来实现业务流程的优化和自动化,达到提升企业销售效率的目的。

销售自动化管理的功能包括:销售机会管理、销售活动管理、销售预测和分析工具、分销渠道管理、销售支持、渠道管理、销售绩效管理、订单管理等。

(3)营销自动化管理。营销自动化主要是对所有和营销相关的活动进行管理,为营销人员提供技术支持,使营销过程自动化,提高营销效率。

营销自动化管理的功能主要包括营销行动的策划、执行、监控和分析,同时对活动的有效性进行实时跟踪;客户需求生成和管理;预算管理;宣传品生成和营销材料管理;提供"营销百科全书"(通常是产品、定价、维护和保养等信息的汇总);对有需求客户的跟踪、分配和管理,回应管理等。

(4)客户服务自动化。典型的客户服务自动化包括:投诉与纠纷处理、保修与维护、现场服务管理、服务请求管理、服务协议与合同管理、服务活动记录、远程服务、产品质量跟踪、客户反馈管理、退货和索赔处理、客户使用情况跟踪、客户关怀、维修人员管理、数据收集与存储等。

CRM客户服务采用主动式,解决客户的问题和产品的缺陷,尽力化解客户可能产生的不满和失望,通过不断的相互交流,增进与客户的关系,创造客户对企业的忠诚和对新产品的期望。CRM客户服务通过对服务进行分析和优化,设计出规范的服务程序和方法,并且通过信息技术为现场服务人员提供技术支持和帮助,以保证客户服务质量的一致性。

(5)Web商务。Web商务主要包括:自助式网络销售、网络客户服务、营销信息服务等,使客户可以通过Web选择并购买产品和服务。

(6)商务智能,是指利用数据仓库、数据挖掘技术对客户数据进行系统地储存与管理,并通过各种数据统计分析工具对客户数据进行分析,提供各种分析报告,如客户价值评价、客户满意度评价、服务质量评价、营销效果评价、未来市场需求等,为企业提供决策信息。

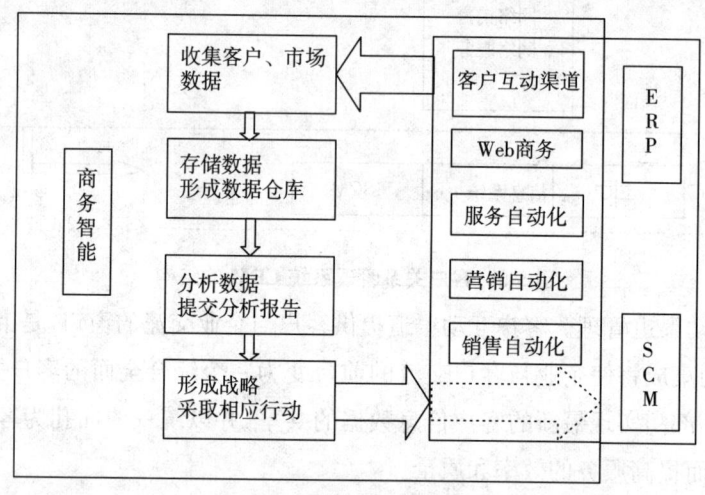

图5-6 商务智能结构图

由图5-6可以看出,商务智能是客户关系管理的重要组成部分,是销售自动化、营销自动化、服务自动化、web商务、客户互动渠道有效运转的基础。

3.客户关系管理的运作流程

(1)收集资料建立顾客资料库。利用网络与多种渠道收集客户信息,包括:顾客资料,消费偏好,以及交易历史资料,客户评论资料、甚至是客户自媒体分享信息等,通过提取信息价值,整合贮存到数据仓库中,根据综合分析资料,提供更人性化的营销模式。

(2)分类与建立模式。利用分析工具与程序,将顾客依各种不同的指标进行分类,从而反映出每一类消费者行为模式。如此可以预测在各种营销活动情况下顾客的反应,定位阶段营销客户目标。

(3)规划与设计营销活动,这是充分利用大数据、人工智能等技术,有针对的规划设计营销活动。营销活动分阶段进行,包括客户关系发展对于不同类型的客户应分别采用不同的与之相适应的服务与营销策略;增强对客户的关怀。通过邮件、即时信息、微信等信息传输工具与客户即时地沟通,加强与客户的交流互动,了解客户对于产品或服务的想法、需求、意见或建议,做出快速及时的市场反应,这是提高客户满意度和信任感的一种有效方式,也是企业发现自身问题,切实了解客户需求,从而改进生产管理的一种重要途径;客户保持。这是企业通过合理维护与现有客户的关系,从而使客户对自己的产品或服务进行重复购买的过程。为了保持客户,企业应提供售后追踪服务,企业应该让客户感受到是企业主动提供的服务。对于已经流失的客户,要对相关数据进行分析,根据分析结果找出现有客户中的潜在流失客户,有针对性地采取相应措施,阻止这部分客户的流失,进而达到客户保持的目的。

(4)例行业务活动监控,优化业务流程。顾客关系管理通过对消费者活动资料跟踪分析,同时加强网上交流互动和体验分享,建立互动体验体系,即时进行活动调整,优化业务流程,同时充实数据信息,提升数据支撑能力,维系优质客户关系,培育积极合作的企业文化。

(5)实行绩效的分析。分析与衡量客户关系管理,需要通过对各种活动、销售情况及顾客资料的总体进行分析,并建立一套标准化的衡量模式,用来衡量施行成效,完善大数据体系,优化客户关系管理策略,推动产业生态链整合。

以上的各种程序必须环环相扣,形成不断循环的作业流程。如此才能以适当的途径,在正确的时间地点,传达最贴切的产品与服务给自己的顾客,创造企业与顾客双赢的局面以及持续的关系。

五、网上市场调研

网上市场调研是企业开展网络营销活动的前提和基础。互联网为市场调研提供了强有力的工具。网上调研的方法主有两大类。

1. 网上直接调查方法

(1)在线注册。在线注册中一般要求来访者提供个人姓名、性别、年龄、联系电话、工作单位、所在行业等有关信息,从中可以统计分析出来访者的年龄组成、地区分布特点和职业等。

(2)调查问卷表。网上问卷法是将问卷在网上发布,被调查对象通过 Internet 完成问卷调查。网上问卷调查一般有两种途径:一种是将问卷放置在 WWW 站点上,等待来访者填写。在线问卷表既可放在企业网站上,也可放在第三方网站上。另一种是通过 E-mail 方式将问卷发送给被调查者,被调查者完成问卷调查后将结果通过 E-mail 返回。

2. 间接调研方法

(1)利用搜索引擎。搜索引擎能阅读、分析并且储存从该搜索网站数据库中和网页上获得的信息。这些信息可通过输入关键词或组合关键词直接查找到。

(2)访问相关网站。如行业专业网站和主要竞争对手的网站,通过访问了解最新资讯市场信息,分析竞争对手的经营策略。

(3)利用网上数据库。在互联网上有许多收费或免费的数据库(一般市场调查的商情数据库是收费的)。

(4)利用网上论坛、新闻组。在论坛和新闻组中,人们会对企业、产品、服务等各方面发表评论,表达自己的观点,企业通过认真分析,从中可了解网民的想法、需求,获取相应信息。

从而提高自己的产品、服务质量,提升形象。

(5)利用网站数据统计。网站对访问者、消费者的活动都有相关的记录,统计分析这些记录,可以得到各方面有价值的营销信息。如大众点评的统计信息已成为当今消费潮流的风向标。

要说明的是,精确的网上调研应采用多种网上调研手段相结合,综合分析各种调研结果得到客观公正的结论。

六、网上促销

网上促销是指利用互联网传递有关产品和服务信息,以引发需求,引起消费者的购买欲望和购买行为的各种活动。常见形式有:网络广告、网上销售促进、登录购物搜索引擎等。

1. 网络广告

网络广告是最直接的网络促销手段,可以通过企业网站、网络服务商(ICP)、电子邮件、公告栏等途径发布。

2. 网上销售促进

网上销售促进就是企业利用网络营销站点,采用各种销售方法,刺激顾客对产品的购买和消费。同时,还可以利用网络技术与顾客建立互动关系,了解顾客的需求和对产品的评价。常见的网上销售促进形式有:有奖促销(图5-7)、拍卖促销、免费试用销售(图5-8)、在线交叉销售等。

图5-7 淘宝网商品拍卖页面

图 5-8　DHC 免费试用装索取网页

3.登录购物搜索引擎

目前网上的商品非常丰富,商家网店也数不胜数,用户要走捷径,需要一个比较价格和评论的地方,这样就产生了比价购物网站,即购物搜索引擎。

购物搜索引擎除了搜索产品、了解商品说明等基本信息,还可进行商品价格比较、并且对产品和在线商店进行评级,这些评比指标对用户购买决策有一定的影响,也有助于增加顾客的信任。

七、网上销售

由于网络媒介具有传播范围广、速度快、无时间地域限制、无版面约束、内容详尽、多媒体传送、形象生动、双向交流、反馈迅速等特点,使市场由有形转向无形,所以这为企业的发展提供了新的机会,使技术转化成服务成为最重要的竞争手段,同时也为消费者提供了极大便利。最重要的是,网络销售打破了传统的营销界线,企业平等参与竞争。国际互联网覆盖全球市场,通过它,企业可以方便快捷的进入任何一国市场,能平等的获取世界各地的信息,平等的展示自己。

一般来说,网上销售渠道主要有三种模式:作为网上零售商的供应商、开设网上商店、自行建立网上销售型的网站。这三种方式的管理难度和对企业网上销售的专业要求各不相同。企业应在结合自身条件基础上整合营销渠道资源,根据自己的经营需要选择合适的网上销售模式,如果必要,也可以采用多种网上销售模式,同时确定各渠道成员在网络渠道中的角色定位并规范其网络行为。

八、网络品牌的建立与推广

企业品牌在互联网上的存在即网络品牌。网络品牌有两个方面的含义：一是通过互联网手段建立起来的品牌，二是互联网对网下既有品牌的影响。两者对品牌建设和推广的方式和侧重点有所不同，但目标是一致的，都是为了企业整体形象的创建和提升。

网络品牌的建立和推广往往也是多种网络营销活动所带来的综合效果，下文将选三个方面加以说明。

1. 域名中的网络品牌建设

域名是企业在互联网上的商标，也是企业网络品牌的要素。必须将域名作为一种商业资源来管理和使用，命名时必须考虑到域名的商标资源特性：

(1)域名的选择与企业已有的商标或品牌名称保持相关性；

(2)域名应尽可能简单易用；

(3)域名的保护性申请：企业一般要同时申请多个类似的相关域名，以保护品牌资源不受侵害，避免品牌识别受到影响。

案例学习5-2　松下电器集团的域名保护策略

松下电器集团与美国的Realnames公司签署协议，购买了10000个关于Panasonic、Quasar和Technic等品牌下的产品、技术和服务的网络关键词。消费者只要在地址栏中输入简单的字词如"Panasonic DVD"就能查找相关网页，从而可以在网上直接找到他们已经熟知的品牌、商标名称。

2. 病毒性营销网络品牌推广

它的本质就是让用户们彼此间主动谈论品牌，谈论与品牌之间有趣、不可预测的体验，使得信息像病毒一样传播和扩散，利用快速复制的方式传向广大受众，从点到面，一网打尽，显示出强大的影响力。

案例学习5-3　凡客的凡客体营销

2010年7月凡客诚品(VANCL)邀请了青年作家韩寒和青年偶像王珞丹出任形象代言人，一系列的广告也铺天盖地的出现在公众的眼帘。该广告系列意在戏谑主流文化，彰显该品牌的自我路线和个性形象。然其另类手法也招致不少网友围观，网络上出现了大批恶搞"凡客体"的帖子。"爱网络、爱自由；爱晚起、爱夜间大排档……"这些个性标签经过网友的想象和加工，已变成众多明星甚至个人的标签。据不完全统计，截止2010年8月5日已经有2000多张"凡客体"图片在微博、开心网、QQ群以及各大论坛上疯狂转载。

经过一轮疯狂炒作和传播，"凡客体"已被作为百度百科专有词汇收录。这次的病毒式营销对凡客诚品绝对是好事。因为其虽然被恶搞，但没有伤害到它的品牌。产品本身没有问题,恶搞的方向也不是负面,所以从推广上来说肯定是正面的,而这种营销方式也值得关注。

(资料来源:杨智威:《以"凡客体"为例对论病毒式营销》,载《新闻世界》)

3. 网上事件营销中的品牌传播

作为需要充分利用网络优势打造品牌的企业,必须十分注重公关活动和事件营销。因为,品牌的树立和推广需要高度的品牌忠诚和口碑效应。当然,根据企业规模和实力的大小,在此方面的投入也应有所不同,关键是把握好广告费用和公关费用的平衡。"蒙牛"通过与"神舟五号"的嫁接,加上广告、公关、营销促销的及时跟进,已由行业第四一举上升至第二,而液态奶部分更是攀升为行业霸主,可谓"牛气冲天"。

能力训练

网络市场调研实践

充分市场调研是企业进行正确经营决策的前提条件,网络市场调研以其方便、快捷、全面和准确的优势已渐渐代替传统的市场调研。掌握网络调研的基本方法和步骤应是我们学习和工作的基本能力。

1. 网络市场调研的步骤

(1) 制定网上调研计划。在进行网络市场调研前,首先要明确调查的问题,希望通过调查得到什么样的结果。例如,客户的消费心理、购物习惯、对竞争者的印象、企业的形象、对产品的评价等。

(2) 确定调查的对象。制定调查应该有一定的针对性,确定调查对象,精确调查结果。

(3) 制定调查方案。制定网上调查方案,包括以下三个方面:

① 确定资料来源。确定是收集第一手资料,还是第二手资料或两者都要。

② 确定调查方法。根据确定的资料来源,确定调查方法。

③ 确定统计方案。确定数据分析的数学方法。现在有许多统计分析的软件,可以将其整合到网络市场调研中。

(4) 收集信息。针对不同的调查方法,应该配备合适的信息收集方案。

(5) 分析确定适用的信息。对收集的信息要进行筛选、辨别真伪、归类、整理。信息分析除了利用数学模型外,还需要调查者有一定的分析能力。要运用定量、定性的方法进行分析研究,以掌握市场动态,探索解决问题的措施和方法。

(6) 撰写报告。营销人员从互联网上获取了大量的信息后,必须对这些信息进行整理和分析,通过筛选、分类、整理、统计等科学的加工,写出一份图文并茂的市场分析报告,直观地反映出市场的动态。并对所调研的问题作出结论,提出具有建设性的意见,供有关决策者参考。

2. 网上调研设计的基本原则

(1) 保证调查的有效性。网上调研应该是主题明确,有目的有步骤分阶段进行。

(2) 尽量减少无效问卷。比如在线调查表的问题易于回答之外,在问卷提交时给予检查,并提醒被调查者对遗漏的项目或者明显超出正常范围的内容进行完善。

(3) 设计要创新并具有一定的吸引力。参与者的数量对调查结果的可信度至关重要,问卷设计水平对此也有一定影响。

(4) 设置合理的奖项。为提高参与者的积极性提供一定的奖励措施,合理设置奖项有助于减少不真实的问卷。

(5) 公布保护个人信息声明。让用户了解调研目的并确信个人信息不会被公开或者用于其他任何场合。

3. 在线调查表的内容设计

(1) 调查问卷表的组成部分。一份正式的调查问卷一般包括以下三个组成部分:

①前言。主要说明调查的主题、调查的目的、调查的意义,以及向被调查者表示感谢。

②正文。这是调查问卷的主体部分,一般设计若干问题要求被调查者回答。

③附录。这一部分用于记录、登记被调查者的有关情况,为进一步的统计分析收集资料。

(2) 设计在线调查问卷的注意事项。在设计调查问卷时,设计者应该注意遵循以下基本要求:

①问卷不宜过长,问题不能过多,一般控制在20分钟左右让被调查看回答完毕。

②应充分考虑被调查者的身份背景,不要提出对方不感兴趣的问题。

③要有利于使被调查者作出真实的选择,因此,答案切忌模棱两可,使对方难以选择。

④不能使用专业术语,也不能将两个问题合并为一个,以至于得不到明确的答案。

⑤问题的排列顺序要合理,一般先提出概括性问题,逐步启发被调查者,做到循序渐进。

⑥应将比较难回答的问题和涉及被调查者个人隐私的问题放在最后。

⑦提问不能有任何暗示,措词要恰当。

⑧为了有利于数据统计和处理,调查问卷最好能直接被计算机读入,以节省时间,提高统计的准确性。

案例5-4 在线调查问卷范例

学生就业问题调查问卷表

简介:金融危机下,大学毕业生遭遇了极其严峻的就业寒流,因此,学会生存在这种形势下的生存方式显得尤为重要,为此某某机构特别进行了这次调查,以便同学们明确了解形势,调整自我,从而提高职场竞争力。发布日期:2009.2.10 调查结束日期:2009.3.10

(1) 您的性别:①男;②女;

(2)您所在院校为:① 一般专科院校;②重点专科院校;③一般本科院校;④重点本科院校;

(3)您所学专业为:①文法类;②经济类;③理工类;④艺术类;⑤医学类;⑥农林类;⑦其他;

(4)您来自:①外省农村;②外省城市;③本省农村;④本省城市;

(5)您认为目前大学生的就业形势怎样?① 十分严峻,很难找到合适的工作;②有点严峻,但比其他较低学历的人群容易得多;③比较严峻,与其他较低学历的人群差不多;④不了解;

(6)您是否认为高学历人群就业会更容易?①是;②否;

(7)您如何看待某些人为就业千方百计的考证?①这对求职成功增加砝码;②这对求职成功没多少帮助;③其他;

(8)您认为自己目前最欠缺的素质主要是什么(可多选)?①专业知识和技能;②相关工作或实习经验;③沟通协调的能力;④承受压力、克服困难的能力;⑤创新能力;⑥其他;

(9)请问您的就业观念是?① 一步到位,有稳定的收入;②先就业,再择业;③不就业,考研或继续深造;④自主创业;⑤家底丰厚,反正也不需要自己挣钱,待业在家;

(10)您是否认为在校当过学生干部会对就业有所帮助?①有很大帮助;②有所帮助,但并不明显;③没有帮助;

(11)您觉得工作中男女待遇比例是否平衡?①差不多平衡;②不平衡,但是因为工作需要,可以接受;③不平衡,需要改进;④不清楚;

(12)就业时您首先考虑的因素是什么?①工资待遇;②发展前景;③专业对口;④实现个人价值;⑤地域和人文环境;

(13)您期望选择的就业公司是:①民营企业;②国有企业;③政府部门;④外资企业;⑤自主创业;⑤其他;

(14)您希望到哪里工作?①经济文化中心 如京沪地区;②沿海发达城市;③西部地区;④出国;⑤其他;

(15)您对国家为鼓励大学生到基层或西部工作而出台的一系列措施的看法:① 非常好,需要进一步加强落实;②还行,可以适用;③完全是鼓励浪费人才;④不清楚;

(16)您认为找工作哪个途径最为有效?①现场招聘会;②亲友介绍;③网上求职;④报刊杂志;⑤其他;

(17)您认为学校是否有必要进行职业指导?①很有必要;②无所谓;③没有必要;

(18)您认为求职中最困扰您的会是什么?(可多选)? 说明:①对社会缺乏了解;②方法技巧欠缺;③能力不足;④信息量少;⑤就业指导不够;⑥学校支持不够;⑦优势难以发挥;⑧其他;

(19)您觉得毕业生应该具备哪些素质(可多选)?①专业技能;②创新能力;③心理素

质;④公关能力;⑤道德素质;⑥其他;

(20)您对自己的就业前景所报的态度是?①很乐观;②不很乐观;③有点迷茫;④很不乐观;

因为对大学生就业问题的研究需要,希望您留下联系方式,我们承诺会对您的个人信息严格保密,保护您的个人隐私:

联系邮箱:(　　　　　　　　　　)
联系电话:(　　　　　　　　　　)
年　　龄:(　　　　　　　　　　)
性　　别:(　　　　　　　　　　)
专　　业:(　　　　　　　　　　)
学　　历:(　　　　　　　　　　)

(案例来源:一起去留学网:www.177liuxue.cn)

任务三　网络营销管理

一、网络营销实施

网络营销实施是一项系统工程,涉及资金、人员、物资、技术多个方面,不只是技术方面问题,更多的是管理和组织方面问题,而且涉及企业高层的战略决策和业务管理流程。网络营销计划和方案制定需要从企业管理高层组织实施,因为,电子商务实施影响的不仅是某个业务和某个部门,它还影响到企业各个层面和整个业务流程,甚至影响到与企业相关联的其他方面。

公司在决定采取网络营销战略后,要组织战略的规划和执行,网络营销是通过新技术来改造和改进目前的营销渠道和方法,它涉及公司的组织、文化和管理各个方面。如果不进行有效规划和执行,该战略可能只是一种附加的营销方法,不能体现战略的竞争优势。

战略规划首先是目标规划,即在确定使用该战略的同时,识别与之相联系的营销渠道和组织,提出改进的目标和方法;技术规划,即网络营销很重要的一点是要有强大的技术投入和支持,因此,资金投入和系统购买、安装,以及人员培训都应统筹安排;组织规划,即实现数据库营销后,公司的组织需要进行调整以配合该策略的实施,如增加技术支持部门、数据采集处理部门,同时调整原有的营销部门等;管理规划,即组织变化后必然要求管理的变化,公司的管理必须适应网络营销需要。

其次是规划执行,在此阶段,一是应注意控制,评估战略的执行是否充分发挥该战略竞争优势,是否有改进余地;二是要对执行规划时的问题及时识别和加以改进;三是对技术的评估和采用。

再次是效果评估。实施的阶段效果和最终效果都要进行全面客观地评估,为改正下一阶段的规划和制定下一步营销战略提供指导性建议。

总之,网络营销战略是有别于传统营销的新营销模式,它在控制成本费用、市场开拓、与顾客保持关系等方面有很大竞争优势。但网络营销的实施不是某一个技术方面问题、某一个网站建设问题,涉及企业整个营销战略方向、营销部门管理和规划方面,以及营销策略制定和实施方面。

二、网络营销效果综合评价

网络营销必不可少的一项工作是对其效果进行评价。其可分为事后评价和网络营销过程控制。事后评价反映了网络营销活动的综合效果,过程控制则是网络营销目标得以实现的保证。因此,网络营销的评价应该将事后评价与过程评价相结合。

按照网络营销效果评价指标的评价范畴,可以分为两大类指标:网络营销绩效的财务指标和网络营销效果综合评测指标。

1. 网络营销绩效的财务指标

营销经理们习惯使用一组为数不多的财务指标来监视网络营销绩效。这些测量指标包括:销售额、营业收入、毛利、利润、营销开支、市场份额、相对的投资收益率。

财务指标反映了最近的计划期的战略实施效果,而且在某种程度上反映了所有从前的计划期的积累。

2. 网络营销综合效果评价

网络营销的总体效果应该是各种效果的总和。网络营销的根本目的在于企业整体效益的最大化。仅是财务指标不能全面反映网络营销的效果,网络营销的价值可能体现在其他方面,如在网站推广、企业品牌提升、顾客关系和顾客服务、对销售的促进等方面。因此,需要用全面的观点看待网络营销的效果,而不仅仅局限于销售额等某些个别指标。

一个完整的网络营销方案包括网站规划和建设以及各种网络营销方法的实施,对网络营销效果的综合评价包括网站建设、网站推广、网站流量、各种网络营销活动效果等方面,并结合相关的网络营销绩效财务指标进行全面的分析。

(1)关于网站建设的评价。网站是网络营销的基本工具,一个企业网站的功能和基本内容是否完善,是评价网站设计的最重要指标。此外,在网站的设计方面,有一些通用的指标,如:主页下载时间(在不同接入情形下)、有无死链接、拼写错误、不同浏览器的适应性、对搜索引擎的友好程度(META标签合理与否)等。

(2)关于网站推广和网络品牌的评价。网站推广的力度在一定程度上说明了网络营销人员为之付出劳动的多少,而且可以进行量化,这些指标主要有:

①网站被主流搜索引擎收录和排名状况。一般来说,登记的搜索引擎越多,对增加访问量越有效果。同时,搜索引擎的排名也很重要,一些网站虽然在搜索引擎注册了,但排名在

第三名之后,甚至在几百名之后,同样起不到多大作用。

②在其他高品质网站链接的数量。在其他高品质网站链接的数量越多,对搜索结果排名越有利,而且访问者还可以直接从链接的网页进入你的网站。实践证明,在其他高品质网站作链接对网站推广起到重要作用。

③用户数量。用户数量是一个网站价值的重要体现,在一定程度上反映了网站的内容为用户提供的价值大小,而且用户也就是潜在的顾客,因此,用户数量直接反映了一个网站的潜在价值。

(3)网站流量评价指标。通过对流量的仔细分析,我们才能发现网络营销活动是怎样通过网站的各个细节对用户起作用的,最终达到网络营销的预期效果。如果网络营销活动不成功,也需要研究和分析流量,找出是哪一个环节做的不对。可以说,网站流量分析是个宝藏,它不仅能告诉营销者结果是什么,还能展示出原因在哪里。

①网站流量指标。网站流量统计指标常用来对网站效果进行评价,主要指标包括:独立访问者数量(Unique Visitors);重复访问者数量(Repeat Visitors);页面浏览数(Page Views);每个访问者的页面浏览数(Page Views per user);某些具体文件/页面的统计指标,如页面显示次数、文件下载次数等。

②用户行为指标。用户行为指标主要反映用户是如何来到网站的,在网站上停留了多长时间,访问了那些页面等。

③用户浏览网站的方式。用户浏览网站所用的浏览器类别,所用的终端配置,登录网站的接口,浏览网站的习惯等。

(4)各种网络营销活动反应率指标的评价。在网络营销活动中,有些活动的效果如促销活动,事件营销活动通常采用对每项活动的反应率指标来进行评价。

3. 网站统计报告

网站统计报告是了解网站运营状况,改进网络营销策略的基本依据,从网站访问统计信息中可以挖掘出很多有价值的信息,所以经常查看并进行系统分析,对于有效开展网络营销,及时发现网络营销过程中的问题具有重要作用。

一般来说,在网站开始运营的初期,网站访问量处于快速增长阶段,每天都能从统计信息中发现惊喜,这时通常查看网站流量统计数据的频率较高,有时甚至每天数次。此后,随着网站推广运营的深入,当网站运营到稳定阶段,网站访问量增长放缓,网站访问量比较稳定,对网站用户行为也有较多的认识,这时对网站访问统计分析关注越来越少。

其实,网站访问量进入稳定期并不意味着网站访问统计信息就没有新内容了,只是要从这些看似基本稳定的数据中发现新的信息需要更大的耐心,并且需要进行长期的跟踪和对比分析。当然,在查看网站流量统计报告的周期方面,可以做一些适当的调整。如果能长期坚持下去,那么在网站访问统计分析方面花费的功夫,一定会在网络营销效益中得到回报。

4. 如何获得网站流量分析资料

获取网站访问统计资料通常有两种方法:一种是利用网站访问日志做简单的分析;另一

种是利用统计分析工具。这里又有两种不同的做法:一种是通过在自己的网站服务器端安装统计分析软件来进行网站流量监测;另一种是采用第三方提供的网站流量分析服务。两种方法各有利弊,采用第一种方法可以方便地获得详细的网站统计信息,并且除了访问统计软件的费用之外无需其他直接的费用,但由于这些资料在自己的服务器上,在向第三方提供有关数据时缺乏说服力;第二种方法则正好具有这种优势,但通常要为这种服务付费,虽然也有一些免费网站流量统计服务,但由于在功能方面会有一定的限制,或者通常需要在网站上出现服务商的标识甚至广告,或要求成为服务商的会员等。此外,如果必要,则可以根据需要自行开发网站流量统计系统。具体采取哪种形式,或者采用哪些形式的组合,可根据企业网络营销的实际需要决定。

◆ 能力训练

网络营销策划

越来越多的人已认识到网络给我们带来的种种便利,而企业也在寻求如何的深入互联网进行全方位的发展?企业进行网络营销时重要的第一步是需要进行相应的准备和策划,继而稳健的走好网络营销的每一步。

1. 网络营销策划原则

(1)系统性原则。网络营销是以网络为工具的系统性的企业经营活动,它是在网络环境下对市场营销的信息流、商流、制造流、物流、资金流和服务流进行统筹管理。因此,网络营销方案的策划,是一项复杂的系统工程。策划人员必须以系统论为指导,对企业网络营销活动的各种要素进行整合和优化,使"六流"皆备,相得益彰。

2. 创新性原则。在网络营销方案的策划过程中,必须在深入了解网络营销环境,尤其是顾客需求和竞争者动向的基础上,通过创新发现适应顾客的个性化需求的路径,进而增加顾客价值和效用、为顾客所欢迎的产品特色和服务特色。

3. 操作性原则。网络营销方案是一系列具体的、明确的、直接的、相互联系的行动计划的指令,一旦付诸实施,企业的每一个部门、每一个员工都能明确自己的目标、任务、责任以及完成任务的途径和方法,并懂得如何与其他部门或员工相互协作。

4. 经济性原则。网络营销策划必须以经济效益为核心。网络营销策划的经济效益,是策划所带来的经济收益与策划和方案实施成本之间的比率。成功的网络营销策划,应当是在策划和方案实施成本既定的情况下取得最大的经济收益,或花费最小的策划和方案实施成本取得目标经济收益。

5. 协同性原则。网络营销策划应该是各种营销手段的整合应用,而不是方法的孤立使用。诸如论坛、博客、社区、网媒等资源要协同应用才能真正实现网络营销的效果。

2. 网络营销策划内容

网络营销策划是一个大概念,它需要分解成很多模块和内容。一般来说,主要可分成下述几大类:

(1)网络营销赢利模式策划。这主要是解决通过什么途径来赚钱的问题。

(2)网络营销项目策划。该策划加上赢利模式策划就相当于是一份商业计划书,主要解决我们是谁,我们做什么,我们的核心优势是什么,我们为谁做、他们有哪些习惯和需求、我们靠什么让他们满意而我们赢利,我们的目标是什么,我们应该怎样实现目标等一些宏观层面的问题。同时需要将具体的行动编制成"甘特图",也就是行进路线和进度控制。

(3)网络营销平台策划。网络营销平台策划,主要研究如下问题:是策划建设网站,还是借助第三方平台来做?与赢利模式相匹配,网站怎么从结构逻辑、视觉、功能、内容、技术等去规划?

(4)网络推广策划。如网站怎么推广、品牌产品怎么推广、怎么吸引目标客户、通过什么手段来传播推广、有什么具体的操作细节和技巧、怎么去执行等。

(5)网络营销运营系统策划。在具体网络营销运营过程中,数据分析是一个非常重要的模块为了达成提升公司网络营销效率的目标,而进行网络营销数据统计、分析、比对、解构和总结。这就是网络营销数据分析策划。

3. 网络营销项目策划步骤

(1)企业内部和市场竞争环境调研分析。网络营销实施过程包括若干环节。在了解企业的内部经营状况和市场竞争环境。基础上分析实施网络营销的可能性和可行性。

(2)网络营销战略规划。网络营销战略规划一般包括以下几个步骤:

①界定问题,明确主题。界定问题是规划的第一步,即面对复杂的问题进行深入透彻的分析,找出问题的关键点,从而明确规划主题,做到有的放矢。

②收集信息,分析资料。信息是规划的基础。信息开发的水平,决定着规划的水平。信息的来源有两种:一是收集现成资料,二是进行市场调查。

通过收集和市场调查得到的资料必须进行定期的整理和分析,这样才能把分散的资料变成有价值的信息。这里要注意对已进行的网络营销进行分析,从中收集资料。

③方案设计。

其一,明确组织任务。要设计网络营销方案,首先就要明确或界定企业的任务和远景。任务和远景对企业的决策行为和经营活动起着鼓舞和指导作用。

企业的任务是企业所特有的,也包括了企业的总体目标、经营范围以及关于未来管理行动的总的指导方针。它通常以任务报告书的形式确定下来。

其二,确定组织的网络营销目标。任务和远景界定了企业的基本目标,而网络营销目标和规划的制定将以这些基本目标为指导。表述准确的网络营销目标,应当对具体的营销目的进行量化,如"利润比上年增长12%""品牌知名度达到50%"等。网络营销目标还应详细说明达到这些成就的时间期限。要注意避免规划的盲目性、片面性和只注重短期效益。

其三，SWOT分析。除了企业的任务、远景和目标之外，企业的资源和网络营销环境是影响网络营销策划的两大因素。作为一种战略策划工具，SWOT分析有助于企业经理以批评的眼光审时度势，正确评估公司完成其基本任务的可能性和现实性，而且有助于正确地设置网络营销目标并制定旨在充分利用网络营销机会，实现这些目标的网络营销规划。

其四，网络营销定位。网络营销定位是网络营销策划的战略制高点，营销定位失误，必然全盘皆输。只有抓准定位才有利于网络营销总体战略的制定。企业应根据分析资料，对企业网络营销做出一个正确的定位。

其五，网络营销平台的设计。所说的平台，是指由人、设备、程序和活动规则的相互作用形成的能够完成的一定功能的系统。完整的网络营销活动需要五种基本的平台：信息平台、制造（或供应）平台、交易平台、物流平台和服务平台。

其六，网络营销组合策略。这是网络营销策划中的主体部分，它汇总各方面的分析资料，整合利用企业各种营销资源、营销工具和方法，确定分阶段分步骤的网络营销组合策略及每一阶段的相应细分目标。

其七，网络营销监控与管理。明确网络营销的跟踪、监控、评价的方法和规则，为网络营销制定适合的管理流程和制度，合理分配人、资金、物资等资源。

其八，撰写网络营销策划书。当所设计的方案经过充分的论证或选点试行后认为可行时，就进入了方案设计的最后阶段——规划书的书写阶段。这一阶段的主要任务是将设计好的方案加以充实、编辑，并用文字和图表等形式表达出来，写成具体的可操作的策划书，以指导策划实施过程的各项工作。网络营销规划书是网络营销规划成果的文字形式，是未来企业网络营销操作的全部依据。网络营销规划书应包含以下项目：

封面。封面的构成要素应该包括呈报对象、文件种类、网络营销规划名称及副标题。规划者姓名及简介、所属部门、呈报日期、编号及总页数。

目录。通过目录可以对规划书有个大概的了解。

前言及规划摘要。在前言中应清楚的表述所阐述的重点问题，具体内容包括规划的目的及意义、规划书所展现的内容、希望达到的效果及相关内容、致谢等。摘要一般要阐明规划书所有内容的重点及核心构想或规划的独到之处，用词应简练，篇幅要短，让人容易把握规划书的整体内容。

正文部分。即规划内容的详细说明。这是规划书最主要的部分，此部分不仅可以于文字来表述，也可以适当地加入照片、图片、统计图表等。主要包括：企业现状及网络营销环境状况分析、网络营销市场机会与问题分析、网络营销目标、网络营销战略、具体行动方案、规划方案各项费用预算、方案效果评测和调整、预期收益及风险评估等。

参考资料。列出完成本规划案的主要参考文献，以增强可信度。

注意事项。列出保证规划案顺利推行应具备的条件。

④推出规划方案。规划方案编写完毕后，应该召开一次会议，动员有关部门积极参与，讲解规划方案，听取意见。规划的最后一个阶段是将修订完毕的规划方案送交，由领导审核

执行。这样,规划方案才能成为正式的、可执行的方案。

⑤组织方案实施与跟踪评测。网络营销实施是一系统工程,它需要资金准备、设备采购、软件采购、人员组织等几个方面协调工作。企业要适应网络营销的业务流程变化自行调整组织结构,通过对组织结构重组和建立新的管理体系,发挥网络营销的竞争力。因此,企业实施网络营销不仅仅是一个技术问题,还涉及组织结构变迁,管理方式变革,以及员工思维工作方式革新。

另外,任何方案在实施过程中都可能出现与现实情况不相适应的地方,因此,方案贯彻的情况必须不断向决策者进行反馈,决策者也应根据反馈的情况及时对方案进行调整。这就需要在方案实施过程中,运用特定的标准及方法对其效果进行检测和评估。通过实施效果的检测和评估,适时充实规划方案或调整策略,使策划活动逐步完善,进入良性运转状态。

网络营销效果评估是一个系统工程,需要企业的网络部门和销售部门,更重要的是领导的参与。

◆ 课后思考

案例 5-5　新年的第一瓶"可口可乐"你想与谁分享

2009年春节,"可口可乐"了解到消费者在不平凡的2008年到2009年的情感交界,抓准了受众微妙的心态,倡导可口可乐积极乐观的品牌理念,推出"新年第一瓶可口可乐,你想与谁分享?"这个新年期间的整合营销概念,鼓励人们跨越过去,冀望未来。

活动充分整合了目前国内年轻人热衷的大部分网络资源:社交型网站、视频网站以及每日都不可离开的手机。利用了社交型网站、视频等途径,让数以万计的消费者了解了"新年第一瓶可口可乐"的特殊含义,并积极参加分享活动,分享了自己的故事,自己想说的话。

除了在向iCoke会员发出"新年第一瓶可口可乐"新年祝福短信,同时提供国内首次应用的全新手机交互体验,通过智能手机增强现实技术的科技,用户收到电子贺卡时,只要将手机摄像头对准荧幕上的贺卡,就能看见三维立体的可口可乐环绕的"新年第一瓶可口可乐,我想与你分享"的动态画面浮现在手机屏幕上,并伴随着活动主题音乐。新技术的大胆运用给年轻消费者与众不同的超前品牌体验。

活动参与人数随着时间呈几何数增长。超过5百万用户上传了自己的分享故事及照片,超过3百万的SNS用户安装了定制的API参与分享活动,近2百万的用户,向自己心目中想分享的朋友发送了新年分享贺卡。同时,论坛、视频网站和博客上,一时间充满"新年第一瓶可口可乐"的分享故事。除了惊人的数字外,消费者故事的感人程度,照片视频制作的精致程度,均显示了该活动所创造的影响力及口碑。也证明了可口可乐在消费者情感诉求与网络趋势掌握方面的精准度。

(资料来源:腾讯网.大渝网 http://cq.qq.com/a/20081211/000707.htm)

图 5-9 可口可乐广告页面

请思考上述案例中应用了哪些网络营销工具和网络营销方法?

案例 5-6 一个比较成功的事件营销案例:北大汉服酒礼事件

这是为五粮液做的一次很成功的事件营销。整个事件的策划思路非常清晰。当时正值"汉服"热炒,策划者借助当下这一新闻热点与北大服饰文化交流协会合作举行了"汉服秀行酒礼"活动。

"北大学子"、"汉服文化"、"酒文化"、"效古省今"等等话题点的切入,让这个事件本身具备了极强的传播力。而品牌信息的植入正是这个事件中最重要的道具——五粮液酒。整个事件策划不但体现出五粮液酒的文化内涵还帮助企业传播了五粮液酒历史悠久的概念。

事件在新浪博客上进行首发并迅速被推到了新浪博客首页以及新浪首页。之后由"网络推手"进一步推动开展正反两方面的 PK,拉入一些名博参与,迅速扩大这个话题的影响力。

由于事件本身的话题性和短时间内形成的影响力使得这个事件形成了对传统媒体的"自然催化"。迅速形成了媒体共振效应。大量的平面媒体报道了此事,凤凰卫视热点谈话节目就此话题专门做了一期节目《锵锵三人行》,在《秋雨时分》里余秋雨也就此事发表评论。

最终,整个事件的传播中五粮液品牌获得了高曝光度和关注度,也成就了其中国白酒文化典范的口碑。

(资料来源:高天游主编的《借势与造势-62个成功的事件营销案例》)

请根据以上案例,分析事件营销成功的要点。

案例 5-7　奥巴马竞选的网络整合营销策略

奥巴马通过网络整合营销策略,建立起他的核心支持者网络,实现线上与线下、地方与全国、虚拟与现实的有机整合,助力其竞选。

1. 形象之战

通过互联网,人们看到了一个活力十足、异常亲民的总统候选人,奥巴马凭借这一网络形象获得了大量的拥趸。

图 5-10　奥巴马竞选照

在宣布竞选前,奥巴马的官方网站就已经上线,网站包括对候选人及团队的详细介绍、施政纲领的宣传、重要议题上的立场、官方博客、在线捐款、媒体报道和视频、音频、图片等多媒体信息。

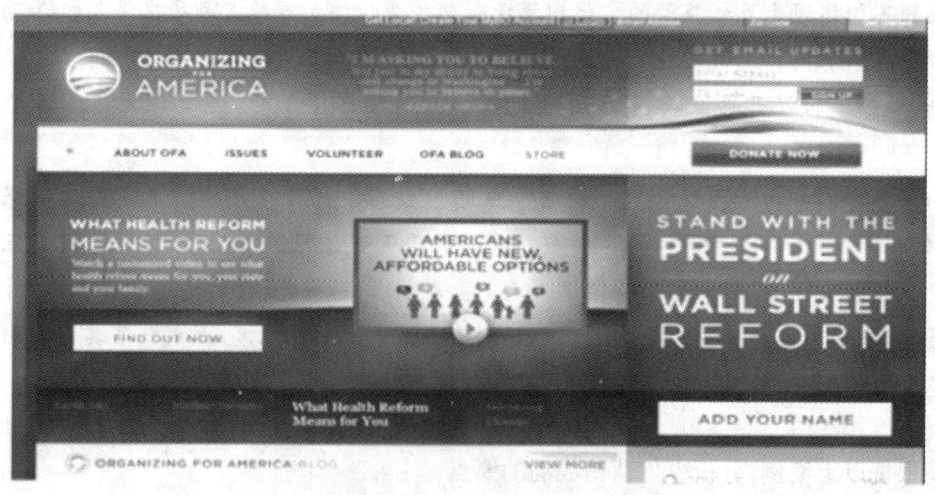

图 5-11　"我的奥巴马"网站

"我的奥巴马"网站有 2010 万注册用户,有 1300 万用户订阅了该网站的通信服务,奥巴马阵营获得的捐款有一半来自该网站。

同时,奥巴马还充分运用网络视频、博客、社交网站和捐款网站等互联网新模式。在奥巴马参加竞选的 2007 年底,最火爆的视频网站公布了当年最热门的视频,一个名为"奥巴马女孩"的视频位列其中。该视频描述的是一位年轻的美女歌手表达自己对奥巴马的热爱。视频的点击率迅速突破上千万,网友回复达数万条。此外,流行文化元素的应用也让奥巴马的形象更亲切。例如,网站提供富于感染力的手机铃声下载、专门为用户设计的软件、一群支持奥巴马的著名音乐人制作的 18 首歌的专辑(点击可试听)等。奥巴马近乎完美地利用了互联网的种种助推功能。

2. 资金之战

美国总统大选向来是资金交锋的战场。奥巴马则是首位将募捐渠道转至互联网的总统候选人,同时也是首位成功利用网络募捐竞选资金的候选人。由于通过网络打造了颇为成功的形象,拥护者的捐款从网上不断涌来。尽管捐款多是低于 100 美元的小额资助,但是由于支持者众多,奥巴马的网上募捐聚沙成塔,总额突破了 12 亿美元。在金融危机背景下,这无疑是一个奇迹。

3. 手段之战

正是认识到了草根力量在网络时代的重要性,奥巴马从始至终都将网络作为一个重要的战场。2008 年大部分时间,奥巴马的竞选团队在呼吁网络用户"加入我们"。奥巴马花数百万美元买下的搜索引擎关键词广告中,不仅包括自己的姓名,还包括热点话题,如油价、伊拉克战争和金融危机,成功地将浏览用户引导到了自己的竞选网站,成为自己的支持者,或者为自己捐钱。

4. 沟通之战

网络无疑是奥巴马吸引选民以及与选民交流的最好平台。

奥巴马的社区网站大量利用了社交网络和互动元素,用户可以在网站上开展讨论组、自己举办筹款活动、观看视频等。"我的邻居"、"我的团体"、"我的朋友"分别对应着经由地域、兴趣话题立场、现实人际关系区分的社会网络,整合了选民数据库,让支持者可以在线拨打电话给周边其他犹豫不决的选民。

在线游戏玩家们也能从该社区找到熟悉的元素。它有自己的参与竞选的任务系统,它会提示任务完成进度,甚至有积分、等级、排名的设置。

通过手机短信和电子邮件列表,奥巴马可以在任何时间方便地把信息直接传递到支持者面前。

奥巴马竞选中的一系列策略解决了普通人参与政治的难题。通过网络,线上与线下、地方与全国、虚拟与现实被有机地整合起来,建立起了他的支持者网络。

(资料来源:北京网络营销公司 www.selsem.com)

1. 请根据上题案例,思考如何将网络营销应用于你的求职就业?

2. 请思考上述案例运用了哪些营销策略？

案例5-8　索尼公司网络营销案例分析

索尼公司是传统家用电器的制造企业用。出井伸之1995年出任公司总裁及1998年兼任CEO以来，开始把重点放在家庭网络上，出井伸之"让索尼成为网络公司代名词"的努力已变成现实。市场环境变化让索尼公司日益感到有必要早日加入网上销售这一市场巨大、利润丰富的新兴平台中。为此，索尼公司建立了专门负责网上销售和服务部门，并准备加大其在公司业务中所占的比重。索尼公司同时加紧网络营销策划。很快索尼已经在网上直销其娱乐产品，广播电台、有线电视台、唱片销售店以及影音制品售卖点等一系列中间环节均被一一取代。这种直销方式使索尼电影和音乐的主要发布者甚感满意。他甚至还想将不那么有名的索尼财务服务公司变成一间在线银行。

企业在互联网上的竞争优势，源于上网前的战略策划，企业上网如作战，"多算胜，少算不胜，而况无算乎！""算"即企业上网前的营销战略策划。索尼的网络营销战略是：一手硬（产品设备）、一手软（影视娱乐），两手密切配合，软硬兼施。精良的设备能将新奇的游艺引入胜境，影视娱乐又为视听产品销售铺垫旺途，两者在营销关系上互补，达阴阳调和至善之境。

企业上网前的"妙算"是指，将其经营模式和方针在网络环境中重新规划整合一番，使企业营销体系与互联网的各种功能有机结合成新的网络营销体系。该体系中包括寻找新的商机，抑制竞争对手，发现、吸引并留住顾客，通过不断增加的产品和服务为自己的品牌增值等等。

（案例来源：时代财富. http://smt.fortuneage.com/uemarketer/18657-151239.aspx）

请思考上述案例采用了哪些营销策略。

案例5-9　王永庆志大米的故事

王永庆小学毕业后，到一家小米店做学徒。第二年他用借来的200元钱作本金自己开了一家小米店。为了和隔壁那家日本米店竞争，王永庆颇费了一番心思。

当时大米加工技术比较落后，出售的大米里混杂着米糠、沙粒、小石头等，王永庆则多了一个心眼，每次卖米前都把米中的杂物拣干净，这一额外的服务深受顾客欢迎。

王永庆卖米多是送米上门，他在一个本子上详细记录顾客家有多少人、一个月吃多少米、何时发薪等。算算顾客的米该吃完了，就送米上门；等到顾客发薪的日子，再上门收取米款。

他给顾客送米时，并非送到就算，他会帮人家将米倒进米缸里。如果米缸里还有米，他就将旧米倒出来，将米缸刷干净，然后将新米倒进去，将旧米放在上层。这样，米就不至于因陈放过久而变质。他这个小小的举动令顾客深受感动，铁了心专买他的米。

就这样，他的生意越来越好。从这家小米店起步，王永庆最终成为台湾工业界的"龙头老大"。后来,他谈到开米店的经历时,不无感慨地说:"虽然当时谈不上什么管理知识,但是为了服务顾客,做好生意,就认为有必要掌握顾客需要。没有想到,由此追求实际需要的一点小小构想,竟能作为起步的基础,扩充演变成为事业管理的逻辑。"

(资料来源:http://bbs.vsharing.com/Article.aspx?aid=69553)

请思考上述案例中主人翁成功关键是什么。

◈ 项目实操

[实操项目1]搜索引擎营销

根据案例完成搜索引擎营销实践相关任务。

[实操项目情景设计]

案例5-10　兰蔻:百度360度营销攻略

市场环境:化妆品市场争夺一直非常激烈。作为国际知名的高端化妆品品牌,兰蔻涉足护肤、彩妆、香水等多个化妆品产品领域,主要面向大都市25—40岁,教育程度、收入水平较高的女性。如何不断强化品牌形象,在网络上寻找到精准的目标客户群,稳固市场领导地位,提升网上销售是其要解决的重要问题。

策划目标:通过百度线上整合的营销模式,精准定向目标受众,全面提升兰蔻品牌形象。提高广告投入转化率,最终拉动线上线下双渠道销售。

执行过程:兰蔻对自己网站做了深入的搜索引擎优化,同时针对百度进行了一系列的搜索引擎营销,针对不同目标、不同时机选择最适合的搜索引擎营销策略组合。为了迎合网民的即时搜索需求,高度锁定相关人群,覆盖更多潜在受众,整个营销过程形成了搜索整合营销"四部曲":

1. 关键词投放

关键词投放是搜索营销最常用的方式之一。配合新产品上市,兰蔻选择了品牌产品相关的关键字进行投放,如"青春优氧""感光滋润粉底液"等,确保目标受众第一时间触及兰蔻的新产品信息。

2. 品牌专区

品牌专区兼具"大面积"和"图文并茂"的形式展现在用户百度搜索的结果页面,为消费者展现更加详尽全面的产品信息,带给目标客户全方位的品牌体验。在百度网页中搜索"兰蔻",即会出现一块占首屏1/2的兰蔻专属区域,通过"主标题及描述+品牌logo+可编辑栏目+右侧擎天柱"共同打造品牌迷你官网,以图文并茂的形式展现最新品牌及产品核心信息。其中,可编辑栏目区域可以根据企业需求,随时调整内容,推广多方面营销信息。品牌专区大大提升兰蔻大品牌形象,同时向兰蔻网上商城导入流量,提高广告转化率,促进产品销售。

3. 关联广告

结合热门节日圣诞节投放关联广告；除网页检索以外，兰蔻还充分应用了百度知道平台，当受众检索化妆品相关问题进入问答页面后，即可看到兰蔻的关联广告信息。

4. 事件营销

兰蔻设置代言人"安妮·海瑟薇"的搜索关键词，发挥明星意见领袖的作用，汇聚粉丝力量，充分发挥事件营销的力量。

5. 精准广告

为了实现更加精准的营销，兰蔻选择了精准广告的投放。它的最大的特点在于能够精准锁定相关受众，从上亿的网民中挑选出广告主的目标人群，让广告只出现在广告主想要呈现的人面前，同时也大大节约了广告投放费用（图 5-12）。

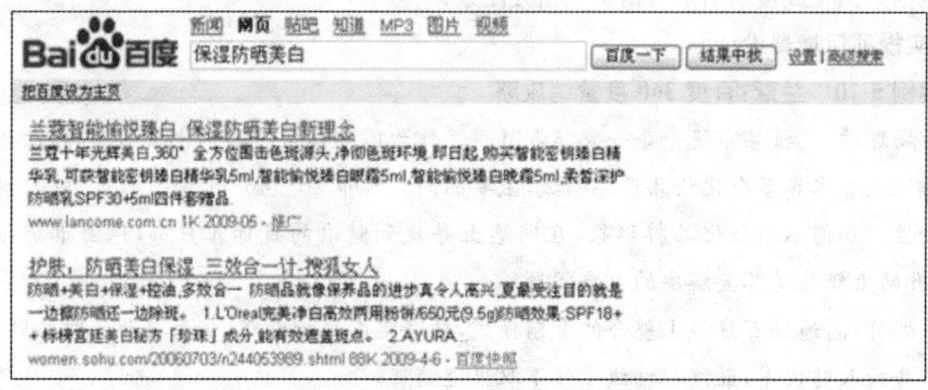

图 5-12 兰蔻在百度上的精准广告

执行效果：全面的搜索引擎营销，使兰蔻的品牌形象和销售额度获得了双效提升。据统计显示，通过整合各种广告形式，百度贡献销售额每个月大于 100 万，同时也赢来了源源不断的客户。

（资料来源：百度搜索营销营销案例）

[实操任务]

任务要求：

1. 根据上述案例，总结兰蔻采用的搜索引擎营销的几种模式和特点。

2. 结合能力训练的中关键词选择的相关知识，分析兰蔻的关键词策略，提出相关建议，形成报告。

[实操项目 2]网络市场调研

网络市场调研在线问卷的设计和分析总结

[实操项目情景设计]

案例 5-11 Yahoo! 的用户分析调研

Yahoo! 作为一家销售驱动的商业典范，公司的目标要向广告厂商提供更为精确的网上用户统计信息,以及为 Yahoo! 的用户提供更为详细的个人信息。

Yahoo! 授权英国营销调研公司"大陆研究"与纽约一家名为"Quantime"的公司合作对其德国、美国及法国使用者进行分析调研。大陆研究和 Quantime 公司设计了一个两阶段调研计划。

第一阶段:收集数据

Yahoo! 第一阶段的调研包括 10 个问题,涉及被访者的媒体偏好、受教育程度、年龄、消费模式等等。为此设计了 Yahoo! 因特网调研软件,其复杂的循环及随机程序能保证所收集数据的稳定性。而且,前面问题的答案可供后面的问题使用,以使调研适合每一位被访者,并有效鼓励其合作。

在第一阶段中,仅两周的时间便接到了 1 万份来自这三个国家的回答完整的结果,这意味着调研已经接触到目标群体。

在有关因特网使用情况的其他研究中,80%的被访者为男性,60%为受雇者,35%的受访者年龄在 25~35 岁之间。这项调查还揭示了一个现象:虽然占一半的因特网使用者使用目的为公事、私事兼而有之,但使用者主要还是用于商业。而在其余的使用者中,利用其进行休闲娱乐及其他私人活动的人数约为其他类型使用者的 2 倍。

第二阶段:深度调研

第一阶段所调查的是激活调研窗口并完成基本调研的网上使用者,而第二阶段则对那些在第一阶段中留下了 E-mail 地址并同意继续接受访谈的人进行。这些被访者将收到一份 E-mail 通知,获得调研的网址。第二阶段的询问调研要较第一阶段长,它会涉及一系列有关生活方式的深度研究问题。由于大陆研究公司已经认识了这些被访者,因此公司要求受访者进行登记,这样做能够准确计算回答率。如果需要的话,公司还将寄出提醒卡,以确保每位参访者只进行一次回答。实际上,在发出 E-mail 通知后的一周内,调研者便收到了预期的样本数目,根本无需进行提醒。

(资料来源:李玉清.网络营销.辽宁:东北财经大学出版社,2008.)

[实操任务]

任务要求:

1.根据上述案例,为 Yahoo! 第一阶段的调研设计一份完整的调研问卷,问卷内容及各要素的设计要符合案例背景。

2.根据上述案例,为 Yahoo! 第一阶段的调研写出市场调研分析简报。

[实操项目 3]网络营销实施

根据案例完成网络营销实施规划的相关任务

[实操项目情景设计]

案例 5-12　网络营销步步为"赢"

1. 案例背景

有家已经运营 11 年的公司现状颇为尴尬：一方面白手起家做贸易，既没有充裕的资金，也没有自己的工厂，基本靠转卖别人的产品，属于利润很低的中间商；另一方面，客户资源主要来自经营者之前工作积累下的老客户，甚至是亲戚朋友介绍的。经营的压力让他把目光投向了互联网。

2. 分析

网络营销策划不走偏。该经营者和网络营销专家一起分析了公司的情况，发现储蓄罐是一个有潜力的产品。这种产品有着浓郁的民族象征色彩，尤其在年节时，这些喜庆吉祥的储钱罐经常被消费者选购成为馈赠礼品。因为货源比较稳定，市场广阔，所以该企业利用网络的主要目的还是想进一步打开市场。

确定了网络营销的目标，专家接着帮他分析该产品的目标客户群以及目标客户会从哪些地方寻找该产品，而"哪些地方"就正是要运用的网络推广产品或方法的地方，设计了一个网络营销策划结构图。

在这个构架中，业务主要分为批发和零售两部分。在批发的部分，设计了三个方向，因为企业之前没有企业网站，因此，B2B 网络平台上的现成商铺就是一个很好的选择，而这些平台本身就有很多相关行业的商家在上面活动，对于打开局面很有好处。另一方面，关键字优化排名是一个必然的选择。零售方面，因为企业之前并没有相关的经验，所以现阶段不必投入太多，开始在一些知名度比较高的 C2C 网站上进行尝试即可。

网络营销实施全面开花

有了明确的规划，这位经营者也找到了实施网络营销的目标。第一步，2007 年 5 月，他加入阿里巴巴的普通诚信通会员。为了能在阿里巴巴上有好的表现，他开始自学一些图片处理技术，为了应对客户的在线咨询，他不得不更重视自己对产品各个方面的了解。在上网后不久，就陆续收到买家的询盘和订单。

进行搜索引擎关键字的优化排名。经过仔细分析，这个经营者确定了产品关键词："储钱罐"、"金鼠储钱罐"。经一个月的优化，这两个词都出现在百度、Google、Yahoo! 搜索结果的首页，每天搜索这两个关键词并点击进入网店的平均有二十多个。

在淘宝上开店。因为阿里旺旺和淘宝旺旺能够互联互通，自己的企业注册身份能够直接向消费者保证产品的信誉，从搜索引擎导入的个体消费者也能一并抓住。随后甚至在淘宝、拍拍、易趣都开了"店面"，把产品的精美图片一一上传并配以详细的说明，在线联络工具时刻在线。

通过博客、论坛宣传自己的产品。本来他只是想借企业博客来宣传企业文化，没想到竟然在这里也找到了生意。原来客户是看到了他的博客文章很感兴趣，进而进入他的网上商铺，最终达成了生意。

批发、零售全面出击,各种营销手段并用,这个小小的礼品公司逐渐被注入了新的活力,而这一切,比经营者原先预料的过程辛苦得多也收获得多。

网络营销效果关注业绩核算

统计:月均从阿里巴巴诚信通上获得的直接销售额是 20000 元左右,其中搜索引擎导入直接带来的销售额是 10000 元,在淘宝等平台上的收入 3000 元左右,总计 23000 元。而全部的投入不超过 5000 元。除了利润数字,他建立一个完整的营销渠道,通过渠道了解了客户的需求,帮助自己更好地判断市场。这半年的销售结果坚定了他的信心。

中小企业精打细算,才能步步为"赢"。

(资料来源:《网络营销实用教程》)

[实操任务]

根据上述案例写一份网络营销策划书。

[实操项目 4] 电子商务网站建设

根据案例电子商务网站建设规划的相关任务

[实操项目情景设计]

案例 5-13　企业网站建设的前期准备

在这个"商战即网战"的企业网络营销时代,如何建设一个具备良好网站用户体验和搜索引擎友好度的网站已是迫在眉睫,这里主要讨论企业在建设网站前应准备的工作。

1. 环境分析

网络营销任何一项策划都需要对环境进行深入分析。建设前对企业内外环境的分析才能更好地明确企业建站的目的,使网站的建设更适合企业经营战略。

2. 明确企业网站建设目的

企业建设网站的目的对网站的计划和实施有决定性的作用,总结一般企业建站的目的主要有:

(1)发布企业产品、服务信息;

(2)介绍企业历史、辉煌成就;

(3)收集客户反馈意见;

(4)网上市场调查;

(5)开展网络营销;

(6)网上客户服务。

3. 制定企业网站建设计划

计划主要是安排和协调企业相关部门共同建设网站。企业网站建设计划的主要内容包括:网站建设的时间安排、内容的收集整理、根据建站目的确定网站的功能、网页设计是由企业自己做还是进行委托、网站测试发布、网站推广、费用预算等。

4. 企业资源整合

网站内容要尽量丰富,应对企业的资源进行整合分析,根据需要和市场情况对内容进行整理。

5. 网站建设决策

首先要确定是自建还是委托专业制作公司代建。在选择专业公司时要认真考察,要尽可能地多了解专业公司的设计制作能力和信誉。需要注意三大方面的决策:

(1)域名注册。域名可以说是企业的"网上商标",所以域名的选择上要与企业文化、品牌相符合,以便容易记忆。

(2)虚拟主机。虚拟主机是网页的存放空间,虚拟主机的优劣和稳定性直接影响网站访问速度,主要考察标准是带宽、主机配置、CGI权限、数据库、服务和技术支持。

(3)网页设计(程序开发)。网页设计要和公司的企业形象识别相符合,主要是根据建设网站的目的,计划需要什么样的风格、采用什么样的布局,提供什么服务和功能,是否需要安装程序,如论坛、社区、留言簿(反馈表单)等。

6. 正式网站规划书

在上述工作基本做好后应该写出正式的网站规划书。网站规划书可以保证网站建设顺利进行,作为网站建设管理监督的参考,同时可以提交给专业制作公司,以指导网站的设计。

(资料来源:网络营销教学网www.wm23.com)

[实操任务]

任务要求:

1.根据上述案例,同时运用网络工具查找一些企业网站建设的相关信息拟出一份网站建设规划书提纲,要求条理清晰,内容完整系统。

2.选择不同企业的网站,分析其网站内容和功能是否能满足该企业现阶段的营销需求,并写出分析报告。

[实操项目5]流量统计分析

了解新浪博客流量统计的内容和分析工具

[实操项目情景设计]

注册新浪博客,注册成功后,登录新浪博客进行管理、添加日志等内容,了解新浪博客访问统计的项目,分析各统计项目的作用。

[实操任务]

1.注册新浪博客,成功后,登录新浪博客进行管理、添加日志等内容,如图5-13

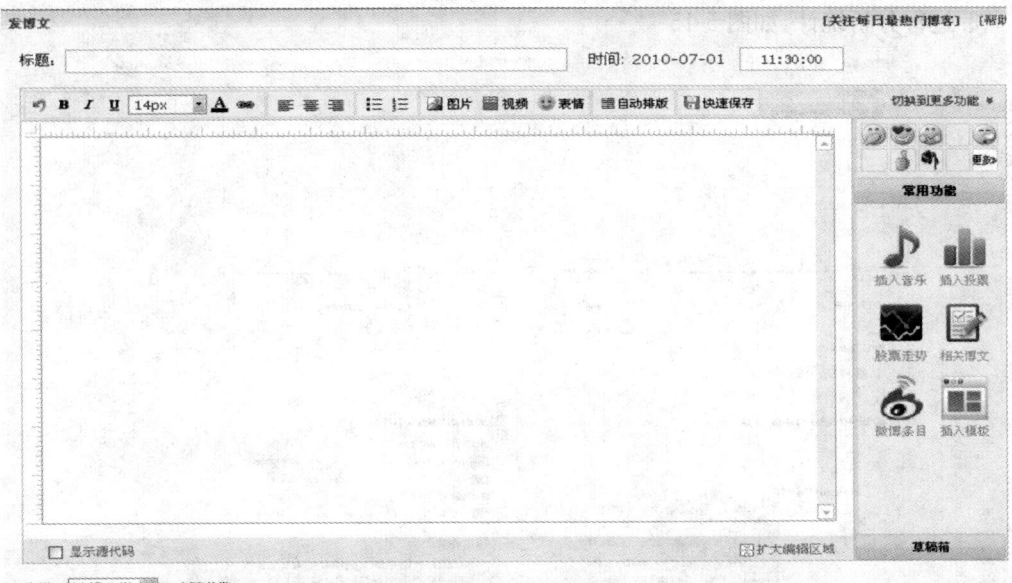

图 5-13　新浪博客编辑界面

2. 进入管理中心,查看流量统计及来源统计,如图 5-14

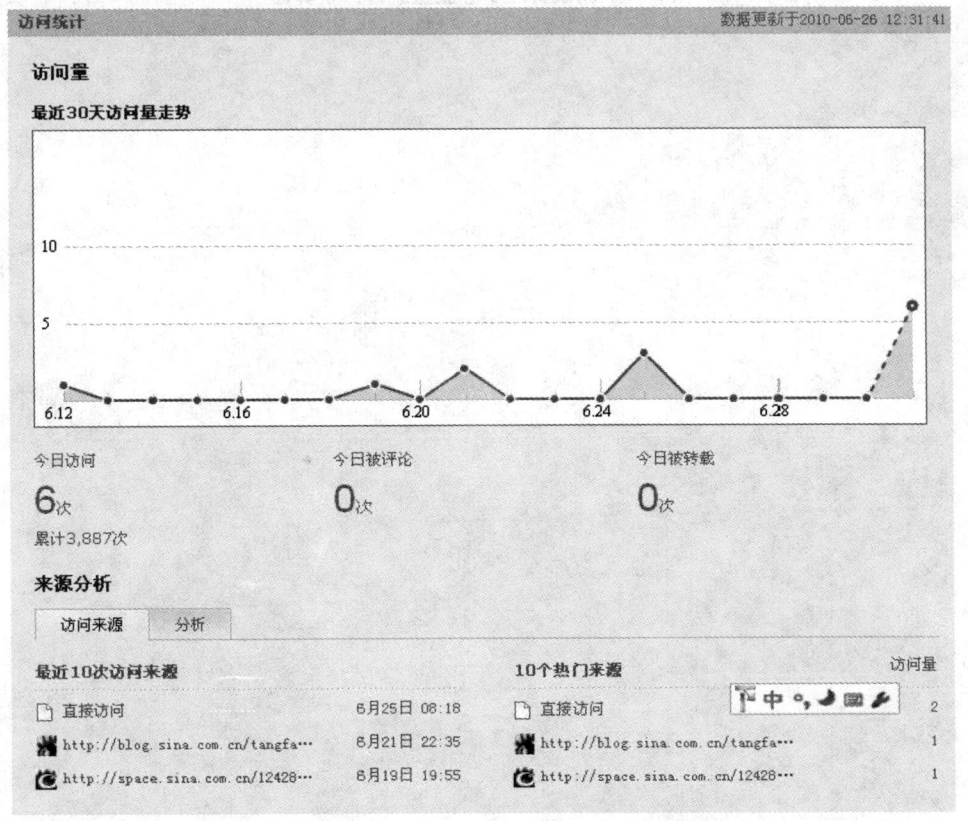

图 5-14　新浪管理中心流量统计界面

3. 进行分析统计，如图 5-15

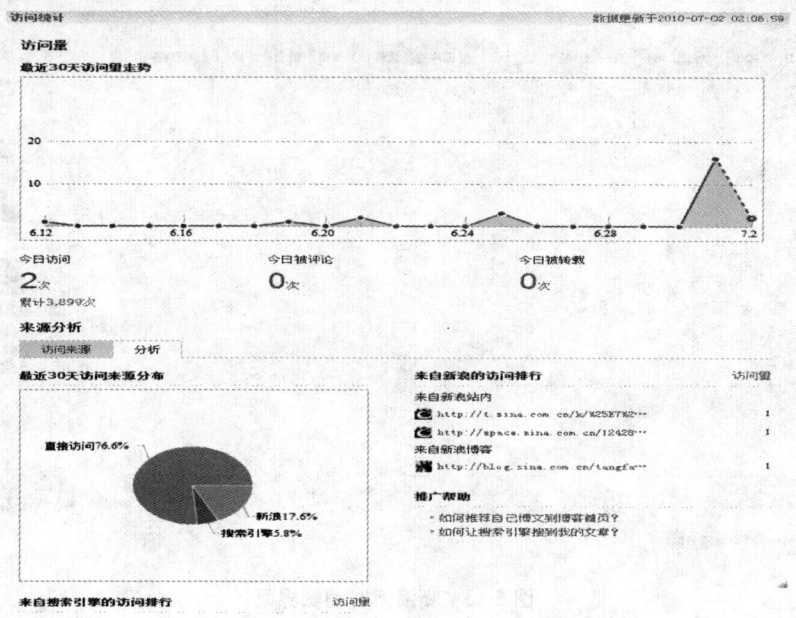

图 5-15　新浪管理中心流量统计分析界面

项目六
移动电子商务应用

◇ 学习目标

理解：移动电子商务的概念及特点。
掌握：移动电子商务及其技术应用。
应用：运用移动电子商务开展售前、售中、售后服务。

◇ 项目案例导读

91无线

91无线是百度旗下专注于无线互联网业务开发与拓展的高新技术企业。91无线平台是集成91手机助手、安卓市场、91移动开放平台、91熊猫看书、91熊猫桌面、安卓桌面、91手机娱乐、安卓网等强势产品为内容端口的移动互联应用平台，是国内最大、最具影响力的智能手机服务平台。

2013年7月16日，百度宣布拟全资收购网龙旗下91无线业务，总价19亿美元，相关各方已就此签署谅解备忘录。百度和网龙将进一步协商，就收购建议的相关条款达成一致，最终于2013年8月14日前，签署收购由网龙持有的91无线57.41%的股权。

根据该谅解备忘录，此项交易成功后，百度收购91无线的标的额将超过2005年雅虎10亿美元并购阿里巴巴，成为中国互联网有史以来最大的并购案。

智能手机的用户一定对"91手机助手"不陌生，91无线就是由此起步，其诞生于专注互联网业务开发的网龙公司。2010年9月，91无线集成91手机助手、安卓市场、移动开放平台、熊猫看书、919191熊猫桌面、安卓桌面、91手机娱乐门户和安卓网等强势产品为内容端口的完整移动互联应用产品群，成为国内最大、最具影响力的智能手机服务平台。

据91无线收购案的人士透露，在百度之前，腾讯就曾找过网龙，不过因为腾讯自己也有这方面的业务，最终退出了并购。不过，腾讯走了百度也并不轻松，因为，阿里巴巴也一直对91无线虎视眈眈，并在"竞拍"过程中频频举牌竞价。直到最后时刻，百度才痛下决心，开出19亿美元的"天价"，拿下了91无线。而在这个过程中，奇虎360也和91无线有过接触，不过最终无功而返。

(资料来源：网易新闻中心，2013—08—14)

阅读本章项目知识,思考以下问题:
1. 百度为何要高价收购由网龙持有的 91 无线 57.41% 的股权?
2. 无线互联网有哪些商机?移动商务如何赢利?
3. 传统的互联网企业(如新浪、腾讯、百度)都开展了哪些移动商务业务?

◆ 知识支撑

任务一 移动电子商务概述

一、移动电子商务的概念

移动电子商务就是利用手机、PDA 及掌上电脑等无线终端进行的 B2B、B2C 或 C2C 的电子商务。它将因特网、移动通信技术、短距离通信技术及其他信息处理技术完美结合,使人们可以在任何时间、任何地点进行各种商贸活动,实现随时随地、线上线下的购物与交易、在线电子支付,以及各种交易活动、商务活动、金融活动和相关的综合服务活动等。

移动电子商务(M-Commerce),它由电子商务(E-Commerce)的概念衍生出来,电子商务以 PC 机为主要界面,是"有线的电子商务";而移动电子商务,则是通过手机、PDA(个人数字助理)这些可以装在口袋里的终端与我们谋面,无论何时、何地都可以开始。有人预言,移动商务将决定 21 世纪新企业的风貌,也将改变生活与旧商业的地形地貌。移动电子商务就是利用手机、PDA 等无线设备进行 B2B 或 B2C 的电子商务,以前这些业务一般是在有线的 Web 系统上进行的。与传统通过电脑(台式 PC、笔记本电脑)平台开展的电子商务相比,拥有更为广泛的用户基础。随着移动通信技术和计算机的发展,移动电子商务的发展已经经历了三代。

1. 第一代移动商务系统

第一代移动商务系统是以短讯为基础的访问技术,这种技术存在许多严重的缺陷,其中,最严重的问题是实时性较差,查询请求不会立即得到回答。此外,由于短讯信息长度的限制也使得一些查询无法得到一个完整的答案。这些令用户无法忍受的严重问题也导致了一些早期使用基于短讯的移动商务系统的部门纷纷要求升级和改造现有的系统。

2. 第二代移动商务系统

采用基于 WAP 技术的方式,手机主要通过浏览器的方式来访问 WAP 网页,以实现信息的查询,部分地解决了第一代移动访问技术的问题。第二代的移动访问技术的缺陷主要表现在 WAP 网页访问的交互能力极差,因此,极大地限制了移动电子商务系统的灵活性和方便性。此外,WAP 网页访问的安全问题对于安全性要求极为严格的政务系统来说也是一个严重的问题。这些问题也使得第二代技术难以满足用户的要求。

3. 第三代移动商务系统

采用了基于 SOA 架构的 webservice、智能移动终端和移动 VPN 技术相结合的第三代移动访问和处理技术,使得系统的安全性和交互能力有了极大的提高。第三代移动商务系统同时融合了 3G 移动技术、智能移动终端、VPN、数据库同步、身份认证及 Web service 等多种移动通讯、信息处理和计算机网络的最新前沿技术,以专网和无线通讯技术为依托,为电子商务人员提供了一种安全、快速的现代化移动商务办公机制。移动因特网应用和无线数据通信技术的发展,为移动电子商务的发展提供了坚实的基础。推动移动电子商务发展的技术不断涌现,主要包括:无线应用协议(WAP)、移动 IP 技术、蓝牙技术(Bluetooth)、通用分组无线业务(GPRS)、移动定位系统(MPS)、第三代移动通信系统(3G)。

二、移动电子商务业务类型及常见应用

1. 移动电子商务的业务类型

移动电子商务不仅提供电子购物环境,还提供一种全新的销售和信息发布渠道。从信息流向的角度,移动电子商务提供的业务可分为以下 3 个方面:

(1)"推"(Push)业务:主要用于公共信息发布。应用领域包括时事新闻、天气预报、股票行情、彩票中奖公布、交通路况信息、招聘信息和广告等等。

(2)"拉"(Pull)业务:主要用于信息的个人定制接收。应用领域包括服务电话号码、旅游信息、航班信息、影院节目安排、列车时刻表、行业产品信息等等。

(3)"交互式"(Interactive)业务:包括电子购物、博彩、游戏、证券交易、在线竞拍等等。

2. 移动电子商务的常见应用

目前,对个人用户而言,移动电子商务主要是指上网或是短信群发层面等商务活动,人们可以使用手机等移动通讯设备,随时随地上网、查询信息、购买产品、预订服务,既方便快捷,又节省时间。对于企业用户来说,移动电子商务可以为他们提供快速、便捷的信息服务,应用于内部办公、外部服务、信息发布及定向宣传等。移动电子商务的常见应用,主要有以下 6 种:

(1)销售终端服务(POS)。销售终端服务(POS)实现传统商务活动的快捷结算。POS 业务的出现生动地体现了技术在金融领域竞争中的地位。现阶段,银行业的竞争方兴未艾,竞争主要有 2 个方面:一是管理和服务,二是技术。技术的竞争就需要加大科技投入,利用先进的科技手段,不断推出新的金融服务品种。首先,无线 POS 应用系统的开发,可以使开发行能够抢先推出新的金融服务品种,占领新的金融服务领域,极大地提高开发行的自身形象。其次,无线 POS 应用系统的开发,可以使开发行摆脱场地和线路的限制,拓展开发行的金融服务和空间;可以为开发行带来大笔新增存款业务,增加自身的竞争实力。最后,无线 POS 应用系统的开发,为社会提供了一种崭新的结算方式,有利于促进移动电子商务活动的健康发展。

(2)移动订票。这种服务可以通过定位技术将距离手机用户最近的餐馆、电影院或者戏院的消息发送到移动手机上,用户通过手机订电影票或者就餐消费。英国市场调查公司JuniperResearch 的一项有关手机订票业务的报告显示,仅2007年该服务将占据移动商务市场的大部分,2009年市场规模将扩大到390亿美元,占移动商务市场880亿美元总体营业额近一半。用户开始对手机订票感兴趣,这一倾向在欧洲和日本尤其明显,多数手机订票将用于火车或公共汽车票,电影票或戏票,以及汽车泊车票据。我国移动订票业务近几年发展迅速,移动订票的应用为票务行业提供了新的配送途径,将票务配送由"物流"变为"数据流",用"电子票"取代"实体票",消费者可以不受时间空间的限制获得电子票配送服务,而且验票过程对于验票方和客户来说也同样省心省力。移动订票的应用将全面拉动我国电子票务的市场空间。

(3)移动博彩。通过手机参与赌博、彩票、赌马、体育运动赌博等各方面的活动。目前,各类彩票在很多国家已经合法化,而国家是否允许其他类别的赌博性质的活动(如赌马、体育运动赌博等)是影响这类业务发展规模的最大因素。中国福利彩票发行管理中心官网"中彩网"副总裁表示:"无纸化购彩是中国购彩发展的必然趋势。目前,中国在网络购彩方面的政策还趋于保守,但网络购彩的开放就像网上银行一样,需要经过一定的时间完善。"

(4)手机银行。手机银行也称"移动银行",是利用移动电话办理有关银行业务的简称。它可以认为是金融机构借助移动通信运营商的新技术平台开展的一种"便民业务"。使用这种业务的银行用户可以利用手机办理多种金融业务,突破时空限制,只需使用手机,依照屏幕提示信息,即可享受中国银行手机银行服务提供的个人理财服务,实现账户信息查询、存款账户间转账、银证转账、证券买卖、个人实盘外汇买卖、代缴费、金融信息查询等功能。

手机银行产品有 SMS 和 WAP 2 种形式。SMS 类的手机银行业务是由手机、GSM 短信中心和银行业务系统构成的。手机与 GSM 短信中心通过 GSM(ZG)网络连接,而 GSM 短信中心与银行系统之间的通信可以通过网络来完成。某些情况下,短信中心还可能通过一个业务增值平台与银行前置机相连,以减轻短信中心的负担。在我国,中国银行、中国工商银行、中国建设银行、中国招商银行等金融机构都推出了这种业务。

(5)手机支付。手机支付的基本原理是将用户手机 SIM 卡与用户本人的银行卡账号建立一种一一对应的关系。用户通过发送短信的方式,在系统短信指令的引导下完成交易支付请求,操作简单,可以随时随地进行交易。手机支付这项个性化增值服务,可以实现众多支付功能,如翼支付。翼支付是中国电信旗下电子商务公司推出的一项产品。翼支付集成校企一卡通、公交卡、行业卡、银行卡等多项应用,向用户提供方便、快捷、全方位的移动支付服务。

(6)手机打车。手机打车,是指利用智能手机内安装的应用,发出电召出租车的请求。通常分为司机端和乘客端,分别安装在司机和乘客手机内,双方匹配使用。乘客打开应用,可以查看附近空车,发出召车请求。司机手机语音播报附近乘客的召车请求,司机可以选择接受或者拒绝。在我国,手机打车应用的典型包括:滴滴出行、Uber 优步、快的打车等。

三、移动电子商务的特点

1. 方便

移动终端既是一个移动通信工具,又是一个移动POS机,一个移动的银行ATM机。用户可在任何时间、任何地点进行电子商务交易和办理银行业务,包括支付。不受时空限制控制移动商务是电子商务从有线通信到无线通信、从固定地点的商务形式到随时随地的商务形式的延伸,其最大优势就是移动用户可随时随地获取所需的服务、应用、信息和娱乐。用户可以在自己方便的时候,使用智能手机或PDA查找、选择及购买商品或其他服务。

2. 安全

使用手机银行业务的客户可更换为大容量的SIM卡,使用银行可靠的密钥,对信息进行加密,传输过程全部使用密文,确保了安全可靠。

3. 开放性、包容性

移动电子商务因为接入方式无线化,使得任何人都更容易进入网络世界,从而使网络范围延伸更广阔、更开放;同时,使网络虚拟功能更带有现实性,因而更具有包容性。

4. 潜在用户规模大

目前,我国的移动电话用户已接近4亿户,是全球之最。显然,从电脑和移动电话的普及程度来看,移动电话远远超过了电脑。而从消费用户群体来看,手机用户中基本包含了消费能力强的中高端用户,而传统的上网用户中以缺乏支付能力的年轻人为主。由此不难看出,以移动电话为载体的移动电子商务不论是在用户规模上,还是在用户消费能力上,都优于传统的电子商务。

5. 易于推广使用

移动通信具有的灵活、便捷的特点,决定了移动电子商务更适合大众化的个人消费领域,比如:自动支付系统,包括自动售货机、停车场计时器等;半自动支付系统,包括商店的收银柜机、出租车计费器等;日常费用收缴系统,包括水、电、煤气等费用的收缴等;移动互联网接入支付系统,包括登录商家的WAP站点购物等。

6. 迅速灵活

用户可根据需要灵活选择访问和支付方法,并设置个性化的信息格式。电子商务服务选择越多,提供的服务形式越简单。

能力训练

掌握移动电子商务的运营策略

请结合以下材料,进一步掌握移动电子商务的运营策略。

1. 创造"移动"需求

(1)将移动的互动性发挥极致。

(2)运用超前(proactive)服务管理。服务提供者收集当前及未来一段时间与用户需求相关的信息,并预先发出主动服务的信息。

2. 突出"移动"特点

(1)抓住"移动"的特点有效地开展网上交易。移动性是移动电子商务服务的本质特征。无线移动网络及手持设备的使用,使得移动电子商务具备许多传统电子商务不具备的"移动"优势,导致很多与位置相关、带有流动性质的服务成为迅速发展的业务。

(2)移动电子商务的直接性大大加强了厂商与客户之间的联系。利用移动通信手段,买卖双方可以直接沟通,大大节约了交易时间。

3. 加强"移动"宣传

(1)移动广告可以提供进行非常有针对性的广告服务。

(2)提供移动电子商务解决方案。随着竞争的加剧,移动网络运营商市场将重新洗牌,新用户群将成为各运营商争夺的焦点。

(3)多种网络广告手段的综合使用。网络广告的思路仍然可以在移动广告中发挥作用。比如,邮件列表营销、病毒性营销,但具体操作方式可能会有一定的差别。

4. 开发"小额"业务

(1)移动电子商务的应用主要集中在"小额"领域,即支付金额不大的小额购物和服务、小额支付。这是和移动通信设备的特点相关联的。

(2)充分开发小商品市场。

(3)挖掘潜在消费市场。

任务二 移动电子商务的技术实现

移动电子商务就是现代电子商务在无线网络环境中的应用。而正是无线数据通信技术的快速发展,推动了移动电子商务的迅猛发展。移动电子商务系统的设计与应用离不开移动操作系统的应用、WAP技术的应用和3G/4G技术的应用。

一、移动操作系统技术

1. iOS

iOS是由苹果公司开发的移动操作系统。iOS是苹果旗下产品iPad、iPhone、iPod touch和Apple TV的操作系统。苹果公司最早于2007年1月9日的Macworld大会上公布了这个系统,最初是设计给iPhone使用的,后来陆续套用到iPod touch、iPad以及Apple TV等产品上。iOS与苹果的Mac OS X操作系统一样,它也是以Darwin为基础的,因此,同样属于类Unix的商业操作系统。原本这个系统名为iPhone OS,在2010WWDC大会上宣布改名为 iOS。最新版本为 iOS7。

(1) 简单易用的界面。iOS 操作系统使用简单方便、界面友好。

(2) 多项内置应用。如图 6-1,iOS 操作系统中内置了 Siri、Facetime、iMessage、Safari、Game Center、控制中心等多个应用程序。

图 6-1　iOS 中内置的程序

(3) 拥有数量庞大的移动 App。苹果公司提供了大量的收费和免费的 App 应用程序,供用户下载游戏、日历、翻译程式、图库以及许多实用的软件。2013 年 1 月 8 日,苹果宣布,官方应用商店 App Store 的应用下载量已经突破 400 亿次。

2. 安卓(Android)

安卓(Android)是一种基于 Linux 的自由及开放源代码的操作系统,主要使用于移动设备,如智能手机和平板电脑,由 Google 公司和开放手机联盟领导及开发。其标识如图 6-2 所示。Android 操作系统最初由 Andy Rubin 开发,主要支持手机。2005 年 8 月,由 Google 收购注资。2007 年 11 月,Google 与 84 家硬件制造商、软件开发商及电信营运商组建开放手机联盟共同研发改良 Android 系统。随后 Google 以 Apache 开源许可证的授权方式,发布了 Android 的源代码。第一部 Android 智能手机发布于 2008 年 10 月。Android 逐渐扩展到平板电脑及其他领域上,如电视、数码相机、游戏机等。2011 年第一季度,Android 在全球的市场份额首次超过塞班系统,跃居全球第一。2012 年 11 月,Android 占据全球智能手机操作系统市场 76% 的份额,中国市场占有率为 90%。2013 年 09 月 24 日,谷歌开发的操作系统 Android 迎来了 5 岁生日,全世界采用这款系统的设备数量已经达到 10 亿台。

Android 的特点如下:

(1) 开放性。在优势方面,Android 平台首先就是其开放性,开放的平台允许任何移动终端厂商加入到 Android 联盟中来。显著的开放性可以使其拥有更多的开发者,随着用户和应用的日益丰富,一个崭新的平台也将很快走向成熟。开放性对于 Android 的发展而言,有利于积累人气,这里的人气包括消费者和厂商,而对于消费者来讲,最大的受益正是丰富的软件资源。开放的平台也会带来更大竞争,如此一来,消费者将可以用更低的价位购得心仪的手机。

(2) 不受束缚。在过去很长的一段时间里,特别是在欧美地区,手机应用往往受到运营商制约,使用什么功能接入什么网络,几乎都受到运营商的控制。自从 2007 年 iPhone 上市后,用户可以更加方便地连接网络,运营商的制约减少。随着 EDGE、HSDPA 这些 2G 至 3G 移动网络的逐步过渡和提升,手机随意接入网络已不是运营商口中的笑谈。

图 6-2　安卓 LOGO

(3)丰富的硬件。这一点还是与 Android 平台的开放性相关。由于 Android 的开放性，所以众多的厂商会推出千奇百怪、功能特色各具的多种产品。功能上的差异和特色，却不会影响到数据同步，甚至软件的兼容，如同从诺基亚 Symbian 风格手机一下改用苹果 iPhone，同时还可将 Symbian 中优秀的软件带到 iPhone 上使用，联系人等资料更是可以方便地转移。

(4)方便开发。Android 平台为第三方开发商提供了一个十分宽泛、自由的环境，不会受到各种条条框框的阻挠，可想而知，会有多少新颖别致的软件会诞生。但也有其两面性，血腥、暴力等方面的程序和游戏如何控制正是留给 Android 的难题之一。

(5)Google 应用。互联网的 Google 已经走过 10 年历史，从搜索巨人到全面的互联网渗透，Google 服务如地图、邮件、搜索等已经成为连接用户和互联网的重要纽带，而 Android 平台手机将无缝结合这些优秀的 Google 服务。

3. 黑莓

黑莓手机(BlackBerry)是加拿大 RIM 公司(Research in Motion Ltd.，，RIM)制造的手机。Blackberry 手机内置一种移动电子邮件系统终端，其特色是支持推动式电子邮件、移动电话、文字短信、互联网传真、网页浏览及其他无线信息服务。较新型号的手机加入个人数码助理功能(如电话簿、行事日历等)及话音通信功能。图 6-3 为黑莓的 LOGO。

在"911 事件"中，美国通信设备几乎全部瘫痪，但美国副总统切尼的手机因有黑莓功能，而成功地进行了无线互联，能够随时随地接收关于灾难现场的实时信息。之后，在美国掀起了一阵黑莓热潮。美国国会因"911 事件"休会期间，就配给每位议员一部"Blackberry"，让议员们用它来处理国事。随后，这个便携式电子邮件设备很快成为企业高管、咨询顾问和每个华尔街商人的常备电子产品。截至 2013 年，RIM 公司已卖出超过 1.15 亿台黑莓，占据了近一半的无线商务电子邮件业务市场。

图 6-3 黑莓 LOGO

BlackBerry 作为一个全球领先的无线邮件解决方案的品牌手机,具有无线延伸业务信息的完整平台,具备保障信息完整性和机密性的高级安全特性,还易于部署、管理和使用,因此,受到众多商务用户的青睐。用户可以使用 BlackBerry 随时随地收发电子邮件,能够接收,修改,提交 OA、CRM、ERP、SFA 等应用系统的即时数据信息,并支持查询企业内部应用系统数据,将企业内部应用延伸至移动终端,提升办公效率、降低企业成本、释放出大量的生产力。

4. Symbian 系统

Symbian 系统是塞班公司为手机而设计的操作系统。2008 年 12 月 2 日,塞班公司被诺基亚收购。2011 年 12 月 21 日,诺基亚官方宣布放弃塞班(Symbian)品牌。由于缺乏新技术支持,所以塞班的市场份额日益萎缩。截至 2012 年 2 月,塞班系统的全球市场占有量仅为 3%,中国市场占有率则降至 2.4%。2012 年 5 月 27 日,诺基亚宣布,彻底放弃继续开发塞班系统,取消塞班 Carla 的开发,但是服务将一直持续到 2016 年。

Symbian 是一个实时性、多任务的纯 32 位操作系统,具有功耗低、内存占用少等特点,在有限的内存情况下,为用户提供简单、实用的手机操作应用,可以支持 GPRS、蓝牙、SyncML 以及 3G 技术。它包含联合的数据库、使用者界面架构和公共工具的参考实现,它的前身是 Psion 的 EPOC。最重要的是它是一个标准化的开放式平台,任何人都可以为支持 Symbian 的设备开发软件。与微软产品不同的是,Symbian 将移动设备的通用技术,也就是操作系统的内核,与图形用户界面技术分开,能很好地适应不同方式输入的平台,也使厂商可以为自己的产品制作更加友好的操作界面,符合个性化的潮流,这也是用户能见到不同的

Symbian 系统的主要原因。为这个平台开发的 java 程序在互联网上盛行。用户可以通过安装软件，扩展手机功能。

二、WAP 技术

WAP(Wireless Application Protocol)为无线应用协议，是一项全球性的网络通信协议。WAP 使移动因特网有了一个通行的标准，其目标是将因特网的丰富信息及先进的业务引入移动电话等无线终端之中。WAP 定义可通用的平台，把目前因特网上 HTML 语言的信息转换成用 WML(Wireless Markup Language)描述的信息，显示在移动电话的显示屏上。WAP 只要求移动电话和 WAP 代理服务器的支持，而不要求现有的移动通信网络协议做任何的改动，因而，可以广泛地应用于 GSM、CDMA、TDMA、3G 等多种网络。

1. WAP2.0 的特点

WAP 目前主要使用 1.2 和 2.0 两个版本。与 WAP1.x 相比，WAP2.0 的变化主要体现在 3 个方面。

(1)WAP 2.0 采用最新的因特网标准和协议，还能优化网络带宽的利用以及基于数据包的全球无线网络的连接。WAP 2.0 还能对已有的 WAP 内容、应用和业务等提供可管理的向后兼容性。

(2)WAP 2.0 是在无线应用环境下运行的，即无线应用环境使 WAP/WEB 应用程序和包含 WAP 微型浏览器的应用之间实现交互，而 WAP 2.0 在其标记语言中为这样的微型浏览器提供基础。其标记语言包括 xhtmllmp，并支持 WAP 1.x 内容的 WML。这些标记语言在发挥其独特优点的同时，也为移动设备提供合适的内容业务。

(3)WAP 2.0 在其无线应用环境中支持对 WML 1.0 的完全向后兼容。WML 2.0 是在 WML 1.0 增加了向后兼容的具体特性后对 xhtmllmp 的扩展，实现了从 WML 1.0 到 xhtmllmp 名称、属性的转换。

另外，由于 WAP 2.0 采用更加简单的编程模型，所以不再需要 WAP 代理服务器，客户机和应用服务器之间的通信直接通过 http 进行，这极大提高了数据的传输速度。

2. WAP 的应用

WAP 2.0 的诸多优点为无线应用开发人员和移动商务用户提供了极大的便利。这些优点体现在：增加了对标准因特网通信协议的支持，提供适合于无线通信环境的互通优化功能，并为无线设备利用现有的因特网技术提供应用环境；能够利用现有的和可以预见的空中接口技术及其载体(GPRS 和 3G 通信等)运行应用业务；提供的大量应用环境能够对手机、PDA 等移动设备传送信息和提供交互式业务；适合各种移动设备的功耗小、节省计算资源、优化网络资源的使用等；用户接口设计具有灵活性，可使设备生产商根据市场需求设计各种不同的用户接口。

鉴于上述的功能特性和优点，WAP 2.0 具有广阔的市场应用前景，主要体现在以下方面。

(1) WAP 推送业务。这种业务可通过推送代理发送或"推送"给基于服务器应用的多种设备,尤其适合股票价格变更等实时信息的传送。有了这种推送功能后,无线设备不再需要询问应用服务器就能得到新的信息。

(2) 用户代理业务。这是为把客户机能力和用户选择应用的个性喜好介绍给应用服务器而提供的一种机制。它通过对服务器发送客户机和用户所要求的信息,支持客户机/服务器会话模式。这种信息可使服务器把用户所需要的内容实时提供给客户机,还能使中介代理为用户提供增值业务。

(3) 无线电话应用业务。通过软件工具,在过去支持数据功能的应用环境里提供各种先进的电话应用业务,如发出呼叫、回答呼叫、保持呼叫、改变呼叫传送路径等。这有可能使手机真正成为因特网和话音业务完全集成的一种新应用。

(4) 外部功能接口业务。这种业务类似于提供扩大或增强浏览器能力或其他应用的插件模块,为在将来扩充 WAP 设备的能力和增加应用提供基础,并可用于定义连接外部设备,如智能卡、GPS 和数字摄像机等所需要的特殊接口。

(5) 多媒体信息传送业务。为执行多功能信息的传送提供基础,并具有传送各种内容的功能。这种业务能够快速传送短信息等语句,或存储/转发电子邮件,增加了用户发送信息的种类和发送的灵活性。

(6) 持久存储接口业务。这种业务规定了一套与现行接口相吻合的存储业务标准,以便在无线设备或其他所连接的存储设备上编制、存取或查询数据。

三、3G/4G 技术

3G,是指支持高速数据传输的蜂窝移动通讯技术。3G 服务能够同时传送声音及数据信息,速率一般在几百 kbps 以上。目前,3G 存在 4 种标准:CDMA2000、WCDMA、TD-SCDMA、WiMAX。4G 指的是第四代移动通信技术。4G 集 3G 与 WLAN 于一体,能够传输高质量视频图像,它的图像传输质量与高清晰度电视不相上下。4G 系统能够以 100Mbps 的速度下载,比目前的拨号上网快 2000 倍,上传的速度也能达到 20Mbps,并能够满足几乎所有用户对于无线服务的要求。此外,4G 可以在 DSL 和有线电视调制解调器没有覆盖的地方部署,然后再扩展到整个地区。很明显,4G 有着不可比拟的优越性。

2013 年 12 月 4 日,工信部正式向 3 大运营商发布 4G 牌照,中国移动、中国电信和中国联通均获得 TD-LTE 牌照。4G 通信具有下面的特征:

1. 通信速度快

从移动通信系统数据传输速率作比较,第一代模拟式仅提供语音服务;第二代数位式移动通信系统传输速率也只有 9.6Kbps,最高可达 32Kbps,如 PHS;第三代移动通信系统数据传输速率可达到 2Mbps;而第四代移动通信系统传输速率可达到 20Mbps,甚至最高可以高达 100Mbps,这种速度会相当于 2009 年最新手机的传输速度的 1 万倍左右,是第三代手机传输速度的 50 倍。

2. 网络频谱宽

要想使 4G 通信达到 100Mbps 的传输，通信营运商必须在 3G 通信网络的基础上，进行大幅度的改造和研究，以便使 4G 网络在通信带宽上比 3G 网络的蜂窝系统的带宽高出许多。据研究 4G 通信的 AT&T 的执行官们说，估计每个 4G 信道会占有 100MHz 的频谱，相当于 W-CDMA3G 网络的 20 倍。

3. 通信灵活

从严格意义上说，4G 手机的功能，已不能简单划归"电话机"的范畴，毕竟语音资料的传输只是 4G 移动电话的功能之一。因此，未来 4G 手机更应该算得上是一只小型电脑了。而且 4G 手机从外观和式样上，会有更惊人的突破，人们可以想象的是，眼镜、手表、化妆盒、旅游鞋，以方便和个性为前提，任何一件能看到的物品都有可能成为 4G 终端，只是人们还不知应该怎么称呼它。

未来的 4G 通信使人们不仅可以随时随地通信，更可以双向下载传递资料、图画、影像，当然更可以和从未谋面的陌生人网上联线对打游戏。也许有被网上定位系统永远锁定无处遁形的苦恼，但是与它据此提供的地图带来的便利和安全相比，这简直可以忽略不计。

4. 智能性高

第四代移动通信的智能性更高，不仅表现于 4G 通信的终端设备的设计和操作具有智能化（例如对菜单和滚动操作的依赖程度会大大降低），而且 4G 手机可以实现许多难以想象的功能。

例如，4G 手机能根据环境、时间以及其他设定的因素来适时地提醒手机的主人此时该做什么事；或者不该做什么事；4G 手机可以把电影院票房资料，直接下载到 PDA 之上，这些资料能够把售票情况、座位情况显示得清清楚楚，大家可以根据这些信息来进行在线购买自己满意的电影票；4G 手机可以被看作一台手提电视，用来看体育比赛之类的各种现场直播。

5. 兼容性好

要使 4G 通信尽快地被人们接受，除考虑它的功能强大，还应该考虑现有通信的基础，以便让更多的现有通信用户在投资最少的情况下就能很轻易地过渡到 4G 通信。

因此，从这个角度来看，未来的第四代移动通信系统应当具备全球漫游、接口开放、能跟多种网络互联、终端多样化以及能从第二代平稳过渡等特点。

6. 提供增值服务

4G 通信并不是从 3G 通信的基础上经过简单的升级而演变过来的，它们的核心建设技术根本就是不同的，3G 移动通信系统主要是以 CDMA 为核心技术，而 4G 移动通信系统技术则是以正交多任务分频技术（OFDM）最受瞩目，利用这种技术人们可以实现如无线区域环路（WLL）、数字音讯广播（DAB）等方面的无线通信增值服务；不过考虑到与 3G 通信的过渡性，第四代移动通信系统不会在未来仅仅只采用 OFDM 一种技术，CDMA 技术会在第四代移动通信系统中，与 OFDM 技术相互配合以便发挥出更大的作用，甚至未来的第四代移动通信系统也会有新的整合技术如 OFDM/CDMA 产生。前文所提到的数字音讯广播，其实它真正运用的技术是 OFDM/FDMA 的整合技术,同样是利用两种技术的结合。

因此,未来以 OFDM 为核心技术的第四代移动通信系统,也会结合两项技术的优点,一部分会是 CDMA 的延伸技术。

7. 高质量通信

第四代移动通信不仅仅是因应用户数的增加,更重要的是,必须要因应多媒体的传输需求,当然还包括通信品质的要求。总之,首先必须可以容纳市场庞大的用户数、改善现有通信品质不良,以及达到高速数据传输的要求。

8. 频率效率高

相比第三代移动通信技术来说,第四代移动通信技术在开发研制过程中使用和引入许多功能强大的突破性技术。例如,一些光纤通信产品公司为了进一步提高无线因特网的主干带宽,引入了交换层级技术,这种技术能同时涵盖不同类型的通信接口,也就是说,第四代主要是运用路由技术(Routing)为主的网络架构。由于利用了几项不同的技术,所以无线频率的使用比第二代和第三代系统有效得多。

◆ 能力训练

┌─────────────────────────────────┐
│   **掌握移动电子商务的技术应用**   │
└─────────────────────────────────┘

请结合以下材料,进一步掌握移动电子商务的技术应用。

1. 面向个人的移动商务应用

(1)基于位置的服务。通过 GPS 技术,用户不仅可以方便地获知自己目前所处的准确位置,还能根据环境用手机查询附近各种场所的信息。

(2)移动娱乐。移动电子商务应用中最成功、利润最丰厚的就是一系列娱乐服务。用户不仅可以从他们的移动设备上收听音乐,还可以订购、下载或支付特定的曲目,并且可以在网上与朋友们玩交互式游戏,还可以游戏付费,并进行快速、安全的博彩和游戏。移动娱乐的需求将是拉动移动商务应用普及最关键的因素。

(3)移动支付。从技术的角度来说,支付过程是一个完整的信息系统,包括网络、数据库、分析工具等,涵盖了事务处理、中层决策、战略决策等功能。由包括网络通信技术和底层基础结构的通信负载层服务提供商和金融机构建立数据库、部署和传输数据的网络交互和核心应用平台、商业层,运用多种数据分析和数据挖掘软件来分析移动商务支付的决策层组成。

(4)移动即时通信。移动即时通信服务是在传统的基于 Web 通信系统的基础上,把手机的短信和手机移动互联网完美结合起来,使用户通过手机终端,也能够方便地与他人以短信、移动互联网来进行即时的信息交流的技术。它突破了传统 Web 界限,把即时信息转移到移动互联网上面,同时用户通过短消息或移动互联网,实现更即时的交流。

2.面向企业的移动商务应用

(1)移动信息服务。提供移动信息服务的方式主要有短信或彩信服务,以及由WAP等提供的信息服务。

(2)移动营销。移动营销是使用无线技术为客户提供独特的个性化服务,无线移动营销更改了传统的营销活动策略,以符合移动客户和无线设备的需求。

(3)移动广告。移动广告的成功实现需要内容提供商、广告客户和媒体建立一个系统。该系统能在正确的时间、正确的位置将广告展现在客户面前。

任务三 移动电子商务的应用

一、售前移动电子商务应用

售前阶段的移动电子商务服务是指在移动电子商务交易之前,为买卖双方提供的相关服务。通过售前服务能够增进买卖双方的相互了解,让买方获得交易相关的信息,感受到附加价值,做好交易的准备。

1.虚拟交易平台服务

移动商务中交易双方虽然不直接接触,但是仍然需要一个虚拟的交易平台提供商品展示、供双方交流等,以确保交易的有效进行。平台的建设、运行和维护可以由卖方承担,也可以由第三方承担,后者就是典型的第三方移动商务服务。移动商务平台服务比较有代表性(如APPLE公司的移动应用商店App Store),后起的中国移动网上商场(移动MM)、中国电信移动应用商店(天翼空间)、中国联通的沃商店等,都属于这类服务模式。

随着APPLE公司革命性手机iPhone的推出,这种面向iPhone用户和软件开发者提供服务的移动应用商店模式也应运而生。APPLE公司开创了开发者自主开发、自主定价、App Store平台销售、开发者和APPLE公司共享盈利的开放式合作商业模式。用户通过手机登录"App Store"之后,可以进入其应用网店,在网站内挑选中意的软件下载安装到手机里,类似于互联网上的软件商场。

在传统的电子商务领域(如淘宝网),每个网店为了吸引顾客,增加点击率和消费者,需要用一些专业的美工软件对自己的网店进行个性化的"装修"。APPLE公司和中国移动等应用商店运营商不仅为开发者们提供了像淘宝网这样的交易平台,而且还提供了相应的"虚拟交易空间装饰"服务。当开发者(卖方)开发出新程序或新应用时,不用再亲自开网店吸引顾客,只要将它们交由应用商店服务商,一旦程序或应用通过审核,就可以放到App Store或者移动MM、天翼空间或活跃商城上,程序的图标、网店的背景音乐、动画生成……都不需要开发者亲自做。用户登录App Store、移动MM、天翼空间或活跃商城这样的应用平台,按照自己的需要购买相应的软件,而不需要与开发者们直接一对一的联系。因为APPLE公司或者移动运营商为第三方提供了平台服务,所以出售软件的收益也不再是开发者一方独享,第三方服务提供商会基于每笔收益获得分成。

除了移动应用商店这种专门面向移动终端应用的移动商务服务,还有从传统电子商务平台服务移植而来的移动商务平台服务,例如,手机淘宝;还有从电子商务企业转变为移动商务企业并同时提供移动商务服务的,比较有代表性的是京东、当当等,它们从单纯的电子商务企业向整合的销售与服务企业扩展,不仅销售自营商品,还为其他商家提供交易平台服务,并且将基于互联网、PC终端的电子商务扩展到手机终端,通过下载安装它们的移动商务客户端,让消费者随时随地实现移动购物。

2. 商店、商品信息服务

目前,许多智能手机具有搜索地图的功能,只要用户手机能够装载地图软件,能够连接到移动互联网,就可以进行商品、店铺信息搜索和定位服务。用户通过手机搜索商品或店铺信息的具体流程是:打开手机→连接移动互联网→打开地图软件→输入想查找的位置→查找地图上的地点→查找餐馆、咖啡厅、酒吧、景点、加油站、超市等信息→点击所选位置附近的所需信息→出现商家信息(包括:名称、地址、电话、邮编、网站、评论等)。

通过这样的搜索,消费者可以在手机上方便快捷地浏览自己所需要的信息,而这些信息的发布、功能的支持,都离不开移动运营商的网络平台建设与服务、地图提供方的数据信息服务。交易双方之外的第三方提供了整个搜索过程所需要的终端、软件、渠道、技术、信息编辑、生成、传递等信息。

3. 手机定位服务

移动公司在各个地区设有基站,基站负责支付手机终端的通话等功能。当客户手机处于开机状态时,相隔固定的时间会与基站进行联系,确认手机的当前状态。当客户使用位置查询服务的时候,基站会与所查询的手机进行通信,然后根据信息的反馈时间计算手机当前的大概位置。具体过程是:打开"SIM卡应用"→选择"位置服务"→选择"你在哪里(对方手机号)"或"我的位置"→可获得所要查询的手机的位置。

基于这些技术,中国移动在飞信软件里开发出了"位缘"业务。它可以通过自身位置的定位,搜寻周围的其他用户,是与用户之间进行打招呼、聊天交友和游戏的娱乐平台。同时,也有开发者开发出相应的应用,比如可以进行员工考勤监控,老人、儿童看护防迷路走失,物流车辆管理,私家车行踪掌控等。

手机定位服务是基于移动运营商基站系统实现的,在此项服务基础上进行的应用拓展都离不开移动运营网络的支撑。在移动商务活动中,店铺的定位、手机广告的准确及时推送都有可能用到手机定位服务。

4. 手机广告促销服务

很多顾客在注册成为商场或超市等消费场所的会员时,一般会填写包括手机号码等在内的会员信息。通过移动运营商的通信网络,商家可以将商品广告宣传、优惠信息、促销信息等直接发送到消费者的手机中。

消费者也可以主动获取广告和优惠、促销等信息。比如,通过安装在消费者手机上的移动购物客户端,消费者可以预先选定自己感兴趣的各类商城、超市、专卖店、影院、餐馆等,进而定制这些商家促销信息,或者为免受干扰,可以在方便的时间主动浏览和获取相关信息。

手机广告促销服务还可以和手机定位服务结合使用,对于消费者预先设定的某些消费场所,一旦走路和开车经过时,会有相关信息主动推送到手机上。

这些服务的目的是为了促成更多的更有效的交易活动,服务的提供方往往是若干家第三方服务机构,包括移动通信运营商、广告商、位置服务商、软件开发商、智能终端商等。

5. 商品标签手机识别服务

任何商品都有一个条形码标签或二维码标签,消费者可通过手机识别获得有关商品的更多信息,以便更好地作出购物决策。为实现这一功能,消费者只需用手机下载安装一个软件,就可以通过扫描商品的标签获得与产品相关的额外的信息和服务。例如,消费者可以获得商品的原产地信息、物流过程、原材料配方、使用说明、相关商品信息等。因为在商品包装或价签上印上消费者所需的所有信息是不现实的,所以这项服务可以更好地满足消费者的需求。消费者用手机扫描商品的条形码,连接到网络并得到商品的额外信息。

6. 移动优惠券服务

通过手机终端发放电子优惠券是现在许多商家的做法。这有两个得天独厚的优势:手机的高普及率和人们随身携带手机的习惯。传统的实体优惠券需要人们携带进入商店超市等才能实施优惠功能,如果消费者忘记携带或中途丢失,就会影响消费者的使用。商家只要将优惠券信息或者识别码发送到消费者的手机终端,消费者进入商场消费,通过手机识别,就可享受优惠。如图6-7即为肯德基电子优惠券的网页。

二、售中移动电子商务应用

售中服务即是在商品交易进行过程中的服务。它是促成移动电子商务交易的核心活动。

1. 移动支付

(1)移动支付概念。移动支付也称"手机支付",就是允许用户使用其移动终端(通常是手机)对所消费的商品或服务进行账务支付的一种服务方式。单位或个人通过移动设备、互联网或者近距离传感直接或间接向银行金融机构发送支付指令产生货币支付与资金转移行为,从而实现移动支付功能。移动支付将终端设备、互联网、应用提供商以及金融机构相融合,为用户提供货币支付、缴费等金融业务。

移动支付主要分为近场支付和远程支付两种,"近场支付"就是用手机刷卡的方式坐车、买东西等,很便利。"远程支付"是指通过发送支付指令(如网银、电话银行、手机支付等)或借助支付工具(如通过邮寄、汇款)进行的支付方式,如掌中付推出的掌中电商、掌中充值、掌中视频等属于远程支付。目前,支付标准不统一给相关的推广工作造成了很多困难。移动支付标准的制定工作已经持续了3年多,主要是银联和中国移动2大阵营在比赛。

图 6-7　肯德基 APP 页面

(2) 移动支付的主要功能。通过特殊技术(主要是 NFC 近距离通信技术)实现手机支付的手机,可支持电子支付和数据下载等多种功能。

未来手机将集成公交卡、银行卡和钥匙等功能,支付部分日常生活服务,方便市民出行、购物,这一技术在日本已经十分成熟。这将大大提高公众的生活质量,使出行更加方便。手机支付的技术实现整个移动支付价值链,包括移动运营商、移动支付技术实现方案在内的主要有 5 种:双界面 Java card、SIM Pass、RFID-SIM、NFC 和智能 SD 卡。

手机支付是指通过手机对银行卡账户进行支付操作,包括:手机话费查询和缴纳、银行卡余额查询、银行卡账户信息变动通知、公用事业费缴纳、彩票投注等,同时利用二维码技术可实现航空订票、电子折扣券、礼品券等增值服务。

(3) 手机支付有 3 种途径。第 1 种途径:费用通过手机账单收取,用户在支付其手机账单的同时支付了这一费用。在这种方式中,移动运营商为用户提供了信用,但这种代收费的方式使得电信运营商有超范围经营金融业务之嫌,因此,其范围仅限于下载手机铃声等有限业务,交易额度有限(手机话费支付方式)。

第 2 种途径:费用从用户的开通电话银行账户(即借记账户)或信用卡账户中扣除,在该方式中,手机只是一个简单的信息通道,将用户的银行账号或信用卡号与其手机号连接起来。如果更换手机号则需要到开户行做变更(指定绑定银行支付)。

第 3 种途径:无绑定手机支付,个人用户无需在银行开通手机支付功能,即可实现各种带有银联标识的借记卡进行支付,采用双信道通讯方式进行通讯,非同步传输,更加安全快捷。相对而言,此种方式最简单、方便、快捷(即银联快捷支付)。

2. 身份验证服务

因为手机具有私人属性，其安全性可以得到保证，所以用手机进行身份识别验证有较广的应用范围。目前，许多网站在进行注册、验证时都是采用向手机发送随机验证码的方式进行的。消费者接收了随机验证码，并在注册或验证页面上填写此验证码，通过这样的方式，可以保证注册者是手机拥有人本人，防止信息被盗用。这种身份验证方式，是通过手机终端在移动运营商通信网络的保证下进行的。它的提供者既不是消费者本身，也不是提供商品的卖家，而是一种典型的第三方移动商务服务。

3. 物流跟踪服务

消费者通过电子交易平台购买实物商品，或者在实体商店购物后需要远程运输时，或者到专门的快递公司寄送函件、包裹时，想要获得自己所购商品的实时物流信息，就可以通过手机物流跟踪服务实现。

目前，许多电子商务网站或者物流公司网站提供商品物流信息查询功能，通过物流单号，可以获知商品最新的运输动态。但是，这样的查询方式依然存在两个弊端：一是需要消费者能够登录互联网；二是信息的反馈是被动的，也就是物流公司接收到查询后才反馈。如果消费者注册的信息里提取手机号码，那么物流公司可以在商品每到一个中转站时进行短信发送，主动提供信息告知服务，让顾客随时随地了解商品的物流信息。相关调查表明，约49%的消费者喜欢通过手机短信通知的方式即时获得商品的具体物流信息，超过一半的消费者对手机短信通知物流信息的服务表示很期待。

手机物流服务可以由物流服务商提供，或者由移动运营商建设统一的物流服务平台，协助物流公司向客户提供手机物流跟踪服务。

三、售后移动电子商务应用

售后服务是指商品交易完成后，第三方服务机构为买卖双方提供的一系列服务。好的售后服务在客户关系维系、客户黏度保持以及客户再购买行为意愿等方面都起着关键的作用。

1. 客户关系管理服务

卖方都希望与消费者建立长期的买卖关系。客户关系管理服务包括分析客户的行为、进行个性化推荐、个性化关怀、提供消费积分和老顾客优惠等服务。这些服务可以由有实力的卖方自己实现，也可以由专业的第三方服务提供商来完成。在客户授权的前提下，第三方服务商可以整合更多的客户消费信息进行客户行为挖掘，为卖方提高推荐、促销的命中率提供更有价值的帮助，同时也能够为消费者提供更个性化的、有价值的服务。

如北京沃力森信息技术有限公司开发的 xtools 随身行软件，即为一款典型的手机客户关系管理软件。它可以实现以下功能：

(1) 速记：快速记录。主要用于业务人员在出差时或拜访客户后，快速记录拜访要点，将繁琐的文字录入方式转换为选择答案录入的方式，大大节约时间。速记内容会自动同步到

Xtools CRM 系统中的销售管理角色工作台"最近 10 条随身行内容"模块。

（2）速录：快速录音。主要用于业务员在出差时或拜访客户后，及时以录音方式记录工作要点。速录的录音文件会自动同步到 CRM 的销售管理角色工作台"最近 10 条随身行内容"模块。

（3）快拍：实现图片的上传。它可以为客户提供简单的记事功能，也可以作为一个凭证，为一个企业的业务人员提供使用，快拍的图片文件会自动同步到 CRM 的销售管理角色工作台"最近 10 条随身行内容"模块。

（4）授权：授权功能（非严格形式报批，即有必要上级授权的事务，可直接选择请求授权对象，对方回复同意、不同意、暂缓、电话沟通、需要考虑等必要内容即可；也可增加详细回复内容），例如：销售人员跟客户沟通后，客户要求销售人员给予一定的折扣，销售人员感觉客户提的折扣要求自己可以接受，但还有一些不确定性需向自己的上级请示汇报，于是可以拿出手机进入 Xtools CRM 随身行进入授权找到自己要请示汇报的上级人员进行授权申请。授权的记录会自动同步到 CRM 的销售管理角色工作台"未处理授权"模块。

2.排名、评价服务

在电子商务时代，对商品及商家的评价和销售排名是消费者作出购买决策的重要参考依据，在移动电子商务中也不例外。不仅买方需要这些信息，作为优秀的卖方，排名和评价也是一个展示自己、赢得商誉的重要途径。如淘宝网为商家、商品提供了排名和评价的服务，甚至还引入了商家对消费者的评价。为了保证评价的客观性、价值性，排名和评价服务需要由独立的第三方服务提供商来提供。

以商品和商家评价为例，移动电子商务活动中该服务的具体流程为：消费者接收商品→管理信息系统识别消费者如手机号码等信息→发送请求商品和商家评价信息→接收消费者反馈→存入管理信息系统相应数据库→进行统计分析→进行商品、商家评价展示。

◇ 能力训练

掌握移动电子商务的应用

请结合自己手中的手机，系统掌握当前主流移动电子商务的应用。

◇ 课后思考

一、选择题

1. 消费者通过电子交易平台购买实物商品，想要获得自己所购商品的实时物流信息，就可以通过（　　）实现。

A. 手机物流跟踪服务 B. 手机验证服务
C. 手机定位服务 D. 手机查询服务

2.（　　）适合股票价格变更等实时信息的传送。
A. 多媒体信息传送业务 B. 无线电话应用业务
C. 信息储存wap推送业务 D. 用户代理业务

3. 广泛地应用于GSM、CDMA、TDMA、3G等多种网络的是（　　）。
A. TCP/IP B. WAP
C. IEEE802.1 D. IEEE802.11

4.（　　）是一种基于Linux的自由及开放源代码的操作系统。
A. iOS B. android
C. blackberry D. symbian

5. 互联网搜索_____是搜索服务商的主要盈利来源，但移动搜索广告目前受制于搜索技术、显示屏幕等因素，还未被广泛应用。
A. 软件收费 B. 广告收入
C. 软件销售 D. 产品销售

二、填空题

1. iOS是由苹果公司开发的移动操作系统，目前的最新版本是_____。
2. 移动搜索类似于互联网搜索，也是基于_____的搜索。
3. 4G通信具有_____、_____、_____、_____、兼容性好、提供增值服务、高质量通信、频率效率高等特征。
4. 移动电子商务因为接入方式无线化，使得任何人都更容易进入网络世界，从而使网络范围延伸更广阔、更_____；同时，使网络虚拟功能更带有现实性，因而更具有_____。

三、问答题

1. 常见的移动商务操作系统有哪些？
2. 移动电子商务在售前、售中、售后有哪些应用？
3. 手机支付一般有哪几种方式？

◆ 项目实操

[实操项目1]移动电子商务的功能

电子商务的功能实际操作。

[实操项目情景设计]

假设你们班级要购买一批课外阅读图书，使用手机订购上述教材，并利用手机实时查询货物所处状态。

[**实操任务**]

通过手机订购上述图书,利用手机查询跟踪货物状态,保存并提交实训材料。

[**实操项目 2**]

下载并安装"随身行"软件。

[**实操项目情景设计**]

利用"随身行"软件实现手机客户关系管理。

[**实操任务**]

安装方法 1:使用二维码识别下载

安装方法 2:下载地址:http://www.xtools.cn/3g/update/XToolsCRM.apk

使用"随身行"软件实现以下功能:查询功能;快速新建客户;编辑数据的功能;新建客户的联系人、费用、代办任务和行动历史;查看电子账本的概要数据。

第三篇

电子商务模块实训与创业实践

项目七
电子商务模块实训

◇ 学习目标

理解：网络工具、电子交易、网络营销、电子商务安全的基本知识。

掌握：电子商务领域基本的网络工具的使用；B2B、B2C、C2C 各种电子商务交易流程和操作技巧；网络营销的操作技巧；电子商务安全工具的使用。

应用：能应用电子商务各种基本的网络工具进行日常的工作和学习；应用电子交易业务流程操作技巧在淘宝网、天猫网和阿里巴巴网中进行实践；应用电子商务安全工具进行安全管理、数据加密。

◇ 项目案例导读

下面是前程无忧网发布的两则关于电子商务岗位招聘的信息，请阅读后思考以下问题：

职位标签：电子商务

职位职能：电子商务经理/主管

职位描述：

岗位职责：

1. 负责完成公司电子商务平台的建设。
2. 负责优化电子商务平台的产品推广、客户服务和管理体系。
3. 负责网站产品创新与策划，持续改进网站交易体验，对交易流程的优化负责。
4. 负责公司电子商务平台的日常运营、推广、网站日常维护及突发性问题处理。

任职资格：

1. 资质要求：28~45 岁，男女不限，大专及以上学历，电子商务专业，5 年以上电商运营管理经验，2 年以上同岗位工作经验。
2. 技能要求：具有电子商务师或者助理电子商务师证书者优先考虑。
3. 特质要求：精通电子商务营销规则，有大型电子商务管理经验，有团队精神，能承受较强的工作压力；具有良好的策划推广能力、项目管理管控能力和项目执行能力。
4. 其他要求：熟悉公司类产品者优先考虑。

(资料来源：http://search.51job.com/job/57585125,c.html)

职位职能：电子商务总监

职位描述：

1.资质要求：28~45岁，男女不限，大专及以上学历，电子商务专业，有电子商务实战经验，本岗位从业3年以上。

2.技能要求：具有电子商务师或者助理电子商务师证书者优先考虑。

3.特质要求：有大型电子商务管理经验，有团队精神，承受较强的工作压力。

4.薪资待遇：提供本行业本地区有竞争性的薪资待遇，按劳动法办理劳动保险，公司提供住房补贴、交通补贴、电话补贴、生日福利及节假日福利。

(资料来源：http://search.51job.com/job/56499592,c.html)

阅读本章项目知识，思考以下问题：

1.电子商务专业的学生，应掌握哪些基本技能？

2.登录前程无忧网，进行电子商务岗位调研，行业要求电子商务专业的学生有哪些基本素质和能力？

3.电子商务专业学生，在校应如何提高电子商务技能，增强自己的电子商务岗位实力？

知识支撑

任务一　网络工具使用

一、基本网络工具使用

随着电子商务的蓬勃发展，企业大量需要有专业背景的电子商务学生进行专业的电子商务化运作。而掌握基本网络工具的使用，是电子商务专业学生进行电子商务化运作的前提和基本要求，也是自身未来从事电子商务岗位的实力体现。因此，电子商务专业的学生应该在读书期间掌握常用网络工具的使用方法。

电子商务领域基本的网络工具包括浏览器、电子邮件的收发、文件传输、文件压缩与解压缩、聊天工具、远程登录、搜索引擎工具、文件下载等。

1.浏览器

浏览器是用户访问万维网的必备工具，是显示网页服务器的文件，并让用户与此类文件进行互动的一种软件。它利用计算机网络进行通信，并将其转换为大家熟知的图形、影像和文本并显示，用户通过浏览器可方便、迅速地浏览各种资讯。

目前，有几种浏览器可供用户选择，包括Microsoft Internet Explorer、Mozilla Firefox、

Apple Safari、Google Chrome 等。Microsoft Internet Explorer 是最常用的一种。

在使用浏览器访问万维网时，需要掌握以下基本的概念：网址、主页、超链接等。

(1)网址。网址通常指因特网上网页的地址。在因特网中，如果要一台计算机访问某一个网站，就必须知道该网站的网络地址。网络中的地址方案分为2套：IP地址系统和域名地址系统。这2套地址系统其实是一一对应的关系。IP地址用二进制数来表示，每个IP地址长32比特，由4个小于256的数字组成，数字之间用点间隔，例如192.168.0.1 表示1个IP地址。由于IP地址是数字标识，使用时难以记忆和书写，所以，在IP地址的基础上又发展出一种符号化的地址方案来代替数字型的IP地址。每一个符号化的地址都与特定的IP地址对应，这样网络上的资源访问起来就容易得多。这个与网络上的数字型IP地址相对应的字符型地址，就被称为"域名地址"。

域名是分层次的，它分为顶级域名、二级域名、三级域名等。仅顶级域名就形成了.com 、.org 、.net 、.mil 、.net 以及.XX（国家代码）等多种后缀。二级域名形成了.com 、.cn 、.net 、.cn 、.org 、.cn 等多种后缀。

通过网址能访问丰富多彩的网站。而网站中的资源(如图片、音频、视频等)则是通过URL得以定位的。统一资源定位符(Uniform Resource Locator，缩写为URL)是对可以从互联网上得到的资源的位置和访问方法的一种简洁的表示，是互联网上标准资源的地址，用来定位各种信息资源在互联网中所在的位置，即因特网文件在网上的地址。

URL的内容包括传输协议、存放资源的服务器名称、资源在服务器上的路径及文件名。URL的标准格式如下：

协议类型：//服务器地址(主机名)：端口号/文件路径/文件名

①协议类型。它告诉浏览器如何处理将要打开的文件。最常用的协议是超文本传输协议(Hypertext Transfer Protocol，缩写为HTTP)，这个协议可以用来访问网络。访问网络常用的协议主要包括：

http——超文本传输协议资源

https——用安全套接字层传送的超文本传输协议

ftp——文件传输协议

mailto——电子邮件地址

ldap——轻型目录访问协议搜索

file——当地电脑或网上分享的文件

news——Usenet新闻组

gopher——Gopher协议

telnet——Telnet协议

②服务器地址(主机名)。主机名是指存放资源的主机的名字，可以通过IP地址来表示，也可以通过域名表示。

③端口号。端口号是指进入服务器的通道，一般为默认端口。如http协议默认的端口

号为80,FTP协议默认的端口号为21,Telnet协议默认的端口号为23,默认端口号在输入时可以省略。

④文件路径。文件路径指文件在服务器系统中的相对路径。

⑤文件名。文件名是指信息资源文件的名称。

协议和主机之间用"://"符号隔开,主机名、文件路径和文件名之间用"/"符号隔开。协议和主机名是不可缺少的,在使用常用的浏览器时,http是默认协议,因此,在输入地址时常常被省略,而文件路径和文件名有时也可以省略。图7-1列举了几种典型的URL

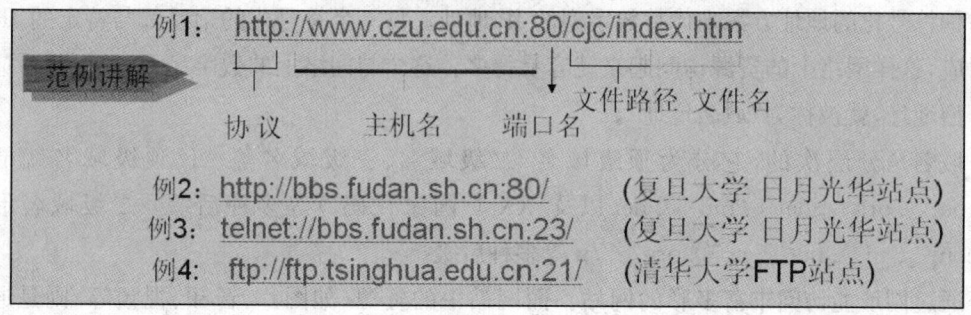

图7-1　URL范例

(2)主页。主页(Home Page),即首页或起始页,是一个网站的起点站或者说主目录,它是在WWW站点上查找信息资源的起点,可以理解为一个网站的入口网页,即打开网站后看到的第一个页面。大多数作为主页的文件名是index、default、main或portal加上扩展名。

主页一般有文本、图像、表格、超链接等基本元素。

(3)超链接。超链接是指从一个网页指向一个目标的连接关系,这个目标可以是另一个网页,也可以是相同网页上的不同位置,还可以是一个图片、一个电子邮件地址、一个文件,甚至是一个应用程序。超链接在本质上属于一个网页的一部分,它是一种允许人们同其他网页或站点之间进行连接的元素。各个网页链接在一起后,才能真正构成一个网站。网站上的超链接一般分为两种:一种是绝对地址的超链接;另一种是相对地址的超链接。

◆ 能力训练

理解IP地址与域名之间的关系

电子商务网站既可以通过IP地址来访问,又可以通过域名来访问。IP地址和域名的关系相当于姓名和别名的关系。任何一个域名都对应一个或者多个IP地址,但由于IP地址不好记,所以人们为了更好地找到一个网站,想出了给IP地址起个别名,也就是域名,但是一个IP上可以有上千甚至上万个域名。电子商务网站访问的方式是:输入域名→域名解析服务器(DNS)解析域名成 IP 地址→访问 IP 地址→根据绑定域名找到目录→达到访问的网站。

为更好地理解 IP 地址与域名之间的关系,请按照以下步骤完成能力训练。

第一步:登录 http://ip.chinaz.com/,输入池州学院网站的域名 www.czu.edu.cn,查询池州学院网站所在服务器的 IP 地址,查询结果为:211.86.192.12(见图 7-2)。

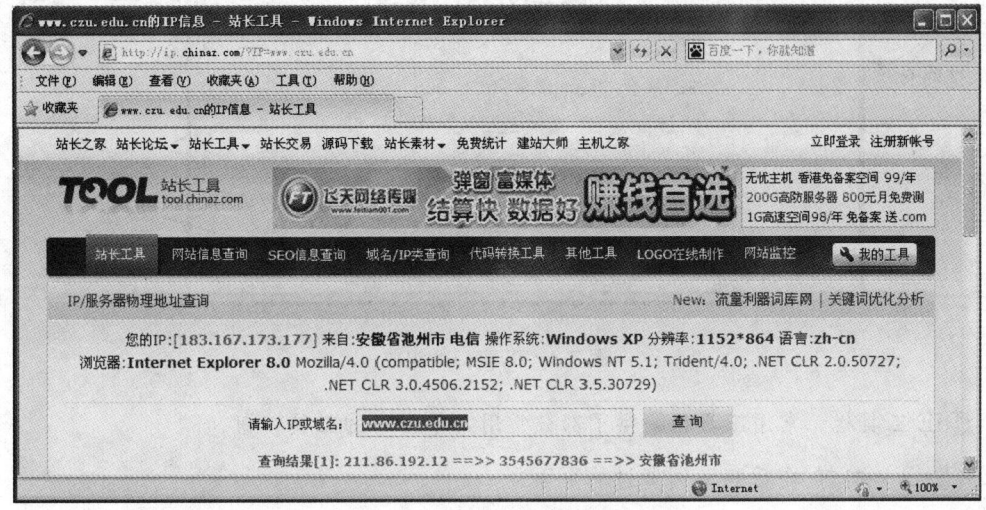

图 7-2　IP/服务器物流地址查询

第二步:打开 IE 浏览器,在地址栏中输入"http://www.czu.edu.cn",打开池州学院网站。

第三步:打开 IE 浏览器,在地址栏中输入"http://211.86.192.12",打开池州学院网站。

对比第二步和第三步的访问结果,理解 IP 地址和域名之间的关系。

能力训练

熟练掌握 IE 的各种基本操作

请按照以下步骤进行 IE 的操作,熟练掌握 IE 浏览器的各种基本操作技能。

(1)启动 Internet Explorer。

方法一:双击桌面上的 图标,即可打开 Internet Explorer 窗口。

方法二:单击"开始"→"程序"→"Internet Explorer"命令。

(2)掌握 Internet Explorer 窗口组成。

Internet Explorer 窗口组成如图 7-3 所示。

图 7-3　IE 窗口的组成

①IE 工具栏。常用工具栏提供了部分常用菜单命令的工具按钮。

　　　　向前、向后翻动浏览过的页面

　　停止当前浏览器对某一链接的访问

　　更新当前的页面

　　用于返回到默认的起始页

　　在搜索框中输入关键字可搜索相关的网页

　　　　可以把经常浏览的 Web 页或站点地址存储下来,便于以后使用"收藏"菜单或按钮,轻松地打开这些站点。

②地址栏。用于输入和显示 URL(网页地址),在输入地址时,可以省略"http://"。

③菜单栏。在 Internet Explorer7.0 的菜单栏中包括"文件"、"编辑"、"查看"、"收藏夹"、"工具"、"帮助"6 个菜单。熟练掌握 6 个菜单的各种功能。

2.电子邮件的收发

电子邮件(Electronic Mail,简称 E-mail),是一种用电子手段提供信息交换的通信方式。常见的电子邮件协议有以下几种:SMTP(简单邮件传输协议)、POP3(邮局协议)、IMAP(因特网邮件访问协议)。这几种协议都是由 TCP/IP 协议定义的。

SMTP(Simple Mail Transfer Protocol):SMTP 主要负责底层的邮件系统如何将邮件从一台机器传至另一台机器。

POP(Post Office Protocol):版本为 POP3,POP3 是把邮件从电子邮箱中传输到本地计算机的协议。

IMAP(Internet Message Access Protocol):版本为 IMAP4,是 POP3 的一种替代协议,

提供了邮件检索和邮件处理的新功能,这样用户可以完全不必下载邮件正文就可以看到邮件的标题摘要,从邮件客户端软件就可以对服务器上的邮件和文件夹目录等进行操作。IMAP 协议增强了电子邮件的灵活性,同时也减少了垃圾邮件对本地系统的直接危害,同时相对节省了用户查看电子邮件的时间。除此之外,IMAP 协议可以记忆用户在脱机状态下对邮件的操作(例如移动邮件、删除邮件等),在下一次打开网络链接的时候会自动执行。

◈ 能力训练

熟练掌握电子邮件的收发技巧

请按照以下步骤进行操作,熟练掌握电子邮件的收发技巧。

1. 申请注册电子邮箱

使用 IE 浏览器进入提供电子邮件服务的网站(如腾讯、126、网易、搜狐、21CN、gmail),申请注册自己的电子邮箱。

注册完成自己的电子邮箱后,登录邮箱,点击电子邮箱的"帮助"信息,熟练掌握电子邮箱的相关帮助。查看并掌握电子邮箱的相关帮助信息,是日后熟练掌握电子邮箱各种功能的前提。见图 7-4。

图 7-4 电子邮箱的帮助信息

2. 通过网页登录电子邮箱,接收和发送电子邮件

3. 使用 Outlook Express,接收和发送电子邮件

以网易邮箱为例,进入网易邮箱的帮助中心(http://help.163.com/),其"帮助中心→常见问题→客户端→Outlook Express"中介绍了 Outlook Express 设置技巧,请根据帮助信

息进行 Outlook Express 的基本设置,设置完成后,即可使用 Outlook Express 接收和发送电子邮件(见图 7-5)。

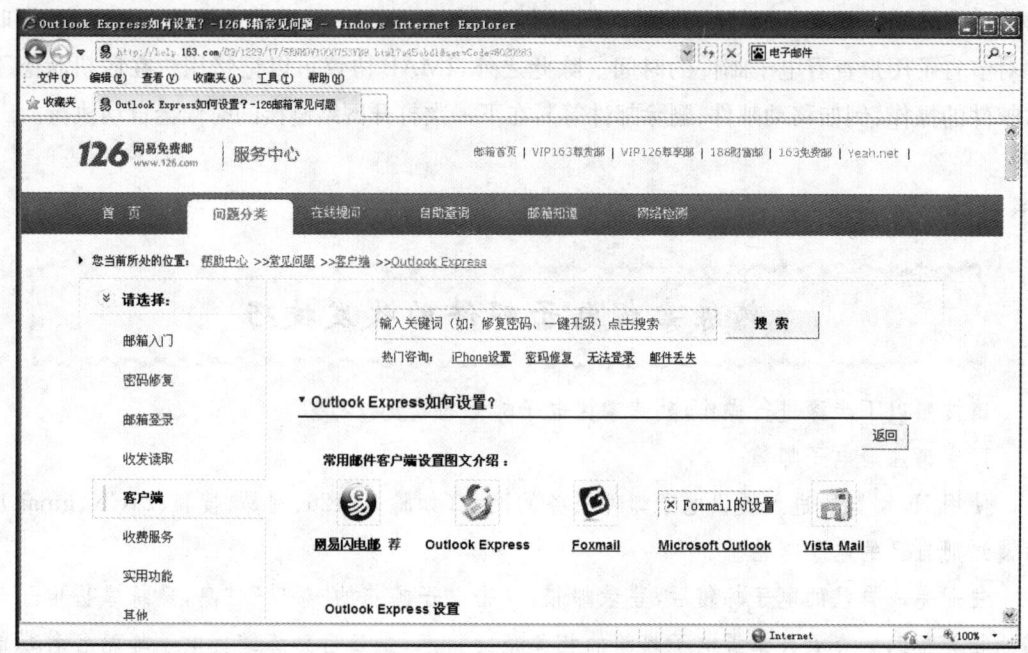

图 7-5　网易邮箱中关于"Outlook Express 设置"的帮助信息

3.文件传输

FTP(File Transfer Protocol)是文件传输协议的英文缩写,属于 TCP/IP 协议簇中的应用层协议,用来定义网络上两台计算机传送文件的规则,实现两台计算机的联机服务。允许用户从远程计算机上获得一个文件副本传送到本地计算机上,或将本地计算机上的一个文件副本传送到远程计算机上。同样,远程计算机在进行文件传输时要求输入用户的账号和口令。但因特网上有许多 FTP 服务器都提供免费软件和信息,用户登录时不记名,这种 FTP 服务称为"匿名 FTP 服务"。

FTP 采用"客户机/服务器"工作方式,客户端要在自己的计算机上安排 FTP 客户程序。使用 FTP 可传送任何类型的文件,如文本文件、二进制文件、声音文件、图像文件和数据压缩文件等。

FTP 就是完成两台计算机之间的拷贝。从远程计算机拷贝文件至自己的计算机上,称之为"下载"(download)文件。若将文件从自己计算机中拷贝至远程计算机上,则称之为"上载"(upload)文件。

FTP 客户机程序有字符界面和图形界面两种。字符界面的 FTP 命令复杂、繁多;图形界面的 FTP 客户机程序界面友好、操作简单,不必记忆许多繁琐的命令,用鼠标就能执行大多数的命令。所以,通常情况下不会使用字符方式下的 FTP 程序,而是使用图形方式下的 FTP 程序,如 Windows 下的 FTP 客户机程序。但是,如果能熟悉并灵活应用字符界面下的

FTP命令，尤其通过使用批处理，则可以大大方便使用者，并收到事半功倍之效。

FTP工具一般分为FLASHFTP、LEAPFTP、CuteFTP，合称"FTP三剑客"。其中，FLASHFTP是速度最快的，但是访问某些教育网站不稳定，有时还出现传大文件卡死的现象，为了速度，这点不足可以忽略；LEAPFTP是最稳定的，访问所有网站都比较稳定，而且绝对不会卡死，但是速度不快；CuteFTP优点在于功能繁多，速度和稳定性介于前面二者之间，使用者可以按用途和喜好来选择它们。

◇ 能力训练

熟练掌握FTP工具的使用技巧

请按照以下步骤进行操作，熟练掌握FTP的收发技巧。

(1)下载并安装CuteFTP软件。CuteFTP软件很多，各大软件下载网站都有，如华军软件园(www.onlinedown.net)、天空下载站(www.skycn.com)等；双击已经下载好的安装程序开始安装，一般按缺省模式安装；设置cuteFTP软件(如果是30天的评估版，就选择"我同意"或"试用"；如果超过30天，就将该软件删除后重新安装一遍，即可正常使用。)

输入已经注册好的站点名称(yangzhouren)、FTP主机地址(yangzhouren.51.go.net)、账号设置(用户名:yangzhouren和密码)，以及本地网页路径(D:\800)，最后完成设置。设置完成后整个结果见图7-6。

(2)上传网页。点击图7-6中的"连接"按钮，出现图7-7所示的画面。画面总共4个部分，上部是连接信息，中左是本地网页路径，中右是远程虚拟主机路径，下部是上传或下载页面。

图7-7中的右画面里有一个网页文件index.html，这就是缺省的http://yangzhouren.go.51.net页面的网页，将其删除，因为我们要上传自己制作的网页。另外，自己制作的网页的首页文件名是有严格规定的，一般是index.htm或default.htm，具体请看申请虚拟主机的帮助。

打开本地网页所在的文件夹，选择要上传的所有文件进行上传，如图7-8所示。上传结束后打开浏览器，输入虚拟主机名，就可浏览自己的网站了。

4. 远程登录

Telnet协议是TCP/IP协议簇中的一员，是因特网远程登录服务的标准协议和主要方式。它为用户提供了在本地计算机上完成远程主机工作的能力。在终端使用者的电脑上使用Telnet程序，用它连接到服务器。终端使用者可以在Telnet程序中输入命令，这些命令会在服务器上运行，就像直接在服务器的控制台上输入一样，也可以在本地控制服务器。要开始一个Telnet会话，就必须输入用户名和密码来登录服务器。Telnet是常用的远程控制

Web 服务器的方法。

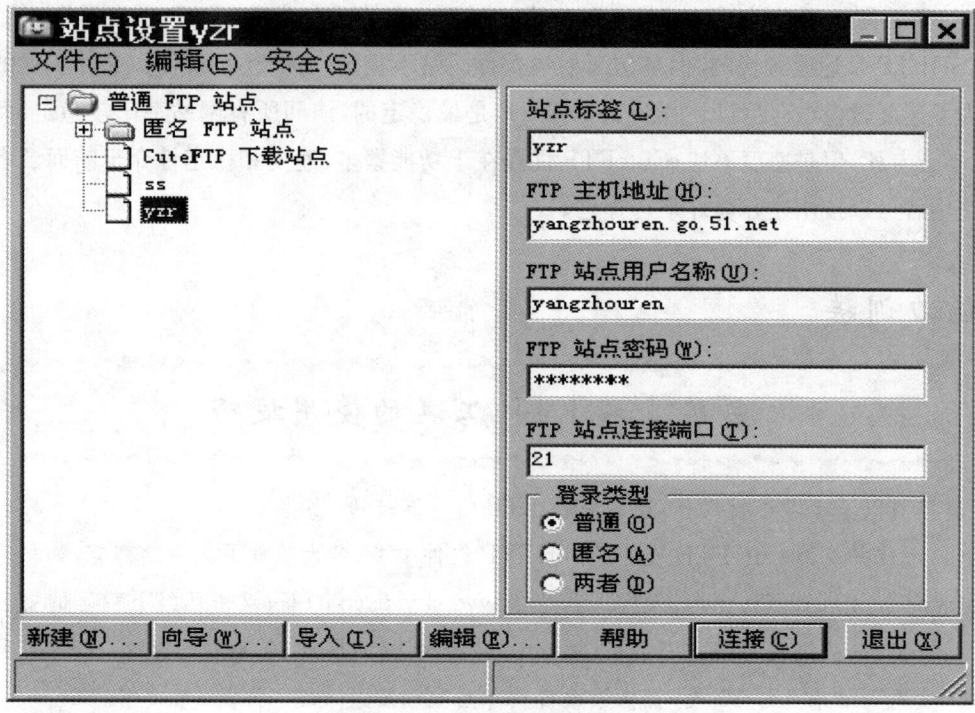

图 7-6　FTP 设置选项全貌

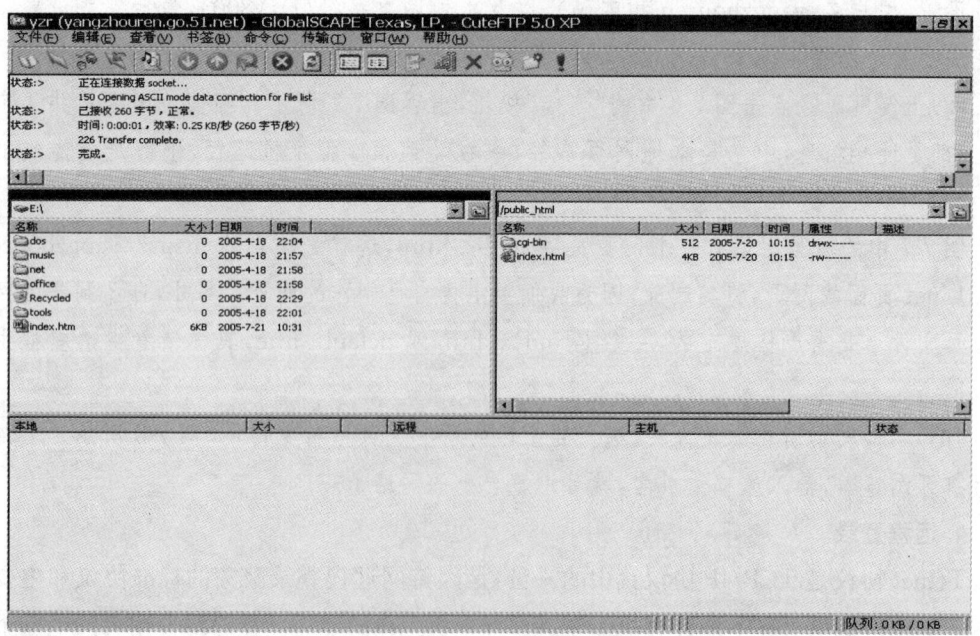

图 7-7　cuteFTP 工作画面

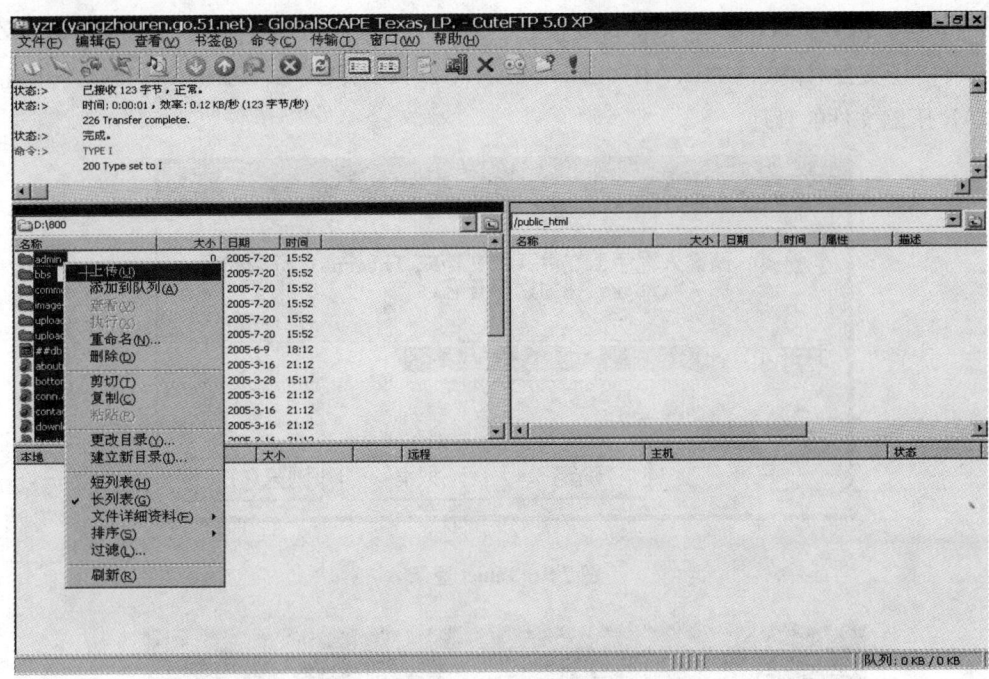

图 7-8 文件上传

能力训练

熟练掌握远程登录的使用技巧

以下是部分高校 Telnet BBS 地址：
中国科学技术大学 瀚海星云站：telnet://bbs.ustc.edu.cn
北京大学 未名站：telnet://bbs.pku.edu.cn
清华大学 水木清华站：telnet://bbs.tsinghua.edu.cn/

请采用 Telnet 方式，登录以上 3 个 BBS 论坛，操作步骤如下（以中国科学技术大学"瀚海星云站"为例）：

(1)点击"开始"→"运行"，输入 telnet://bbs.ustc.edu.cn，见图 7-9。

(2)登录瀚海星云站，以"guest"身份访问站中的内容，见图 7-10。

5. 文件压缩与解压缩

文件压缩，顾名思义，就是把一个大的文件变小文件的过程。硬盘中的资料越来越多，也越来越乱，如果将它们压缩打包后存放，则不仅节约了空间还利于查找；通过网络传输文件时需要将文件进行压缩打包后再传输。

压缩格式有很多，如常见的 ZIP 格式、RAR 格式、EXE 格式、CAB 格式、ARJ 格式等等。还有一些比较少见的压缩格式，如 BinHex、HQX、LZH、Shar、TAR、GZ 格式等等。另外，像 MP3、VCD 和 DVD 等音频、视频文件都使用了压缩技术。最常见的压缩软件就是大名鼎

· 225 ·

鼎的 WinZIP 和 WinRAR。WinRAR 通常能达到 50% 以上的压缩率，不仅支持 RAR 和 ZIP 压缩文件，还支持对诸如 CAB、ARJ、LZH、TAR、GZ、ACE、UUE、BZ2、JAR、ISO 等十几种非 RAR 压缩文件的管理。

图 7-9　Telnet 登录

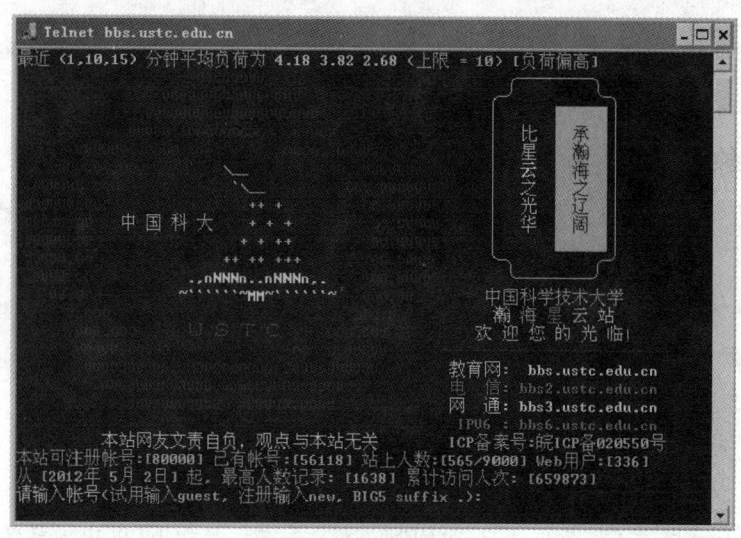

图 7-10　瀚海星云站

❖ 能力训练

熟练掌握 WinRAR 工具的使用技巧

请按照以下步骤进行操作，熟练掌握 WinRAR 工具的使用技巧。

（1）下载并安装 WinRAR。WinRAR 软件在各大软件下载网站都有，如华军软件园（www.onlinedown.net）、天空下载站（www.skycn.com）等；双击已经下载好的安装程序开始安装,一般按缺省模式安装。

(2)使用 WinRAR 对文件进行压缩,分别压缩成.rar、.zip 两种格式,并对比两者之间的区别。

(3)使用 WinRAR 对压缩文件设置密码。

(4)使用 WinRAR 对压缩文件进行解压缩。

6.聊天工具

聊天工具又称"IM 软件"或者"IM 工具",主要提供基于互联网络的客户端进行实时语音、文字传输。从技术上讲,主要分为基于服务器的 IM 工具软件和基于 P2P 技术的 IM 工具软件。目前,在互联网上受欢迎的即时通讯软件包括 Anychat、百度 hi、QQ、Skype、MSN、飞信、微信、旺旺、YY、FastMsg、imo、AOL Instant Messenger、Yahoo! Messenger、NET Messenger Service、Jabber、ICQ 等。

❖ 能力训练

熟练掌握聊天工具的使用技巧

熟练掌握 QQ、旺旺、飞信等常用聊天工具的使用技巧。

7.搜索引擎工具

搜索引擎是指根据一定的策略、运用特定的计算机程序从互联网上搜集信息,在对信息进行组织和处理后,为用户提供检索服务,将用户检索相关的信息展示给用户的系统。搜索引擎包括全文索引、目录索引、元搜索引擎、垂直搜索引擎、集合式搜索引擎、门户搜索引擎与免费链接列表等。百度和谷歌等是搜索引擎的代表。

❖ 能力训练

熟练掌握百度工具的使用技巧

请按照以下步骤进行操作,熟练掌握百度搜索引擎工具的使用技巧。

(1)进入 http://help.baidu.com/,学习并掌握百度搜索引擎工具的各项基本功能,重点了解百度的"网页搜索特色功能"(见图 7-11)。

(2)练习并掌握百度的"如何搜索专业文档搜索"功能。很多有价值的资料,并不是以普通网页的形式呈现而是以 Word、PowerPoint、PDF 等格式存在。百度支持对 Office 文档(包括 Word、Excel、Powerpoint)、PDF 文档、RTF 文档进行了全文搜索。要搜索这类文档其实很简单,只要在普通的查询词后面加一个"filetype:"文档类型限定就可以。"filetype:"

后可以跟以下文件格式：DOC、XLS、PPT、PDF、RTF、ALL。其中，ALL表示搜索所有这些文件类型。例如，查找张五常关于交易费用方面的经济学论文。输入"交易费用 张五常 filetype:doc"，点击结果标题，直接下载该文档；也可以点击标题后的"HTML版"快速查看该文档的网页格式内容。还可以通过百度文档搜索界面（http://file.baidu.com/），直接使用专业文档搜索功能。

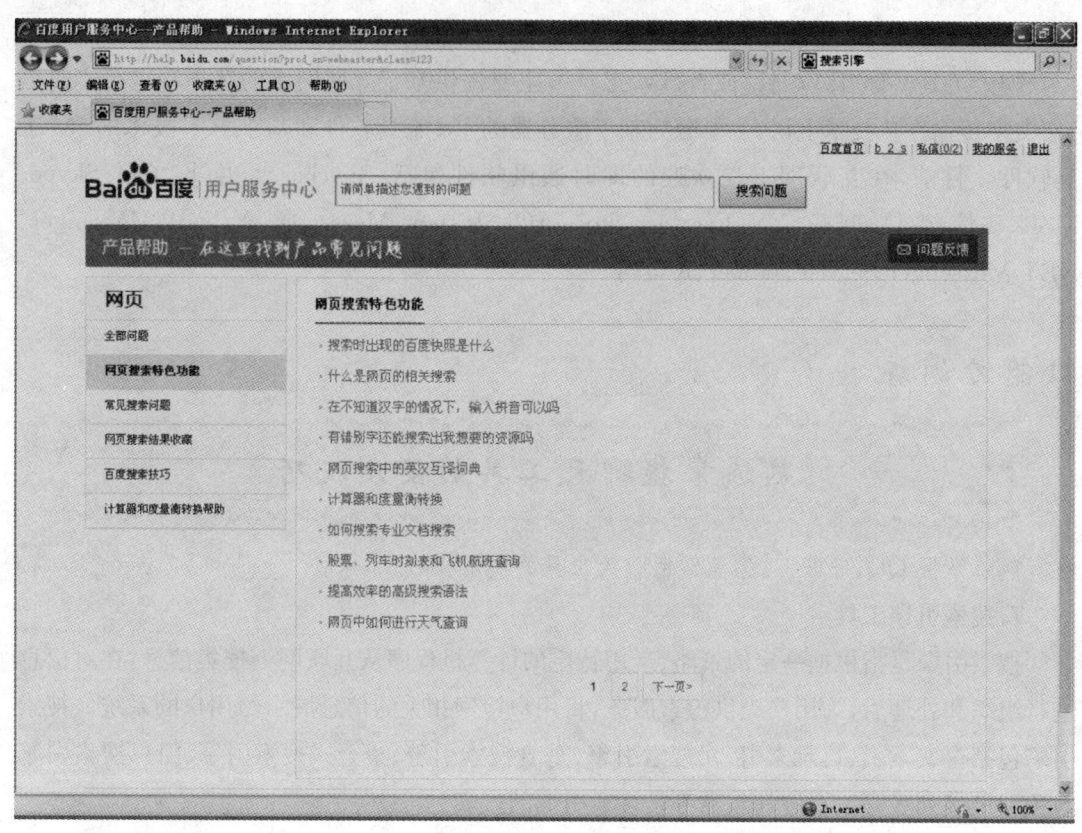

图 7-11　百度的帮助中心

（3）练习并掌握百度的"提高效率的高级搜索语法"。

8.文件下载

在电子商务领域中，经常需要通过下载软件下载相应的文件。文件下载软件，是利用网络，通过 HTTP://、FTP://、ed2k:// 、.torrent 等协议，下载数据（电影、软件、图片等）到电脑上的软件。目前，主流下载工具有 FlashGet、Free Download Manager、GetRight、Internet Download Accelerator、Net Transport、迅雷、网络蚂蚁、网际快车等。

能力训练

熟练掌握文件下载软件的使用技巧

请先下载安装迅雷工具,并完成以下训练任务:

某同学想在大学期间提高自己的英语能力,登录某网站,下载大学英语听力时,发现某大学英语听力的音频下载网址为"http://s5.hxen.com/m2/tingli/nce/1－143.mp3"。请分析该网址,尝试用迅雷的批量下载功能下载听力资源:

(1)点击迅雷的"新建"→"按规则添加批量任务"(见图7-12)。

图 7-12　迅雷的新建任务

(2)在 URL 中输入"http://s5.hxen.com/m2/tingli/nce/1－(＊).mp3"批量任务,从"100"到"143",建立批量下载任务(见图 7-13)。

(3)查看批量下载的结果(见图 7-14)。

二、网页制作工具

工欲善其事,必先利其器。掌握常用的网页制作工具,是电子商务专业学生必备的技能要求之一。制作网页很重要的两件事:一是具备一定的 html 语法基础,二是要选定网页制作软件。

1. HTML 基本知识

HTML 指的是超文本标记语言(Hyper Text Markup Language),"超文本"就是指页面内可以包含图片、链接,甚至音乐、程序等非文字元素。超文本标记语言的结构包括头部

（Head）和主体（Body）部分，其中，头部提供关于网页的信息，主体部分提供网页的具体内容。

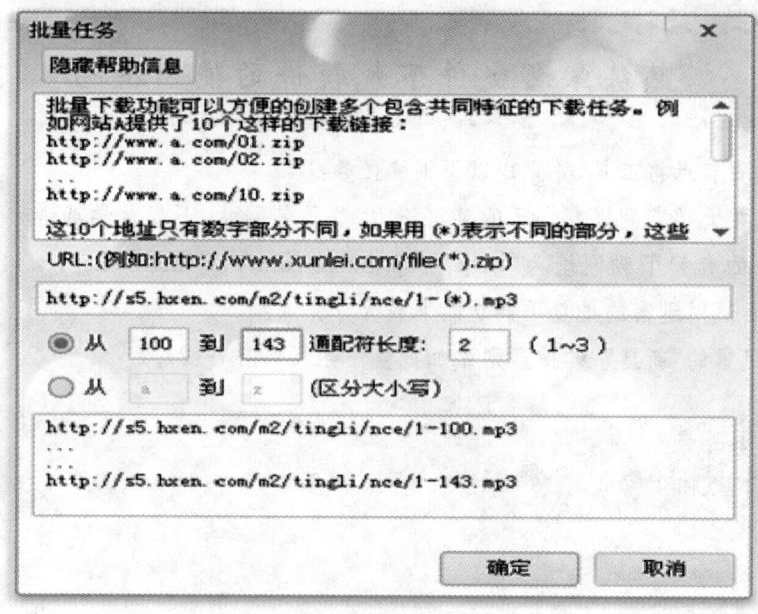

图 7-13　迅雷的批量下载任务

图 7-14　迅雷的批量下载结果

(1)html 的基本结构。

\<head>

头部信息

\</head>

\<body>

文档主体,正文部分

\</body>

\</html>

(2)页面布局及文字设计。

①标题。html 中提供了相应的标题标签\<hn>,其中,n 为标题的等级。html 总共提供 6 个等级的标题,n 越小,标题字号就越大。

②换行\
。在 html 语言规范里,每当浏览器窗口被缩小时,浏览器会自动将右边的文字转折至下一行。所以,编写者对自己需要断行的地方,应加上\
标签。

③段落标签\<p>。文件段落的开始由\<p>来标记,段落的结束由\</p>来标记,\</p>是可以省略的,因为下一个\<p>的开始就意味着上一个\<p>的结束。\<p>标签还有一个属性 aling,它用来指明字符显示时的对齐方式,一般值有 center、left、right 3 种。

④水平线段\<hr>。这个标签可以在屏幕上显示一条水平线,用以分割页面中的不同部分。\<hr>有 4 个属性:size 表示水平线的宽度;width 表示水平线的长,用占屏幕宽度的百分比或像素值来表示;align 水平线的对齐方式有 left、right、center;noshade 线段无阴影属性,为实心线段。

⑤文字的大小设置。提供设置字号大小的是 font,font 有一个属性 size,通过指定 size 属性就能设置字号大小,而 size 属性的有效值范围为 1~7,其中,缺省值为 3,它可以在 size 属性值之前加上"＋"、"－"字符,来指定相对于字号初始值的增量或减量。

⑥文字的字体与样式。html 提供了定义字体的功能,用 face 属性来完成这个工作。face 的属性值可以是本机上的任一字体类型,只有对方的电脑中装有相同的字体才可以在他的浏览器中出现你预先设计的风格。现将常用的标签列举如下:

\<b>\</b>粗体 html 语言

\<i>\</i>斜体 html 语言

\<u>\</u>加下划线 html 语言

\<tt>\<tt>打字机字体 html 语言

\<big>\</big>大型字体 html 语言

\<small>\</small>小型字体 html 语言

\<blink>\</blink>闪烁效果 html 语言

\<em>\</em> 表示强调,一般为斜体 html 语言

\<strong> \</strong>表示特别强调,一般为粗体 html 语言

<cite></cite> 用于引证、举例,一般为斜体 html 语言

⑦文字的颜色。文字颜色设置格式如下:

<font color=color_value>…</font>

这里的颜色值可以是一个十六进制数(用"♯"作为前缀),也可以是颜色英文名称。

如:black = "♯000000";green ="♯008000";red = "♯ff0000"。

⑧字体的位置控制。通过 align 属性可以选择文字或图片的对齐方式,left 表示向左对齐,right 表示向右对齐,center 表示居中。基本语法如下:

<div align=♯>(♯=left/right/center)

(3)项目列表。项目列表分为无序号列表、序号列表和定义性列表 3 种。

①无序号列表。无序号列表使用的一对标签是<ul></ul>,每一个列表项前使用<li>。其结构如下所示:

<ul>

<li>第一项

<li>第二项

<li>第三项

</ul>

②序号列表。序号列表和无序号列表的使用方法基本相同,它使用标签<ol></ol>,每一个列表项前使用<li>。每个项目都有前后顺序之分,多数用数字表示。其结构如下所示:

<ol>

<li>第一项

<li>第二项

<li>第三项

</ol>

③定义性列表。定义性列表可以用来给每一个列表项再加上一段说明性文字,说明独立于列表项另起一行显示。在应用中,列表项使用标签<dt>标明,说明性文字使用<dd>表示。在定义性列表中,还有一个属性是 compact,使用这个属性后,说明文字和列表项将显示在同一行。其结构如下所示:

<dl>

<dt>第一项<dd>叙述第一项的定义

<dt>第二项<dd>叙述第二项的定义

<dt>第三项<dd>叙述第三项的定义

</dl>

(4)table 表格。

①表格的基本结构。

<table>…</table>定义表格

<caption>…</caption>定义标题

<tr>定义表行

<th>定义表头

<td>定义表元(表格的具体数据)

②表格的标题。表格标题的位置,可由 align 属性来设置,其位置分别在表格上方和表格下方。下面为表格标题位置的设置格式。设置标题位于表格上方:

<caption align=top>…</caption>

设置标题位于表格下方:

<caption align=bottom>…</caption>

③表格尺寸设置。一般情况下,表格的总长度和总宽度是根据各行和各列的总和自动调整的,如果我们要直接固定表格的大小,就可以使用下列方式:

<table width=n1 height=n2>

width 和 height 属性分别指定表格一个固定的宽度和长度,n1 和 n2 可以用像素来表示,也可以用百分比(与整个屏幕相比的大小比例)来表示。

④边框尺寸设置。边框是用 border 属性来体现的,它表示表格的边框边厚度和框线。将 border 设成不同的值,有不同的效果。

例:

<table border=10 width=250>

<caption>电子商务培训</caption>

<tr><th>理论培训</th><th>上机培训</th>

<tr><td>40 课时</td><td>60 课时</td>

</table>

⑤格间线宽度。格与格之间的线为格间线,它的宽度可以使用<table>中的 cellspacing 属性加以调节。格式是:

<tablecellspacing=♯>   (♯表示要取用的像素值)

例:

<table border=3cellspacing=5>

<caption>电子商务培训</caption>

<tr><th>理论培训</th><th>上机培训</th>

<tr><td>40 课时</td><td>60 课时</td>

</td>

</table>

⑥内容与格线之间的宽度。可以在<table>中设置 cellpadding 属性,用来规定内容与格线之间的宽度。格式为:

<tablecellpadding=#>　　（#表示要取用的像素值）

例：

<table border=3cellpadding=5>

<caption>电子商务培训</caption>

<tr><th>理论培训</th><th>上机培训</th>

<tr><td>40 课时</td><td>60 课时</td>

</td>

</table>

⑦表格内文字的对齐/布局。表格中数据的排列方式有 2 种：左右排列和上下排列。左右排列是以 align 属性来设置的，而上下排列则由 valign 属性来设置。其中，左右排列的位置可分为 3 种：居左（left）、居右（right）和居中（center）；而上下排列比较常用的有 4 种：上齐（top）、居中（middle）、下齐（bottom）和基线（baseline）。

⑧跨多行、多列的表格单元。要创建跨多行、多列的表格单元，只需在<th>或<td>中加入 rowspan 或 colspan 属性。这两个属性的值，表明了表格单元中要跨越的行或列的个数。

跨多列的表格单元：<th colspan=#><td colspan=#>

colspan 表示跨越的列数，例如 colspan=3 表示这一格的宽度为 3 个列的宽度。

跨多行的表格单元<th rowspan=#><td rowspan=#>

rowspan 要表示的意义是指跨越的行数，例如 rowspan=3 就表示这一格跨越表格 3 个行的高度。

⑨表格的颜色。在表格中，既可以对整个表格填入底色，也可以对任何一行、一个表元使用背景色。

表格的背景色彩<table bgcolor=#>，行的背景色彩<tr bgcolor=#>，表元的背景色彩<th bgcolor=#>或<td bgcolor=#>。

其中，#=rrggbb 16 进制 rgb 数码，或者是下列预定义色彩名称：black，olive，teal，red，blue，maroon，navy，gray，lime，fuchsia，white，green，purple，silver，yellow，aqua 等。

(5)文件之间的链接。超文本中的链接是其最重要的特性之一，使用者可以从一个页面直接跳转到其他的页面、图像或者服务器。一个链接的基本格式如下：

<a href="资源地址">链接文字</a>

<a>表示一个链接的开始，</a>表示链接的结束；属性"href"定义了这个链接所指的地方；通过点击"链接文字"可以到达指定的文件。

例：

<a href="http://www.czu.edu.cn">池州学院</a>

(6)样式表。相对于传统 HTML 而言，CSS 能够对网页中的对象的位置排版进行像素级的精确控制，支持几乎所有的字体字号样式，拥有对网页对象和模型样式编辑的能力，并能够进行初步交互设计,是目前基于文本展示最优秀的表现设计语言。CSS能够根据不同使用者的理解能力,简化或者优化写法,对各类人群都有较强的易读性。

样式表分为外部样式表、嵌入式样式表(位于＜head＞标签内部)和内联式样式表(在HTML元素内部)。

(7)html属性和属性值。html元素中的属性可以分成六大类:字体、颜色及背景、文本、边框与布局、列表、元素符。

可能出现的单位名有:px(像素)、in(英寸)、cm(厘米)、mm(毫米)、pt(点)和百分比,百分比形式的值是在数字后面加上百分号。

2. 常用网页制作软件

(1)入门级网页制作软件。如果是一个网页制作初学者,就选择以下几种软件进行网页制作:

①Microsoft FrontPage。FrontPage是一款优秀的网页制作与开发工具,它本身也是Office中的一个重要组件,采用了与Office其他组件一致的界面和操作方式。只要使用过Office软件,就可以轻松掌握FrontPage的用法。

②Netscape编辑器。Netscape Communicator和Netscape Navigator Gold3.0版本都带有网页编辑器。当使用Netscape浏览器上网时,则可使用Netscape编辑器编辑网页。在使用Netscape浏览器显示网页时,单击编辑按钮,就可进行网页编辑,可以像使用Word那样编辑文字、字体、颜色,改变主页作者、标题、背景颜色或图像,插入链接,定义文档编码,插入图像,创建表格等。因此,Netscape编辑器是网页制作初学者很好的入门工具。

③Adobe Pagemill。Pagemill功能不是很强大,但使用起来很方便,适合初学者制作较为美观,而不是非常复杂的主页。如果你的主页需要很多框架、表单和Image Map图像,那么Adobe Pagemill就是你的首选。Pagemill另一大特色是有一个剪贴板,可以将任意多的文本、图形、表格拖放到里面,需要时再打开,很方便。

④Claris Home Page。Claris Home Page软件,可以满足用户在几分钟之内创建一个动态网页的要求。因为它有一个很好的创建和编辑Frame(框架)的工具,用户不必花费太多的力气就可以增加新的Frame(框架)。而且Claris Home Page 3.0集成了FileMaker数据库,增强了站点管理特性,还允许用户检测页面的合法链接。

⑤Swishmax。Swish是一款非常方便的Flash文字特效制作工具,你只要点几下鼠标,就可以创造出形状、文字、按钮等特效动画;你也可以选择内置的超过230种诸如"爆炸"、"漩涡"、"3D旋转"以及"波浪"等预设的动画效果。

(2)中级网页制作软件。

①网页制作三剑客。Flash、Dreamweaver、Fireworks合在一起被称为网页制作三剑客。这三个软件相辅相成,是制作网页的首选工具。其中,Dreamweaver主要用来制作网页文件,制作出来的网页兼容性好、制作效率也很高;Flash用来制作精美的网页动画,Fireworks用来处理网页中的图形图像。

②Photoshop。Photoshop 是 Adobe 公司的王牌产品,无论是在平面广告设计、室内装潢,还是在处理个人数码照片方面,Photoshop 都已经成为不可或缺的工具。图片处理,是网页制作不可缺少的一部分。在网页制作方面,它多姿多彩的滤镜和功能强大的选择工具可以作出各种各样的文字和图像效果。

③HotDog Professional。HotDog 是较早基于代码的网页设计工具。其最具特色的是提供了许多向导工具,能帮助设计者制作页面中的复杂部分。HotDog 的高级 HTML 支持插入 marquee,并能在预览模式中以正常速度观看。这点非常难得,因为即使首创这种标签的 Microsoft 在 FrontPage 中也未提供这样的功能。HotDog 对 plug-in 的支持也远远超过其他产品,它提供的对话框允许你以手动方式为不同格式的文件选择不同的选项。但对中文的处理不大方便。HotDog 是个功能强大的软件,对于那些希望在网页中加入 CSS、Java、RealVideo 等复杂技术的中级设计者,是个很好的选择。

④HomeSite。Allaire 的 HomeSite 是一个小巧而全能的 HTML 代码编辑器,有丰富的帮助功能,支持 CGI 和 CSS 等,并可以直接编辑 perl 程序。HomeSite 工作界面繁简由人,根据习惯,可以将其设置成像 Notepad 那样简单的编辑窗口,也可以在复杂的界面下工作。HomeSite 更适合那些比较复杂和精彩页面的设计。如果你希望能完全控制你制作页面的进程,那么 HomeSite 是最佳选择。

⑤HotMetal Pro 制。HotMetal 既提供"所见即所得"图形制作方式,又提供代码编辑方式,是个令各层次设计者都不至于失望的软件。但是,初学者需要熟知 HTML,才能得心应手地使用这个软件。HotMetal 具有强大的数据嵌入能力,利用它的数据插入向导,可以把外部的 Access、Word、Excel 以及其他 ODBC 数据提出来,放入页面中。而且,HotMetal 能够把它们自动转换为 HTML 格式。

(3)高级网页制作软件。

①Microsoft Visual Studio。该系列的版本有:2003、2005、2008 和未来的版本;适合开发动态的 aspx 网页,同时,还能制作无刷新网站等,适合于高级用户。

②Jbuilder。不论各种版本,均适合使用其开发出 JSP 网页,适合于高级用户。

③记事本。记事本功能似乎很简单,但高级用户可通过记事本编写各种 HTML 代码、CSS 代码、JS 代码和各种动态脚本,制作出网页。用记事本编辑网页的前提,是对各种代码非常熟悉。

能力训练

熟练掌握 Frontpage 制作网页

综合运用 FrontPage 中的各项工具,制作主题网站,并能较为熟练地进行站点设置,运用站点的知识对整个主题网站进行管理。相关要求如下：

(1)网站主题：走进科技、认识科技(《穿越时空》系列科技网站)。

(2)自备网站涉及的各种素材资料。

(3)技术要点：

①站点设置：新建站点——设置站点名称(可以用中文)——设置站点路径。

②文件夹的设置：站点设置好后会自动生成较为规范的文件夹，要添加新的文件夹，一定要放在根目录下，并取非中文名字，站点主页取名为 index.html。

③版面定位：运用表格定位网页的内容，这样不容易错位。

④站点导航：各栏目的排列要规范、醒目明了，每一页都要设置"返回主页"。

⑤网页内容版权：在网页内容结束处注明内容出处，养成良好的版权意识。

⑥站点信息：网站的底部设置网站信息，如最佳浏览分辨率、设计制作者等信息。

任务二　电子交易

电子交易模块的实训，采用国家职业资格考试软件《电子商务师实验室》(培训版)为实训平台，在电子商务实验室中进行。在进行电子交易之前，需要先安装电子商务师软件，登录后方可进行相应的任务训练(见图 7-15)。

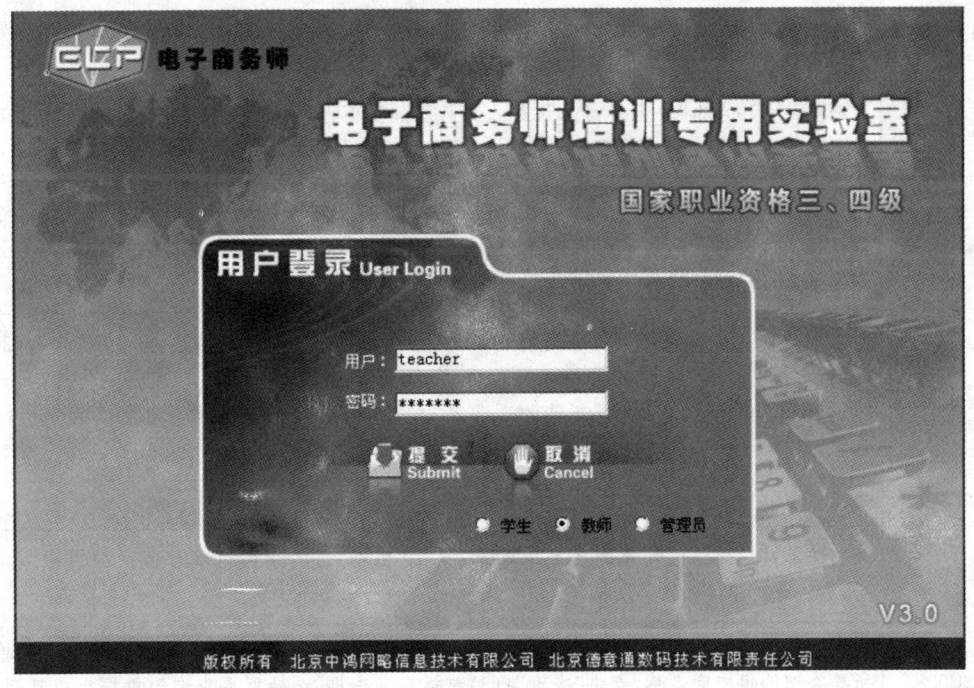

图 7-15　电子商务师软件登录页面

一、B2C 交易

B2C 是在企业与消费者之间通过因特网进行商务活动的电子商务模式。学校的电子商务师实验室提供了一个电子商城网站,学生从申请入驻开设商店、网上模拟购物,到后台进销存管理,可以在一个完整的全真模拟环境内进行 B2C 商务等实际操作,从而了解网上商店的业务过程及其后台的运营、维护、管理等活动。B2C 包含消费者和商户两种角色,学生可以用这两种身份模拟 B2C 电子商务活动。

◆ 能力训练

熟练掌握 B2C 电子商务活动的各种业务流程操作技巧

请按照以下步骤进行操作,熟练掌握 B2C 电子商务活动的各种业务流程操作技巧。

操作步骤	操作内容
B2C001	会员注册:(1)进入 B2C 首页,点击"会员注册",进入会员注册页面;(2)填写用户名,然后点击"下一步",进入用户基本信息页面;(3)填写用户基本信息,带"＊"号的为必填项,填写完毕后,点击"下一步";(4)注册完成。
B2C002	商户入驻:(1)点击"商户入驻"按钮,进入商户基本信息填写页面;(2)填写完毕基本信息后,点击"下一步";(3)入驻完成。
B2C003	新增商品:(1)点击"登记新商品",进入商品添加页面;(2)填写完毕内容后确认,新商品即时自动发布到 B2C 页面,完成新商品的添加。
B2C004	期初商品:(1)点击期初商品;(2)商品列表中输入商品数量,然后点击"保存"按钮,保存修改;(3)当所有商品的数量输入并保存后,点击"记账"按钮,系统将自动将商品的数量登记入库存中;(4)期初商品完成。
B2C005	新建采购单:(1)进入"新单"的"选择商品";(2)添加完需采购的商品后,点击"确定";(3)进入"新建采购订单"页面,在此填写交货方式、结算方式、商品数量等各项相关信息后,点击"保存新单"便完成;(4)选择新建的采购单,点击"明细";(5)在采购单明细页面,点击"确认"。
B2C006	采购入库:(1)选择商品采购单,点击"明细",进入采购订单页面;(2)点击"采购入库"。
B2C007	采购结算:(1)选择已入库的商品采购单,点击"明细"进入采购订单页面;(2)点击"结算"后,完成此订单的结算。
B2C008	查询采购单据:(1)单据号查询,填入所需查询的单据号,点击"查询";(2)供应商查询,填入所要查询的供应商名称,点击"查询";(3)单据日期查询,选择所要查询的单据生成日期,点击"查询"。
B2C009	受理网上订单:(1)进入单据明细,页面进入"采购订单";(2)点击"受理"便生成销售订单。

续表

操作步骤	操作内容
B2C010	处理销售订单：(1)选择订单后，点击"明细"进入结算页面；(2)点击"结算"后完成对订单的结算；(3)再次进入此单据明细，点击"确定"后，交易完成。
B2C011	发货处理：(1)选择订单，点击"明细"进入发货处理页面；(2)点击"确认发货"后完成与B2C的采购者的交易。
B2C012	查询库存：(1)选择商品名称，点击"商品明细"进入商品明细页面；(2)"商品分类"查询，选择商品的类别，点击"查询"便完成查询；(3)"商品名称"查询，填入商品的名称，点击"查询"便完成查询。
B2C013	库存预警设置：(1)选择要设置的商品，点击"预警设置"，进入设置页面；(2)在此设置库存的上限及下限；(3)点击"确定"后完成对商品的预警设置。
B2C014	缺货查询：(1)填入商品的名称；(2)点击"查询"便完成查询。
B2C015	溢货查询：(1)填入商品的名称；(2)点击"查询"便完成查询。
B2C016	盘点录入：(1)进入盘点录入页面，点击"生成盘点表"按钮；(2)点击"调整库存"。
B2C017	盘点明细查询：(1)进入盘点明细页面；(2)选择盘点记录，点击"明细"。
B2C022	应付款明细查询：(1)点击"应付款明细"链接，进入应付款明细页面；(2)输入查询条件，点击"查询"。
B2C023	应收款明细查询：(1)点击"应收款明细"链接，进入应收款明细页面；(2)输入查询条件，点击"查询"。
B2C024	查看客户明细：(1)选择要查看的客户明细；(2)点击"客户明细"按钮就可以查到客户信息。
B2C025	查看客户交易历史：(1)选择要查看的客户；(2)点击"查看交易历史"按钮，可以查看该采购者的交易情况。
B2C026	搜索商品：可以根据商品分类和名称进行搜索，也可以进入商城地图搜索。
B2C027	购买商品：(1)在商城选中要购买的商品，点击"购买"；(2)进入购物车页面，填写数量；(3)点击"结账"，进入结算中心；(4)填写"会员名"及"密码"，点击"进入结算中心"；(5)选择要结算的订单，点击"进行结算"；(6)在购物清单页面，点击"下一步"；(7)选择送货方式和支付方式，点击"下一步"；(8)填写收货人信息，点击"下一步"；(9)进入购买确认页面，"确认我的订单"。
B2C028	电子支付结算：(1)完成订购后系统显示本次购物的订单号，点击"进行网上支付"，进入网上支付流程；(2)填写支付卡号(即银行账号)和支付密码；(3)点击"提交"按钮，进入支付确认页面；(4)点击"确认"，支付完成。
B2C029	查询订单：(1)在B2C购物网站首页，点击"查询订单"；(2)输入已注册的"用户名"及"密码"，提交后，进入订单查询页面；(3)在此可以根据交易时间及订单号进行查询，点击"查询"。
B2C030	建议合并：(1)B2C商户进入商店管理后台；(2)选择销售单管理，点击"建议合并"；(3)勾选需要建议合并的订单；(4)点击"建议合并"。

续表

操作步骤	操作内容
B2C031	申请合并:(1)顾客登录订单查询;(2)进入订单查询页面,选择"申请合并"进入申请合并页面;(3)勾选所需要申请合并的订单;(4)点击"申请合并"。
B2C032	订单合并:(1)B2C商户进入商店管理后台;(2)选择销售单管理,点击"订单合并"进入订单合并列表页面;(3)选择合并序号,点击"明细"进入合并订单信息页面;(4)点击"合并订单",合并完成。
B2C033	拒绝合并:(1)B2C商户进入商店管理后台;(2)选择销售单管理,点击"订单合并"进入订单合并列表页面;(3)选择合并序号,点击"明细"进入合并订单信息页面;(4)点击"拒绝合并",合并失败。
B2C034	同意合并:(1)客户登录订单查询;(2)进入订单查询页面,选择"合并建议"进入合并建议页面;(3)选择序号,点击"明细"进入建议合并信息页面;(4)点击"同意合并"。
B2C035	不同意合并:(1)客户登录订单查询;(2)进入订单查询页面,选择"合并建议"进入合并建议页面;(3)选择序号,点击"明细"进入建议合并信息页面;(4)点击"不同意合并"取消合并。
B2C036	查看合并结果:(1)客户登录订单查询;(2)进入订单查询页面,选择"查看结果"进入合并结果页面;(3)选择序号,点击"明细"进入合并结果信息页面;(4)查看合并生成的新订单编号,点击"确定"返回。
B2C037	客户信息反馈:(1)客户选择某个商店,进入商店页面;(2)选择"客户反馈"进入反馈页面;(3)填写反馈信息,点击"确定"完成信息反馈。
B2C038	回复反馈信息:(1)商户进入商店管理后台;(2)选择客户反馈,进入客户反馈信息页面;(3)选择反馈单号,点击"明细",进入客户反馈信息,输入解决说明;(4)点击"回复",完成回复。
B2C039	删除反馈信息:(1)商户进入商店管理后台;(2)选择客户反馈,进入客户反馈信息页面;(3)选择反馈单号,点击"删除",删除客户反馈。
B2C041	模板设置:商户登录B2C后台,点击进入网店模板页面,选择网店模板,点击"确认"。
B2C042	Logo设置:商户登录B2C后台,点击进入网店Logo页面,选择上传Logo图片文件,点击"确认"。
B2C043	Bannar设置:商户登录B2C后台,点击进入网店Bannar页面,选择上传Bannar图片文件,点击"确认"。
B2C044	配送设置:商户登录B2C后台,点击进入配送说明页面,输入送货方式,点击"保存"。
B2C045	支付设置:商户登录B2C后台,点击进入支付说明页面,输入支付方式,点击"保存"。
B2C046	新增文字广告:(1)商户登录B2C后台,点击进入文字广告列表页面;(2)点击"新增"按钮,进入新增文字广告页面;(3)输入新增文字广告内容,点击"确定"。

续表

操作步骤	操作内容
B2C047	修改文字广告：(1)商户登录 B2C 后台,点击进入文字广告列表页面；(2)选择要修改文字广告,点击"修改"按钮,进入文字广告编辑页面；(3)修改文字广告内容,点击"确定"。
B2C048	删除文字广告：(1)商户登录 B2C 后台,点击进入文字广告列表页面；(2)选择要删除文字广告,点击"删除"。
B2C049	新增按钮广告：(1)商户登录 B2C 后台,点击进入按钮广告列表页面；(2)点击"新增"按钮,进入新增按钮广告页面；(3)输入新增按钮广告内容,点击"确定"。
B2C050	修改按钮广告：(1)商户登录 B2C 后台,点击进入文字广告列表页面；(2)选择要修改按钮广告,点击"修改"按钮,进入按钮广告修改页面；(3)修改按钮广告内容,点击"确定"。
B2C051	删除按钮广告：(1)商户登录 B2C 后台,点击进入文字广告列表页面；(2)选择要删除按钮广告,点击"删除"。
B2C052	发布网店：商户登录 B2C 后台,点击进入发布网店页面,点击"发布"。
B2C053	预览网店：商户登录 B2C 后台,点击进入发布网店页面,点击"预览"。
B2C054	取消发布网店：商户登录 B2C 后台,点击进入发布网店页面,点击"取消发布"。
B2C055	发布网店到搜索引擎：商户登录 B2C 后台,点击进入发布到搜索引擎页面,点击"发布"。
B2C056	取消发布网店到搜索引擎：商户登录 B2C 后台,点击进入发布到搜索引擎页面,点击"取消发布"。

二、B2B 交易

B2B 电子商务是企业与企业之间经过因特网进行的商务活动。学校的电子商务师实验室提供了企业相互之间的交易服务平台,学生可以以供应商、采购商两种身份模拟 B2B 电子商务活动。

B2B 交易的直接结果是通过 B2B 网上交易生成销售单。

B2B 交易生成销售单有三种方式：订单交易、网上洽谈签订电子合同和招投标方式签订电子合同。流程如图 7-16 所示：

◆ 能力训练

熟练掌握 B2B 电子商务活动的各种业务流程操作技巧

按照以下步骤进行操作,熟练掌握 B2B 电子商务活动的各种业务流程操作技巧。

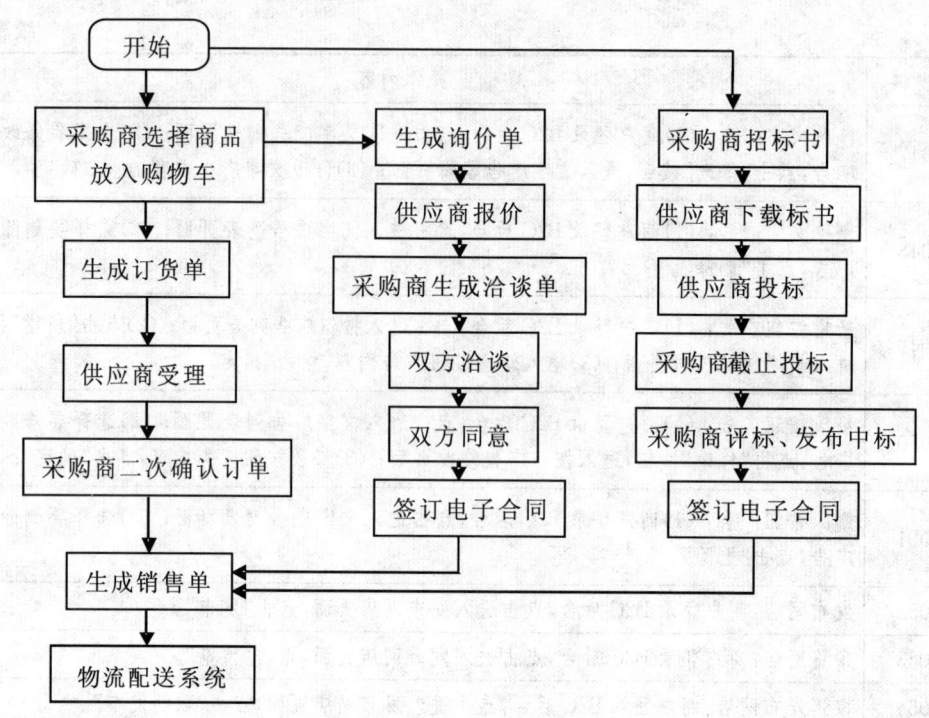

图 7-16　B2B 电子交易流程

操作步骤	操作内容
B2B001	会员注册:(1)进入 B2B 首页,点击"会员注册",登录交易平台会员注册页面;(2)填写注册资料,并提交申请;(3)系统自动审核资料,同意注册;(4)注册流程结束,系统给出 CA 证书编号和密码,同时把 CA 证书编号和下载密码发往电子信箱。
B2B003	采购商登录
B2B004	供应商登录
B2B005	购物:(1)通过页面浏览查看商品价格,选择合适的商品;(2)进入产品采购区,点击你所需要购买的商品,将购买的商品放入购物车。
B2B006	生成订货单:(1)点击"购物车";(2)确定所要采购的商品,点击"生成订货单";(3)进入订货单页面,选择支付方式和交货日期,点击"确定",生成"订货单"。
B2B007	生成询价单:(1)点击"购物车";(2)选择要询价的商品,点击"生成询价单";(3)进入询价单页面,填写询价说明;(4)点击"生成询价单"。
B2B008	受理订购单:(1)供应商进入订单处理页面,选择订单;(2)点击"订单明细";(3)进入订单明细页面,点击"订单受理"。
B2B009	确认订单:(1)采购商进入订单处理页面,选择订单;(2)点击"订单明细";(3)进入订单明细页面,点击"确认"。
B2B010	销售处理:(1)供应商进入订单处理页面,点击"销售处理";(2)选择销售单,点击"订单明细";(3)进入订单明细页面,点击"生成配送单";(4)进入配送单页面,点击"确定"。

续表

操作步骤	操作内容
B2B011	发货处理:(1)供应商进入发货处理页面,点击"新建发货单";(2)点击"选择发货商品";(3)选择商品,点击"确认选择";(4)选择收货方和收货仓库,点击"确认发货"。
B2B013	生成调拨单:(1)供应商新建调拨单;(2)选择调拨商品,点击"生成调拨单";(3)填写调拨单,点击"确定"。
B2B014	查看调拨单:(1)选择要查看的单据;(2)点击"调拨单明细"。
B2B015	查询调拨单:(1)输入查询条件;(2)点击"查询"。
B2B017	销售结算:(1)点击"应付款查询",进入应付款总计,选择供应商,点击"应付款明细",进入应付款明细页面;(2)选择需要查看的订单,点击"订单明细";(3)审核订单后,点击"订单结算"。
B2B022	报价:(1)供应商进入网上洽谈,选择单据状态为"询价"的询价单;(2)供应商根据情况报出合理的价格,点击"提交","询价单"状态变为"报价"。
B2B023	生成洽谈单:(1)采购商进入网上洽谈,点击询价单状态为"报价"的订单,点击"询价单明细";(2)进入询价单页面,点击"生成洽谈单"。
B2B024	供应商洽谈合同:(1)供应商选择"双方不同意"的洽谈单,点击"洽谈单明细"按钮,进入洽谈单页面;(2)在洽谈室里与供应商进行洽谈,填写洽谈内容,确定质量要求、检验方法、交货地点、付款方式等;(3)点击"提交"。
B2B025	采购商洽谈合同:(1)采购商进入网上洽谈,选择相应的洽谈单据,点击"洽谈单明细";(2)选择需要洽谈的单据,在洽谈室里与相应的供应商进行洽谈,填写洽谈内容;(3)点击"提交"。
B2B026	供应商同意:(1)其中任何一方填写洽谈内容,填写完合同信息,点击"提交"按钮,把洽谈内容提交;(2)双方看完有关合同信息洽谈内容表示同意,点击"同意"按钮,洽谈状态显示一方同意;(3)另一方看过洽谈内容后,点击"同意"按钮,洽谈合同状态显示"双方同意"。
B2B027	采购商同意:(1)其中任何一方填写洽谈内容,填写完合同信息,点击"提交"按钮,把洽谈内容提交;(2)双方看完有关合同信息洽谈内容表示同意,点击"同意"按钮,洽谈状态显示一方同意;(3)另一方看过洽谈内容后,点击"同意"按钮,洽谈合同状态显示"双方同意"。
B2B028	采购商签订合同:(1)点击"电子合同";(2)选择要签订的合同,点击"合同明细";(3)点击"签订合同"。
B2B029	供应商签订合同:(1)点击"电子合同";(2)选择要签订的合同,点击"合同明细";(3)点击"签订合同"。
B2B030	供应商应收款查询:(1)点击"应收应付查询",选择应收款一览;(2)选择需要查看的采购商,点击"应收款明细",可以查看该采购商应收款。
B2B031	供应商应付款查询:(1)点击"应收应付查询",选择应付款一览;(2)选择要查看的物流商,点击"应付款明细",查看应付款的情况。

续表

操作步骤	操作内容
B2B032	采购商应付款查询:(1)采购商进入应付款明细页面;(2)输入查询条件,点击"查询";(3)选择要查看的选项,点击"应付款明细"。
B2B035	采购商新建招标项目:(1)采购商登录后台,点击"招标项目",再点击"新建招标项目";(2)输入招标书信息,点击"下一步";(3)输入招标须知,点击"下一步";(4)在招标采购货物列表页面添加删除货物,点击"新增货物",进入新增货物页面,输入货物信息,点击"保存",完成货物的添加;选择不同的货物,点击"删除货物",确认采购货物正确,点击"下一步";(5)输入招标合同信息,点击"下一步";(6)输入招标公告信息,点击"发布公告"。
B2B036	查看招标公告:采购商或供应商登录后台,点击"招标公告",选择公告,点击"公告明细"。
B2B037	供应商下载投标书:(1)供应商登录后台,点击"招标公告",选择公告,点击"公告明细";(2)点击"下载投标书"。
B2B038	供应商投标:(1)供应商登录后台,选择投标项目,点击"投标项目明细";(2)查看招标书明细,点击"下一步";(3)查看招标须知,点击"下一步";(4)查看招标采购货物信息,点击"制作投标书";(5)查看投标书基本信息,点击"下一步";(6)在投标书货物信息页面对投标货物进行添加删除,点击"新增货物",选择货物,输入竞标价格和数量,点击"确认选择",完成货物的添加;选择货物,点击"删除货物",确认投标货物正确,点击"下一步";(7)输入售后服务承诺书,点击"投标"。
B2B039	采购商截止招标项目:采购商登录后台,点击"招标项目",选择招标项目,点击"招标项目明细",点击"截止投标";或点击"评标定标",选择招标项目,点击"评标定标",点击"查看招标书",点击"截止投标"。
B2B040	采购商发布中标广告:(1)采购商登录后台,点击"评标定标",选择招标项目,点击"评标定标",点击"评标";(2)点击"发布中标公告"。
B2B041	查看中标公告:采购商或供应商登录后台,点击"中标公告",选择公告,点击"公告明细"。
B2B042	签订合同:(1)采购商或供应商登录后台,点击"签订合同",选择合同,点击"合同明细";(2)查看合同明细,点击"签订合同"。
B2B043	撤销合同:(1)采购商或供应商登录后台,点击"签订合同",选择合同,点击"合同明细";(2)查看合同明细,点击"撤销合同"。

三、C2C 交易

C2C 电子商务是在消费者与消费者之间进行的商务模式,它通过因特网为消费者提供进行相互交易的环境——网上拍卖、在线竞价。在电子商务师实验中,学生可以以卖家或买家的身份在前台进行拍卖或竞拍;也可以以管理者的身份在后台登录对 C2C 网站进行运营管理。

学生在操作中应注意以下几点:

1. 流程

(1)拍卖:根据商品分类,登记新商品进行拍卖。其流程如下:

卖东西 → 选择商品分类 → 填写商品信息 → 登录成功

(2)竞拍:根据商品分类找到合适的商品,出价竞拍,价高者得。其流程如下:

买东西 → 选择商品 → 竞标 → 成功拍卖

2. 卖家设置价格的两种方法

(1)只设起始价:即无底价竞标卖法,起始价就等于底价,有买家竞标可成交。

(2)起始价+底价:即有底价竞标卖法,底价设置应大于等于起始价。当竞标结束时,有买家出价达到底价,即告竞标成功。竞标成功的买家按购买数量、出价高低依次与卖家网上成交,价高者得到所需数量的商品。

3. 导航条中几个项目的解释

(1)新登商品:新登商品是用户当天在系统上新登录出售的商品列表。

(2)抢手商品:抢手商品是所有竞标次数超过5次的热门商品列表。

(3)即将结束:即将结束是当天达到竞拍期限的商品列表。

(4)我的交易:此模块可以让您知道C2C的所有买卖操作信息。

◆ 能力训练

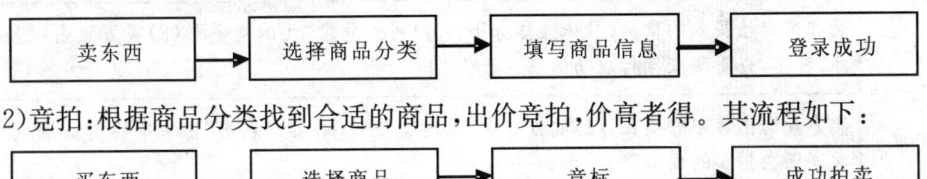

请按照以下步骤进行操作,熟练掌握C2C电子商务活动的各种业务流程操作技巧。

操作步骤	操作内容
C2C001	买方(卖方)登录C2C网站,注册成为网站会员。
C2C002	卖方发布拍卖的商品,具体操作如下:(1)在C2C网站首页点击"卖东西"链接;(2)选择商品分类;(3)填写商品信息;(4)登录成功。
C2C003	买方查询正在拍卖的商品。
C2C004	买方出价参与竞拍商品。具体操作如下:(1)在C2C网站首页点击"买东西"链接;(2)选择商品分类;(3)选择拍卖商品;(4)点击"出价"按钮;(5)填入出价价格,然后点击"出价"按钮;(6)确认出价。
C2C005	买方查询参与竞标的商品。具体操作如下:(1)买方登录"我的交易";(2)买方点击"竞标中的商品"链接,查看买家参与竞标的商品。

续表

操作步骤	操作内容
C2C006	买方查询已买入的商品,具体操作如下:(1)买方登录"我的交易";(2)买方点击"已买入商品"链接,查看买家竞标成功的商品。
C2C007	卖方查询出售中的商品:(1)卖方登录"我的交易";(2)卖方点击"出售中的商品"链接,查看卖家正在拍卖的商品。
C2C008	卖方查询已结束拍卖的商品:(1)卖方登录"我的交易";(2)卖方点击"已结束商品"链接,查看卖家已结束拍卖的商品。
C2C009	买家对卖家进行用户信誉评比:(1)买家登录"我的交易";(2)买家点击"已买入商品",查看已买入商品;(3)买家点击"给卖家评价";(4)买家输入评价信息,点击"提交"。
C2C010	买家查看卖家信誉信息。
C2C011	卖方查询被注销的商品:(1)卖方登录"我的交易";(2)卖方点击"被注销的商品"链接,查看卖家已被注销的商品。
C2C012	会员以管理员身份登录,进入后台管理。
C2C013	管理员对日志信息进行管理,具体操作如下:(1)在后台管理页面点击"系统日志"链接,查看C2C模块系统登录日志;(2)管理员点击"清空日志"。
C2C014	管理员修改会员组群,具体操作如下:(1)在后台管理页面点击"会员管理"链接;(2)选择会员,点击"明细"按钮;(3)点击"改变组群";(4)选择组群,点击"提交修改"。
C2C015	新建组群,具体操作如下:(1)在后台管理页面点击"组群设置"链接;(2)点击"新增"按钮;(3)输入新增组群,点击"保存"。
C2C016	修改组群,具体操作如下:(1)在后台管理页面点击"组群设置";(2)选择组群,点击"修改"按钮;(3)输入组群名称,点击"提交修改"。
C2C017	删除组群,具体操作如下:(1)在后台管理页面点击"组群设置";(2)选择组群,点击"删除"。
C2C018	新建拍卖目录,具体操作如下:(1)在后台管理页面点击"拍卖目录设置"链接;(2)点击"新增"按钮;(3)输入新增类别,点击"保存"。
C2C019	修改拍卖目录,具体操作如下:(1)在后台管理页面点击"拍卖目录设置"链接;(2)选择商品类别,点击"修改"按钮;(3)输入商品类别名称,点击"提交修改"。
C2C020	删除拍卖目录,具体操作如下:(1)在后台管理页面点击"拍卖目录设置";(2)选择商品类别,点击"删除"。
C2C021	查询拍卖商品,具体操作如下:(1)在后台管理页面点击"拍卖商品管理";(2)输入查询条件,点击"查询"。
C2C022	注销拍卖商品,具体操作如下:(1)在后台管理页面点击"拍卖商品管理";(2)选择拍卖商品,点击"注销"。

任务三　网络营销

网络营销是以互联网为媒体,以新的方式、方法和理念实施的营销活动。网络营销能有效促成个人和组织交易活动的实现。网络具有传统渠道和媒体所不具备的信息交流自由、开放和平等等独特特点,而且信息交流费用非常低廉,信息交流渠道既直接又高效。

学校电子商务师实验室的网络营销任务训练是模拟一个网络营销公司的日常运作过程。公司提供的所有服务的费用都是以电子货币形式在网上银行中流通。电子商务模拟环境的网络营销公司主要提供商业信息、分类广告、电子杂志、调查问卷、网站建设、域名主机、搜索引擎等服务。

能力训练

熟练掌握网络营销的各种业务流程操作技巧

请按照以下步骤进行操作,熟练掌握网络营销的各种业务流程和操作技巧。

操作步骤	操作内容
NETSELL001	注册网络营销会员:(1)在网络营销首页点击"注册";(2)填写注册信息;(3)点击"确定"。
NETSELL002	申请国际域名服务:(1)在网络营销首页点击"域名主机";(2)在域名主机页面填写国际域名,点击国际域名旁的"注册";(3)在域名注册页面点击"继续";(4)输入用户名和密码,点击"继续";(5)选择域名使用时间,点击"继续";(6)点击"完成"。
NETSELL003	申请中国域名服务:(1)在网络营销首页点击"域名主机";(2)在域名主机页面填写中国域名,点击中国域名旁的"注册";(3)在域名注册页面点击"继续";(4)输入用户名和密码,点击"继续";(5)选择域名使用时间,点击"继续";(6)点击"完成"。
NETSELL004	修改域名服务URL指向:(1)在网络营销后台点击"域名管理";(2)选择域名,点击"域名信息";(3)输入URL指向,点击"修改"。
NETSELL005	申请虚拟主机:(1)在网络营销首页点击"域名主机";(2)在域名主机页面选择要订购的虚拟主机,点击"订购";(3)在虚拟主机租用页面点击"继续";(4)输入用户名和密码,点击"继续";(5)选择域名使用时间,点击"继续";(6)点击"完成"。
NETSELL006	查看虚机信息:(1)在网络营销后台点击"虚机租管";(2)选择虚机,点击"虚机信息"。
NETSELL007	注册搜索引擎:(1)在网络营销首页点击"搜索引擎";(2)在搜索引擎网站推广页面点击"购买";(3)点击"我同意";(4)输入用户名和密码,点击"继续";(5)填写网站资料,点击"继续";(6)点击"完成"。
NETSELL008	修改搜索引擎信息:(1)在网络营销后台点击"搜索引擎";(2)选择网站,点击"搜索登录信息";(3)修改内容,点击修改。
NETSELL009	新增文字广告:(1)在网络营销后台点击"文字广告";(2)点击"新增";(3)输入广告分类、标题、内容、链接,点击"确定"。

续表

操作步骤	操作内容
NETSELL010	修改文字广告:(1)在网络营销后台点击"文字广告";(2)选择要修改的文字广告,点击"修改";(3)修改文字广告,点击"确定"。
NETSELL011	删除文字广告:(1)在网络营销后台点击"文字广告";(2)选择要删除的文字广告;(3)点击"删除"。
NETSELL012	新增商业信息:(1)在网络营销后台点击"商业信息";(2)点击"新增";(3)输入广告标题、类型、内容,点击"确定"。
NETSELL013	修改商业信息:(1)在网络营销后台点击"商业信息";(2)选择要修改的商业信息,点击"修改";(3)修改商业信息,点击"确定"。
NETSELL014	删除商业信息:(1)在网络营销后台点击"商业信息";(2)选择要删除的商业信息;(3)点击"删除"。
NETSELL015	新增问卷:(1)在网络营销后台点击"调查问卷";(2)点击"新增";(3)输入问卷标题、类型和新增选项,点击"确定"。
NETSELL016	修改问卷:(1)在网络营销后台点击"调查问卷";(2)选择要修改的调查问卷,点击"修改";(3)修改问卷,点击"确定"。
NETSELL017	删除问卷:(1)在网络营销后台点击"调查问卷";(2)选择要删除的调查问卷;(3)点击"删除"。
NETSELL018	投票:(1)在网络营销前台首页,点击"调查问卷";(2)点击要投票的问卷;(3)点击"投票"。
NETSELL019	新建电子杂志:(1)在网络营销后台点击"电子杂志";(2)点击"新建电子杂志";(3)输入电子杂志内容,点击"发送"。
NETSELL020	查询电子杂志:(1)在网络营销后台点击"电子杂志";(2)选择电子杂志类型,进入电子杂志页面;(3)选择电子杂志类型,点击"查询"。
NETSELL021	删除电子杂志:(1)在网络营销后台点击"电子杂志";(2)选择电子杂志类型,进入电子杂志页面;(3)选择要删除的电子杂志,点击"删除"。
NETSELL022	订阅电子杂志:(1)在网络营销前台首页,点击"电子杂志";(2)选择要订阅的电子杂志类型;(3)输入邮箱和密码;(4)点击"订阅"。
NETSELL023	查询订阅:(1)在网络营销前台首页,点击"电子杂志";(2)输入邮箱和密码;(3)点击"查询订阅"。
NETSELL024	新建邮件列表:(1)在网络营销后台点击"邮件列表";(2)点击"新建";(3)输入邮件地址内容,点击"确定"。
NETSELL025	修改邮件列表:(1)在网络营销后台点击"邮件列表";(2)选择邮件地址,点击"编辑";(3)修改邮件地址内容,点击"确定"。
NETSELL026	删除邮件列表:(1)在网络营销后台点击"邮件列表";(2)选择要删除的邮件地址;(3)点击"删除"。

续表

操作步骤	操作内容
NETSELL027	收集订阅电子杂志的邮件列表:(1)在网络营销后台点击"电子杂志";(2)在收集邮件地址栏里点击"收集"。
NETSELL028	发邮件:(1)在网络营销后台点击"邮件列表";(2)点击"发邮件";(3)输入收信人、主题、正文,点击"发送"。
NETSELL029	注册用户:(1)在网络营销点击"新闻组",进入新闻组;(2)选择点击"用户注册",进入新闻组注册页面;(3)输入注册信息,点击"确定"。
GNETSELL030	设置账号:(1)注册完成的账号进行设置或进入新闻组选择"设置账号";(2)输入用户姓名,点击"下一步",继续;(3)输入有效的 E-mail,点击"下一步",继续;(4)选择新闻服务器,点击"下一步",继续;(5)输入账号、密码,点击"下一步",继续;(6)点击"完成",完成账号设置。
NETSELL031	查看新闻邮件:(1)在网络营销点击"新闻组",进入新闻组;(2)输入账号、密码,登录进入新闻组邮件列表;(3)选择点击"新闻邮件",查看新闻邮件的明细。
NETSELL032	过滤新闻邮件:(1)在网络营销点击"新闻组",进入新闻组;(2)输入账号、密码,登录进入新闻组邮件列表;(3)选择"新闻组",过滤新闻邮件,显示新闻邮件列表。
NETSELL033	发新闻邮件:(1)在网络营销点击"新闻组",进入新闻组;(2)输入账号、密码,登录进入新闻组;(3)选择"发新闻邮件",进入发新闻邮件页面;(4)填写新闻邮件信息,点击"发送",发送新闻邮件。
NETSELL034	修改用户注册信息:(1)在网络营销点击"新闻组",进入新闻组;(2)输入账号、密码,登录进入新闻组;(3)选择"修改注册信息",进入修改注册信息页面;(4)填写修改注册信息,点击"保存",完成注册信息修改。
NETSELL035	添加新闻组:(1)在网络营销点击"新闻组",进入新闻组;(2)选择点击"新闻组后台管理",进入新闻组后台管理登录页面;(3)输入新闻组后台管理登录信息,点击"登录",进入新闻组后台管理;(4)选择新闻组管理,显示新闻组列表;(5)点击"添加新闻组",进入添加新闻组页面;(6)输入新闻组信息,点击"确定",完成添加新闻组。
NETSELL036	删除新闻组:(1)在网络营销点击"新闻组",进入新闻组;(2)选择点击"新闻组后台管理",进入新闻组后台管理登录页面;(3)输入新闻组后台管理登录信息,点击"登录",进入新闻组后台管理;(4)选择新闻组管理,显示新闻组列表;(5)选择新闻组,点击"删除",完成所要删除的新闻组。
NETSELL037	查询新闻组:(1)在网络营销点击"新闻组",进入新闻组;(2)选择点击"新闻组后台管理",进入新闻组后台管理登录页面;(3)输入新闻组后台管理登录信息,点击"登录",进入新闻组后台管理;(4)选择新闻组管理,显示新闻组列表;(5)输入查询信息,点击"查询",显示查询新闻组列表。
NETSELL038	添加新闻服务器:(1)在网络营销点击"新闻组",进入新闻组;(2)选择点击"新闻组后台管理",进入新闻组后台管理登录页面;(3)输入新闻组后台管理登录信息,点击"登录",进入新闻组后台管理;(4)选择新闻服务器管理,显示新闻服务器列表;(5)点击"添加新闻服务器",进入添加新闻服务器页面;(6)输入新闻服务器信息,点击"确定",完成添加新闻服务器。

续表

操作步骤	操作内容
NETSELL039	删除新闻服务器：(1)在网络营销点击"新闻组"，进入新闻组；(2)选择点击"新闻组后台管理"，进入新闻组后台管理登录页面；(3)输入新闻组后台管理登录信息，点击"登录"，进入新闻组后台管理；(4)选择新闻服务器管理，显示新闻服务器列表；(5)选择新闻服务器，点击"删除"，完成所要删除的新闻服务器。
NETSELL040	查询新闻服务器：(1)在网络营销点击"新闻组"，进入新闻组；(2)选择点击"新闻组后台管理"，进入新闻组后台管理登录页面；(3)输入新闻组后台管理登录信息，点击"登录"，进入新闻组后台管理；(4)选择新闻服务器管理，显示新闻服务器列表；(5)输入查询信息，点击"查询"，显示查询新闻服务器列表。
NETSELL041	查看用户信息：(1)在网络营销点击"新闻组"，进入新闻组；(2)选择点击"新闻组后台管理"，进入新闻组后台管理登录页面；(3)输入新闻组后台管理登录信息，点击"登录"，进入新闻组后台管理；(4)选择用户信息管理，显示用户信息列表；(5)选择用户，点击"明细"，显示用户信息明细。
NETSELL042	删除用户信息：(1)在网络营销点击"新闻组"，进入新闻组；(2)选择点击"新闻组后台管理"，进入新闻组后台管理登录页面；(3)输入新闻组后台管理登录信息，点击"登录"，进入新闻组后台管理；(4)选择用户信息管理，显示用户信息列表；(5)选择用户，点击"删除"，完成所要删除的用户信息。
NETSELL043	查询用户：(1)在网络营销点击"新闻组"，进入新闻组；(2)选择点击"新闻组后台管理"，进入新闻组后台管理登录页面；(3)输入新闻组后台管理登录信息，点击"登录"，进入新闻组后台管理；(4)选择用户信息管理，显示用户信息列表；(5)输入查询信息，点击"查询"，显示查询用户信息列表。
NETSELL044	查看新闻邮件：(1)在网络营销点击"新闻组"，进入新闻组；(2)选择点击"新闻组后台管理"，进入新闻组后台管理登录页面；(3)输入新闻组后台管理登录信息，点击"登录"，进入新闻组后台管理；(4)选择新闻邮件管理，显示新闻邮件列表；(5)选择新闻邮件，点击"明细"，显示新闻邮件明细。
NETSELL045	删除新闻邮件：(1)在网络营销点击"新闻组"，进入新闻组；(2)选择点击"新闻组后台管理"，进入新闻组后台管理登录页面；(3)输入新闻组后台管理登录信息，点击"登录"，进入新闻组后台管理；(4)选择新闻邮件管理，显示新闻邮件列表；(5)选择新闻邮件，点击"删除"，完成所要删除的新闻邮件。
NETSELL046	查询新闻邮件：(1)在网络营销点击"新闻组"，进入新闻组；(2)选择点击"新闻组后台管理"，进入新闻组后台管理登录页面；(3)输入新闻组后台管理登录信息，点击"登录"，进入新闻组后台管理；(4)选择新闻邮件管理，显示新闻邮件列表；(5)输入查询信息，点击"查询"，显示查询新邮件列表。

任务四　电子商务安全工具使用

一、杀毒软件

　　杀毒软件，也称"反病毒软件"或"防毒软件"，是用于消除电脑病毒、"特洛伊木马"和恶意软件等威胁计算机的一类软件。杀毒软件通常集成监控识别、病毒扫描和清除、自动升级等功能，有的杀毒软件还带有数据恢复等功能，是计算机防御系统（包含杀毒软件、防火墙、"特洛伊木马"和其他恶意软件的查杀程序、入侵预防系统等）的重要组成部分。

　　杀毒软件对被感染的文件杀毒有多种方式：清除、删除、禁止访问、隔离和不处理。

1. 清除

　　清除被"蠕虫"感染的文件，清除后文件恢复正常。

2. 删除

　　删除病毒文件。这类文件不是被感染的文件，其本身就含病毒，无法清除，所以删除。

3. 禁止访问

　　禁止访问病毒文件。在发现病毒后，用户如选择不处理，则杀毒软件可能将病毒设为"禁止访问"。用户打开时会弹出错误对话框，内容是"该文件不是有效的 Win32 文件"。

4. 隔离

　　病毒删除后转移到隔离区。用户可以从隔离区找回删除的文件。隔离区的文件不能运行。

5. 不处理

　　不处理该病毒。如果用户暂时不知道是不是病毒，则暂时不处理。

◆ 能 力 训 练

熟练掌握常用杀毒软件的使用技巧

　　以瑞星杀毒软件为例，请按照以下步骤进行操作，熟练掌握常用杀毒软件的使用技巧。

　　（1）安装瑞星杀毒软件：运行安装程序，可根据安装向导的默认设置，单击"下一步"继续，直到安装完成。

　　（2）升级瑞星杀毒软件：在确认网络设置与用户 ID 均正确无误后，可通过单击主界面上的"软件升级"按钮进行升级。也可直接采用瑞星杀毒软件默认设置进行即时升级。

　　（3）查杀病毒：在"杀毒"标签页，"查杀目标"中设置需要进行查杀的文件，单击"开始查杀"按钮，对文件进行扫描。如果你需要对某一文件杀毒，也可将目标文件拖入瑞星杀毒软件主程序,对其立即进行查杀。

(4)全盘查杀:如果长时间未进行全盘查杀,则可通过主界面"我的瑞星"中的"立即进行全盘查杀"查杀所有硬盘中的病毒。

(5)开启/禁用所有监控:右键单击电脑右下角"小伞",在弹出的菜单中选择"开启/禁用所有监控"可以启用所有监控和智能主动防御。

(6)设置工作模式:在瑞星杀毒软件主程序界面"产品状态"栏中,鼠标指向工作模式,单击左键可在当前模式中弹出常规模式和静默模式菜单,在此可切换工作模式。右键单击电脑右下角"小伞",在弹出的菜单中选择"切换工作模式"也可实现工作模式的转换。

(7)设置账户模式:在瑞星杀毒软件主程序界面"产品状态"栏中,鼠标指向当前账户,单击左键可弹出管理员账户、普通账户菜单,在此可切换账户。管理员账户拥有所有权限。在普通账户模式下则无法修改部分设置。右键单击电脑右下角"小伞",在弹出的菜单中选择"切换账户"也可实现账户的转换。

(8)查看历史记录:选择"操作"/"历史记录",或者右键单击电脑右下角小伞,在弹出的菜单中选择"历史记录",可查看所有日志。

二、数字证书

数字证书是用来确认安全电子商务交易各方身份的工具,其作用类似于现实生活中的"身份证"。人们可以在交往中用它来识别对方的身份。

最简单的证书包含一个公开密钥、名称以及证书授权中心的数字签名。一般情况下,证书中还包括密钥的有效时间、发证机关(证书授权中心)的名称、该证书的序列号等信息。证书的格式遵循 ITUT X.509 国际标准。

一个标准的 X.509 数字证书包含以下内容:证书的版本信息;证书的序列号(每个证书都有一个唯一的证书序列号);证书使用的签名算法;证书的发行机构名称(命名规则一般采用 X.500 格式);证书的有效期(现在通用的证书一般采用 UTC 时间格式,它的计时范围为 1950—2049);证书所有人的名称(命名规则一般采用 X.500 格式);证书所有人的公开密钥;证书发行者对证书的签名。

使用数字证书,通过运用对称和非对称密码体制等密码技术建立起一套严密的身份认证系统,从而保证信息除发送方和接收方外不被其他人窃取;信息在传输过程中不被篡改;发送方能够通过数字证书来确认接收方的身份;发送方对于自己的信息不能抵赖。

◇ 能力训练

熟练掌握数字证书的申请和安装

请按照以下步骤进行操作，登录 http：//www.myca.cn（见图 7-17），熟练完成数字证书的申请、下载、安装和查看的技能训练：

(1)登录 http：//www.myca.cn/myca/数字证书认证中心，下载并安装 MyCA 的根证书。

(2)以自己的电子邮箱，申请注册 E-mail 数字证书。

(3)登录注册的电子邮箱，获取申请的数字证书身份识别码。

(4)登录 http：//www.myca.cn/myca/mspickup.asp，输入数字证书的身份识别码，下载并安装数字证书。

(5)打开 IE 浏览器，点击"工具"—"内容"—"证书"，查看自己申请注册的 E-mail 数字证书，并导出数字证书到自己的优盘。

(6)登录 http：//www.myca.cn/myca/，查询数字证书是否有效、过期或被吊销。

图 7-17 Myca 的申请与注册

三、数字认证原理

数字证书采用公钥技术,即利用一对互相匹配的密钥进行加密、解密。每个用户自己设定一把特定的、仅为本人所知的私有密钥(私钥),用它进行解密和签名;同时,设定一把公共密钥(公钥)并由本人公开,为一组用户共享,用于加密和验证签名。当发送一份保密文件时,发送方使用接收方的公钥对数据加密,而接收方则使用自己的私钥解密,这样信息就可以安全无误地到达目的地了。通过数字的手段保证加密过程是一个不可逆过程(即只有用私有密钥才能解密)。

在公开密钥密码体制中,常用的一种是 RSA 体制。其数学原理是将一个大数分解成两个质数的乘积,加密和解密用的是两个不同的密钥。即使已知明文、密文和加密密钥(公开密钥),想要推导出解密密钥(私有密钥),在计算上是不可能的。按现在的计算机技术水平,要破解目前采用的 1024 位 RSA 密钥,需要上千年的计算时间。公开密钥技术解决了密钥发布的管理问题,商户可以公开其公开密钥,而保留其私有密钥。购物者可以用人人皆知的公开密钥对发送的信息进行加密,安全地传送给商户,然后由商户用自己的私有密钥进行解密。

如果用户需要发送加密数据,则发送方需要使用接收方的数字证书(公开密钥)对数据进行加密,而接收方则使用自己的私有密钥进行解密,从而保证数据的安全保密性。

另外,用户可以通过数字签名实现数据的完整性和有效性,只需采用私有密钥对数据进行加密处理。由于私有密钥仅为用户个人拥有,所以能够做到签名文件的唯一性,即保证数据由签名者自己签名发送,签名者不能否认(或难以否认);数据自签发到接收过程中未曾做过任何修改,签发的文件是真实的。

◆ 能力训练

熟练掌握数字认证原理

请按照以下步骤进行操作,熟练完成数字认证原理的技能训练:
(1)登录 http://www.myca.cn/myca/数字证书认证中心,申请注册 E-mail 数字证书。
(2)打开 Outlook Express,添加 Outlook Express 的因特网账号。
(3)用 Outlook Express 发送一份签名的电子邮件(见图 7-18)。

四、数据加密技术

加密技术是电子商务采取的主要保密安全措施,也是最常用的保密安全手段。加密技术利用技术手段把重要的数据变为乱码(加密)传送,到达目的地后再用相同或不同的手段还原(解密)。

图 7-19 签名电子邮件

  加密包括算法和密钥两个元素。一个加密算法是将普通的文本(或者可以理解的信息)与一串数字(密钥)相结合,从而产生不可理解的密文。密钥和算法对加密同等重要。

  密钥是用来对数据进行编码和解码的一种算法。在安全保密中,可通过适当的密钥加密技术和管理机制,保证网络的信息通讯安全。密钥加密技术的密码体制分为对称密钥体制和非对称密钥体制两种。

  对数据加密的技术分为两类,即对称加密(私人密钥加密)和非对称加密(公开密钥加密)。对称加密以数据加密标准(DES,Data Encryption Standard)算法为典型代表,非对称加密通常以 RSA(Rivest Shamir Ad1eman)算法为代表。对称加密的加密密钥和解密密钥相同。而非对称加密的加密密钥和解密密钥不同,加密密钥可以公开,而解密密钥需要保密。

◇ 能 力 训 练

> 熟练掌握数据加密技术的加密过程及原理

  请按照以下步骤进行操作,在线完成数据的加密及解密:
  (1)登录 http://www.myca.cn/myca/数字证书认证中心,下载并安装 MyCA 的根证书。
  (2)以自己的电子邮箱,申请注册 E-mail 数字证书。

(3) 登录注册时使用的电子邮箱,获取申请的数字证书身份识别码。

(4) 登录 http://www.myca.cn/myca/mspickup.asp,输入数字证书的身份识别码,下载并安装数字证书。

(5) 进入 http://www.myca.cn/myca/,在线完成对数据的加密和解密操作(见图 7-19)。

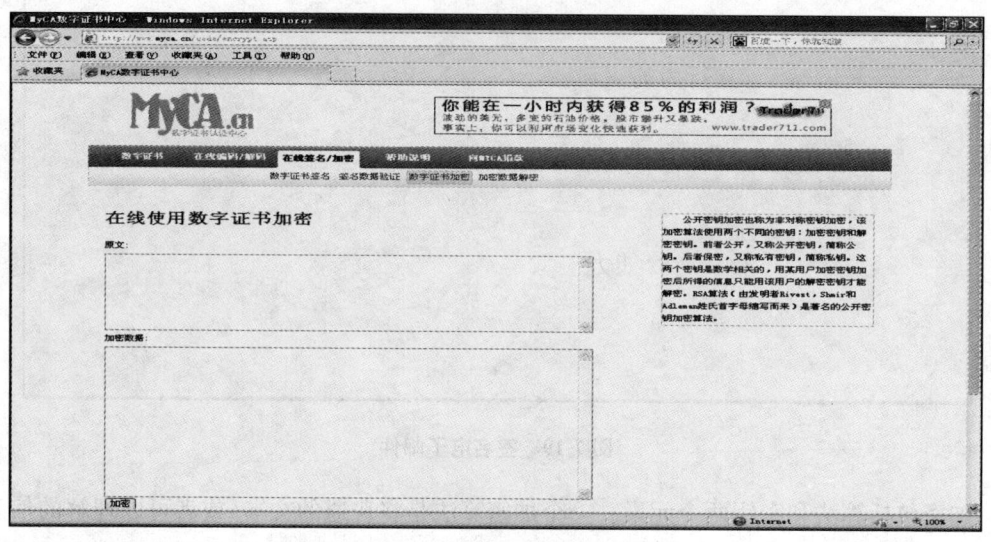

图 7-19 数据的加密和解密

✪ 课后思考

1. 请登录前程无忧网,以"电子商务总监"为关键词,对电子商务岗位进行调研,完成以下表格,并根据调研结果制定自己的电子商务职业规划。

电子商务岗位职业调研表

职位要求 公司名称	职位描述	技能要求	知识要求	素质要求

2. 阅读以下材料,思考电子商务专业学生应如何增强自己的岗位胜任能力。

胜任能力是指"能将某一工作(或组织、文化)中有卓越成就者与表现平平者区分开来的个人的潜在特征,它可以是动机、特质、自我形象、态度或价值观、某领域知识、认知或行为技能——任何可以被可靠测量或计数的并且能显著区分优秀与一般绩效的个体的特征"

(Spencer,1993)。这一概念包括 3 个方面:深层次特征、引起或预测优劣绩效的因果关联和参照效标。胜任能力的评价,其构成主要有 6 个要素。

(1)技能:较好完成所安排任务的能力。

(2)知识:组织和运用与本职业工作相关的信息能力。

(3)社会角色:意欲在他人面前展现的企业领导、主人等形象。

(4)自我概念:对自己身份的认知或知觉。

(5)动机:决定个人外在行为的内在思想。

(6)特质:身体特征及典型的行为方式,如善于倾听别人、谨慎、做事持之以恒等等。

胜任能力概念的提出深深地影响了管理科学研究的新领域,人们在不同职位、不同行业和不同文化环境中探讨不同的胜任能力模型。已有的胜任能力应用研究发现,在不同职位、不同行业、不同文化环境中的胜任能力模型是不同的。能预测大部分行业工作成功的最常用的有 20 个胜任特征,主要分为 6 大类型。

(1)成就特征:成就欲、主动性、关注秩序和质量。

(2)助人/服务特征:人际洞察力、客户服务意识。

(3)影响特征:个人影响力、权限意识、公关能力。

(4)管理特征:指挥、团队协作、培养下属、团队领导。

(5)认知特征:技术专长、综合分析能力、判断推理能力、信息寻求。

(6)个人特征:自信、自我控制、灵活性、组织承诺。

(资料来源:吴自爱.高等院校电子商务专业人才创业能力培养的研究)

项目实操

[实操项目 1]各大主流浏览器的功能对比

掌握各大主流浏览器的功能。

[实操项目情景设计]

以下是几种可免费下载的常用浏览器,请分别下载、安装、使用,并比较各大主流浏览器的功能:

 Microsoft Internet Explorer

 Mozilla Firefox

 Google Chrome

[实操任务]

完成下表各大主流浏览器的功能对比。

各大主流浏览器的功能对比

功能＼浏览器	IE	Firefox	Chrome
多标签页浏览			
双击关闭标签页			
双击新建标签页			
记忆最近打开的标签			
鼠标手势			
网页截屏			
多搜索引擎支持			
快捷拖拽搜索			
内容聚合(RSS)			
其他功能			

[实操项目2]使用Outlook Express、Foxmail收发电子邮件

掌握Outlook Express、Foxmail的功能。

[实操项目情景设计]

某电子商务经理每天上班第一件事情,就是处理客户发来的电子邮件。该经理现有QQ邮箱(＊＊＊@qq.com)、网易邮箱(＊＊＊@126.com 和 ＊＊＊@163.com)、新浪邮箱(＊＊＊@sina.com)和搜狐邮箱(＊＊＊@sohu.com)。请为该经理设置一种快捷地接收以上5个电子邮箱邮件的方式。

[实操任务]

1. 分别注册以上5个电子邮件。

2. 登录注册以上5个电子邮件,点击"设置",开通各个邮箱的POP3/SMTP功能。

3. 设置Outlook Express、Foxmail,添加以上电子邮箱的账号,并接收电子邮件。

4. 使用Outlook Express、Foxmail,发送一封邮件,要求发送的电子邮件含有".rar"格式的压缩包。

[实操项目3]搜索引擎工具的使用技巧

掌握搜索引擎工具的功能。

[实操项目情景设计]

信息时代,搜索引擎是获取各种信息资源的、快捷有效的方式。能否在5分钟之内,快速地找到自己所需的资源,也是一种能力的考验。请完成5分钟的搜索引擎能力测试。

[实操任务]

以下每个测试项目,测试时间为5分钟:

1. 某旅游管理专业毕业生应聘"旅游电子商务"岗位的工作,请用 5 分钟为其获取至少不少于 50 个的岗位招聘信息。

2. 某电子商务专业学生,最近在准备 1 份电子商务创业策划书,请用 5 分钟为其收集至少不少于 50 份的创业策划书样本。

3. 某电子商务专业毕业生在某公司从事市场调研工作,公司的销售部经理要求其了解"祁门红茶"在德国的销售行情,请用 5 分钟帮其获取相关的信息。

[实操项目 4]C2C 电子交易

掌握 C2C 电子交易流程。

[实操项目情景设计]

某电子商务学生,在校期间想通过实践锻炼自己的电子商务能力。于是想到以个人身份开个网店,在网上卖产品。请为其完成网店的开店工作。

[实操任务]

请在淘宝网中完成 C2C 电子交易流程。

[实操项目 5]网络营销

掌握网络营销的常用方法。

[实操项目情景设计]

某电子商务学生,在淘宝网中完成了网店的前期准备,并决定在淘宝网中经营"祁门红茶"的网络销售工作。请为其设计一份网络营销方案。

[实操任务]

网络营销方案中应包括常用的网络营销手段,如搜索引擎、E-mail 许可营销等。

[实操项目 6]数字证书

掌握数字证书的查看、下载、安装等操作。

[实操项目情景设计]

某电子商务学生,分别登录淘宝网(https://login.taobao.com/)、腾讯邮箱(https://mail.qq.com/)、中国建设银行网(https://ibsbjstar.ccb.com.cn/)3 种不同类型的网站,想对各网站的数字证书做一定了解。

[实操任务]

请按照以下顺序,完成实操任务:

1. 分别登录以上 3 个网站,查看以上 3 个网站的数字证书(见图 7-20)。

2. 下载并安装以上 3 个网站的数字证书(见图 7-21、图 7-22 和图 7-23)。

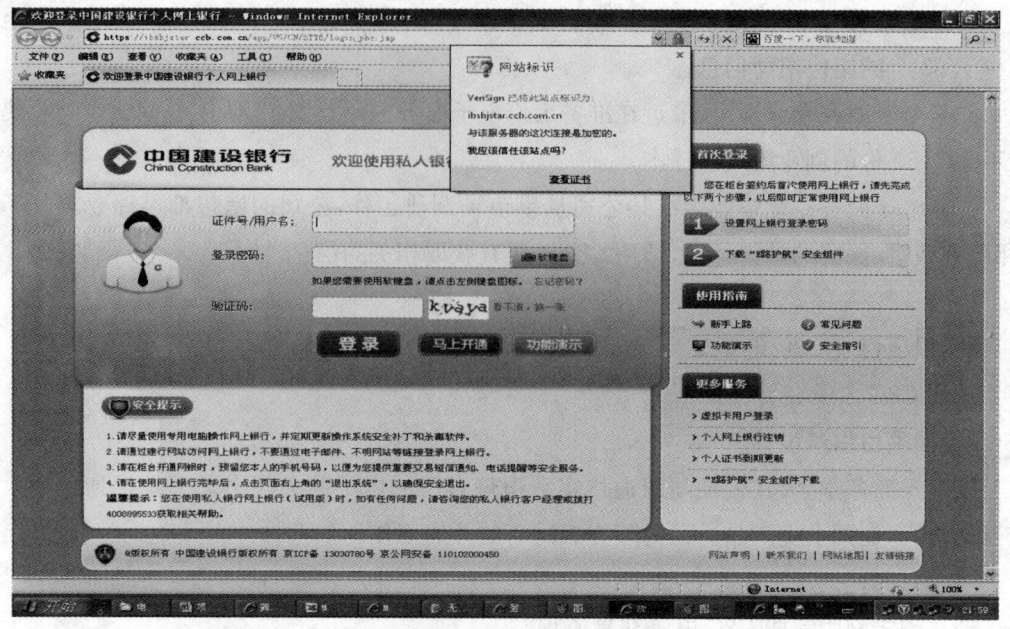

图 7-20 查看网站的数字证书

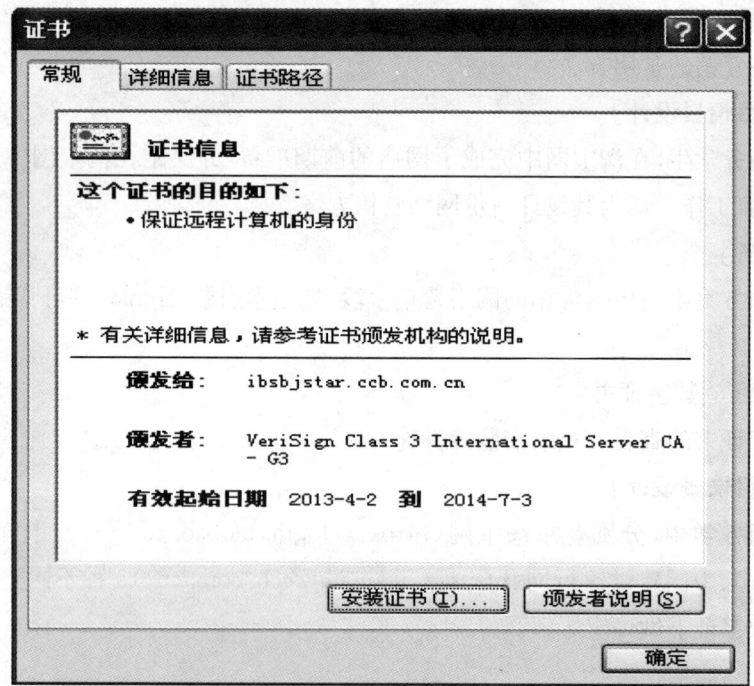

图 7-21 中国建设银行的数字证书

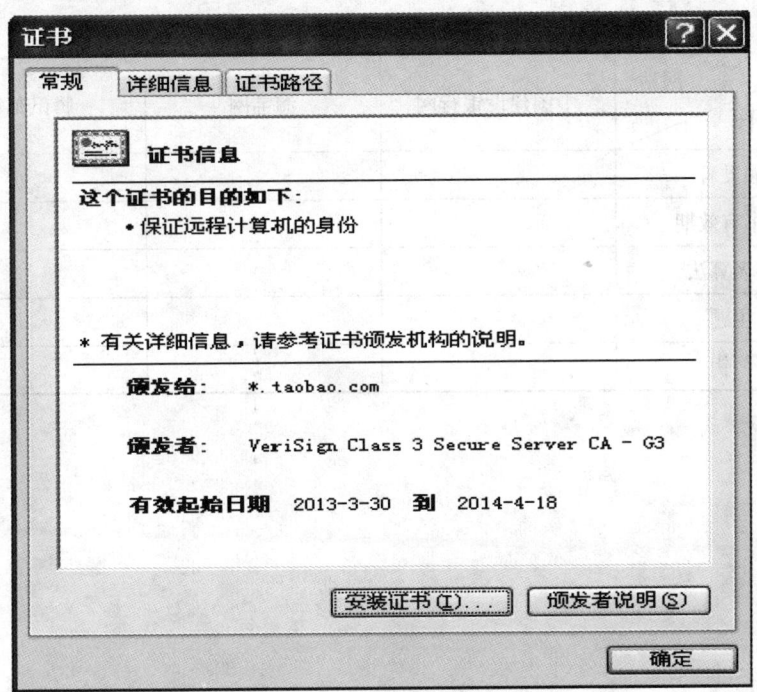

图 7-22 淘宝网的数字证书

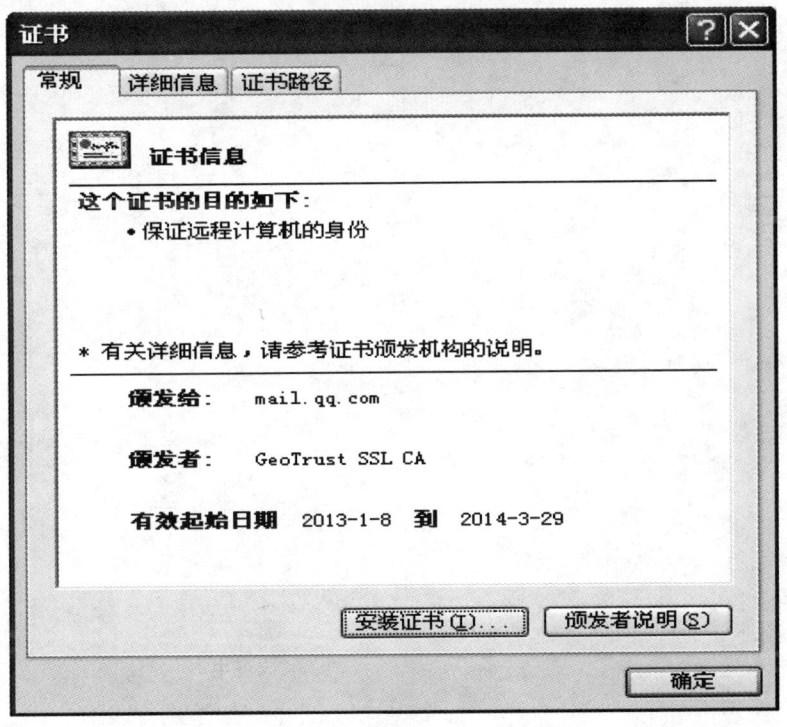

图 7-23 腾讯邮箱的数字证书

3. 对比以上 3 个网站的数字证书。

3 个网站的数字证书的对比

CA 科目＼网站	中国建设银行网	淘宝网	腾讯邮箱
颁发者			
证书有效期			
签名算法			
主题			
公钥			

参考文献

[1]杨荣明.电子商务实用教程[M].合肥:安徽大学出版社,2008.

[2]孙宏伟.制造业电子商务发展模式探析[D].北京:北京交通大学,2011.

[3]姚国章,丁秋林.我国制造业发展与应用电子商务研究[J].南京审计学院学报,2005,(1):16—21.

[4]刘学林,高成慧.我国制造业企业网络营销中存在的主要问题研究[J].改革与战略,2010,(6):78—80.

[5]李凯.制造业电子商务发展时机来到——繁荣更进一步[J].互联网天地,2008,(5):11—12.

[6]翟丽丽.电子商务概论[M].北京:科学出版社,2011.

[7]明均仁.电子商务概论[M].北京:人民邮电出版社,2012.

[8]李琪.电子商务导论[M].北京:电子工业出版社,2010.

[9]亿邦动力网.中国网上零售调查报2009[EB/OL].http://www.ebrun.com/report/2098.html.

[10]王亚萍,朱美虹.网络直销存在的问题及应对措施[J].商场现代化,2007,(2):142—143.

[11]陈炜.网络直销研究综述[J].北方经贸,2009,(8):69—72.

[12]中国时尚品牌网.服装网络直销:竞争重心转移[EB/OL].http://www.chinasspp.com/News/Detail/2008-9-26/66199-1.htm,2008-9-26.

[13]杨璞.浅析网络团购[J].商场现代化,2011,(16):69—70.

[14]王茜.我国团购网站盈利模式分析及建议[J].中国管理信息化,2012,(24):76—76.

[15]李向红.我国团购网站的运营模式探讨[J].江苏商论,2012,(11).

[16]于兴中.网络团购商业模式及相应调查研究[D].北京:北京邮电大学,2011.

[17]张敬元.浅谈网上拍卖[J].中国市场,2012,(19):61—62.

[18]廖可乾,陈斌.网上拍卖研究与发展前景[J].电子世界,2012,(6):102—103.

[19]蔡元萍.网上支付与结算[M].大连:东北财经大学,2013.

[20]潘园园.安徽省农业电子商务模式发展研究[J].湖北科技学院学报,2013,(3):

12—14.

[21]潘园园.安徽省农业电子商务发展及模式创新[D].合肥:安徽农业大学,2012.

[22]百度百科.农业电子商务.http://baike.baidu.com/view/1514270.htm.

[23]郭懿美,蔡庆辉.电子商务法经典案例研究[M].北京:中信出版社,2006.

[25]梁瑶兰.招商银行网上银行的成功案例与经验[J].中国信用卡,2002(6).

[26]万守付.电子商务基础(第3版)[M].北京:人民邮电出版社,2010.

[27]宋文官.电子商务概论(第3版)[M].北京:高等教育出版社,2013.

[28]蒋汉生,刘红燕.电子商务概论(第2版)[M].北京:中国财政经济出版社,2009.

[29]梁兴琦.电子商务概论与实务[M].南京:南京大学出版社,2010.

[30]赵艳莉等.电子商务应用基础与实训[M].合肥:安徽科学技术出版社,2011.

[31]芦阳.浅析我国移动支付商业模式的选择与构建[J].改革与战略,2012,28(4):57—59.

[32]金丹.电子支付模式比较分析[J].湖北广播电视大学学报,2011,31(12):95—96.

[33]马洁,余元华.中国电子商务支付系统探索[J].重庆教育学院学报,2003,16(6):38—43.

[34]岳云康.我国电子商务环境下的移动支付问题研究[J].中国流通经济,2008,1(1):40—43.

[35]周惠玲,桂放.电子支付工具使用现状的实证分析[J].安顺学院学报,2010,12(6):89—92.

[36]张劲松.中国第三方电子支付产业链问题研究[J].生产力研究,2010,4(4):87—88.

[37]张明达.电子支付技术在电子商务中的运用与研究[J].商业研究,2000,11(11):116—118.

[38]谢琳,卢建军.电子商务中第三方电子支付平台分析[J].计算机应用研究,2003,12(12):149—151.

[39]田雨晴.我国网上银行面临的问题及应对策略[J].生产力研究,2008,7(14):46—47.

[40]徐明,张祥德.电子支付研究综述[J].计算机技术与发展,2007,17(9):213—216.

[41]朱烨.浅谈我国电子商务中第三方支付平台[J].数字图书馆论坛,2006,6(11):40—45.

[42]杨锦凤.电子支付行业的发展趋势[J].科技和产业,2010,10(3):75—77.

[43]李旻茜,黄卫东,于瑞强.移动支付运营模式案例浅析[J].现代电信科技,2013,(3):68—72.

[44]蔡元萍.网上支付与结算[M].大连:东北财经大学出版社,2006.

[45]魏修建,严建援,王焰.电子商务物流[M].北京:人民邮电出版社,2001.

[46]吴健. 电子商务物流管理[M]. 北京:清华大学出版社,2009.

[47]张润彤,耿建东. 电子商务概论[M]. 北京:中国人民大学出版社,2010.

[48]刘业政,何建民. 电子商务概论(第二版)[M]. 北京:高等教育出版社.

[49]博客. 百度百科. http://baike.baidu.com/view/1509.htm

[50]病毒式营销的基本方式. 胡宝介. http://www.marketingman.net

[51]陈国强. 浅谈怎么做好软文营销. IT 写作社区. http://home.donews.com/donews/article/1/130278.html

[52]沈闻涧. 有效营销. http://www.em-cn.com/article/2007/120499.shtml

[53]姜智彬,徐洁. 网络品牌塑造的八大方法. PMPP 团队成员姜智彬的代表性论文. 同济大学公共管理与公共政策研究所,http://www.pmpp.cn/default.asp

[54]博客. 百度百科. http://baike.baidu.com/view/1509.htm

[55]高天游. 借势与造势(62 个成功的事件营销案例)[M]. 北京:中国海关出版社,2005.

[56]腾讯网. 大渝网. 新年的第一瓶可口可乐你想与谁分享. http://cq.qq.com/a/20081211/000707.htm

[57]李玉清. 网络营销[M]. 北京:中国财政经济出版社,2005.

[58]索尼公司网络营销案例分析. 时代财富. http://smt.fortuneage.com/uemarketer/18657-151239.aspx

[59]邵兵家. 客户关系管理[M]. 北京:清华大学出版社,2010(04).

[60]网站流量统计指标及其网络营销含义. http://www.marketingman.net/zhuanti/traffic/5308.htm

[61]冯英健. 网络营销基础与实践(第三版)[M]. 北京:清华大学出版社,2007.

[62]瞿彭志. 网络营销实施的运作过程(第二版)[M]. 北京:高等教育出版社.

[63]谭涛. 互联网史话之最古老而又最有活力的 email. DoNews_com——IT 社区 & 写作平台,http://home.donews.com/donews/article/1/130948.html

[64]冯英健. Email 营销[M]. 北京:机械工业出版社,2003.

[65]朱海松. 无线营销:第五媒体的互动适应性[M]. 广州:广东经济出版社,2006.

[66]企业网站建设的前期准备. 网络营销教学网,www.wm23.com

[67]网络市场调研的步骤与方法. 互联网实验室. http://promote.yidaba.com/wlyxkx/lljj/98756.shtml

[68]奥巴马竞选的网络整合营销策略. 北京网络营销公司 www.selsem.com

[69]肖东军. 出租车司机的 CRM 启示. 客户世界,http://www.ccmw.net/article/11303

[70]弗雷德里克·纽厄尔. 客户关系管理为何会失效[M]. 北京:机械工业出版社. 2004.

[71]梅特勒-托利多仪器上海有限公司实施案例.畅享网,http://www.vsharing.com/k/CRM/2002-6/445788.html

[72]宋文官.网络营销及案例分析[M].北京:高等教育出版社,2005.

[73]陶耘.网络营销实用教程[M].南京:江苏教育出版社,2012.

[74]电子书.百度百科.http://baike.baidu.com/view/17637.htm

[75]马慕涵.即时通讯工具在网络营销中的作用.http://www.sellgreat.com/uploadfiles/ploy/xy/120785924001.doc

[76]吴自爱,网上零售理论与实务[M],合肥:中国科技大学出版社,2014.

[77]比特网,http://net.chinabyte.com/430/12293930.shtml

[78]周建良,电子商务实务[M].北京:清华大学出版社,2010.

[79]张旭东.艾瑞网专栏.http://column.iresearch.cn/u/lamala2011/647897.shtml

[80]韩海雯.基于实例探析中小企业电子商务网站建设解决方案.International Conference on Engineering and Business Management(EBM 2010),2010.

[81]张润彤,耿建东.电子商务概论[M].北京:中国人民大学出版社,2010.

[82]严泉玉.我国连锁餐饮企业电子商务应用研究[D].赣州:江西理工大学,2008.

[83]刘婷婷.北京创意园公司创意电子商务平台案例分析[D].北京:首都经济贸易大学,2009.

[84]张润彤,耿建东.电子商务概论[M].北京:中国人民大学出版社,2010.

[85]郑欣.物联网商业模式研究[D],北京:北京邮电大学,2011.

[86] International Telecommunication Union,Internet Reports 2005:The Internet of things[R].Geneva:ITU,2005.

[87]董新平.物联网产业成长研究[D],武汉:华中师范大学,2012.

[88]孙其博,刘杰,黎羴等.物联网:概念、架构与关键技术研究综述[J].北京邮电大学学报,2010,33(3):1-9.

[89]朱洪波,杨龙祥,朱琦.物联网技术进展与应用[J].南京邮电大学学报(自然科学版)2011,31(1):1-9.

[90]毕娅主编.电子商务物流[M].北京:机械工业出版社,2015.

[91]李鹤,王程程.物联网技术在电子商务物流中的应用[J].合作经济与科技,2017(2):118-119.

[92]王海霞.物联网在电子商务物流中的应用研究[D].株洲:湖南工业大学,2013.

[93]赵芳.物联网在电子商务中的应用研究[J].湖北工业大学学报,2013,28(3):45-47.

后 记

《电子商务实用教程》先后作为安徽省高等院校"十一五""十二五"规划教材和国家"十二五"规划教材,在国内高等院校中使用已达十年之久,获得普遍认可和广泛赞誉。

随着以物联网、大数据、云计算等为代表的信息技术的突飞猛进以及"互联网+"的全面发展,我国电子商务进入了一个全新的应用时代,因此我们决定修订《电子商务实用教程》(第二版),编写《电子商务实用教程》(第三版)。

《电子商务实用教程》(第三版)由池州学院杨荣明、王剑程、吴自爱总体策划和编写,并任主编;苏飞、沈晓璐任副主编。

参加教材编写的专家和教师有:

杨荣明,王剑程,吴自爱,苏飞,沈晓璐,陶耘,柳思维,汪根生,张嘉,司爱丽,方刚,范生万,孙祥,倪莉莉,王韦,王从辉,夏名首,郭淑娟。

教材适用于应用型本科教育和高等职业教育层次的经济管理类专业方向的"电子商务概论"和"电子商务"等主干课程教学使用,同时适用于电子商务企业员工的知识拓展、能力开发和职业培训等教学。

教材编写过程中,得到了安徽省教育厅、池州学院、安徽大学出版社等单位及相关专家的大力支持和帮助,在此一并致谢。

编 者

2017 年 7 月 28 日